权威·前沿·原创

皮书系列为
"十二五""十三五"国家重点图书出版规划项目

中国社会科学院创新工程学术出版项目

甘肃蓝皮书
BLUE BOOK OF GANSU

甘肃社会发展分析与预测（2017）

ANALYSIS AND FORECAST ON SOCIAL DEVELOPMENT OF GANSU(2017)

主　编／安文华　包晓霞　谢增虎

社会科学文献出版社
SOCIAL SCIENCES ACADEMIC PRESS (CHINA)

图书在版编目（CIP）数据

甘肃社会发展分析与预测.2017／安文华，包晓霞，谢增虎主编.——北京：社会科学文献出版社，2017.1
（甘肃蓝皮书）
ISBN 978－7－5201－0174－5

Ⅰ.①甘… Ⅱ.①安… ②包… ③谢… Ⅲ.①社会分析－甘肃－2017 ②社会预测－甘肃－2017 Ⅳ.①D674.2

中国版本图书馆CIP数据核字（2016）第312928号

甘肃蓝皮书
甘肃社会发展分析与预测（2017）

主　　编／安文华　包晓霞　谢增虎

出 版 人／谢寿光
项目统筹／邓泳红　吴　敏
责任编辑／陈　颖

出　　版／社会科学文献出版社·皮书出版分社（010）59367127
　　　　　地址：北京市北三环中路甲29号院华龙大厦　邮编：100029
　　　　　网址：www.ssap.com.cn

发　　行／市场营销中心（010）59367081　59367018
印　　装／三河市东方印刷有限公司

规　　格／开　本：787mm×1092mm　1/16
　　　　　印　张：14.75　字　数：224千字
版　　次／2017年1月第1版　2017年1月第1次印刷
书　　号／ISBN 978－7－5201－0174－5
定　　价／79.00元

皮书序列号／PSN B－2013－313－2/6

本书如有印装质量问题，请与读者服务中心（010－59367028）联系

▲ 版权所有 翻印必究

甘肃蓝皮书编辑委员会

主　　任　梁言顺　夏红民

副 主 任　彭鸿嘉　范　鹏　王福生　沙拜次力　杨咏中
　　　　　　张应华　包东红　都　伟　李秀娟　王永生
　　　　　　梁和平

总 主 编　王福生

成　　员　陈双梅　朱智文　安文华　刘进军　马廷旭
　　　　　　王俊莲　董积生　高应恒　王灵凤　刘玉顺
　　　　　　侯万锋

甘肃蓝皮书编辑委员会办公室

主　　任　董积生

副 主 任　侯万锋

《甘肃社会发展分析与预测（2017）》编辑委员会

主　　任　王福生

副 主 任　陈双梅　朱智文　安文华　刘进军　马廷旭
　　　　　　　王俊莲

委　　员　刘　敏　包晓霞　谢增虎　董积生　胡政平
　　　　　　　高应恒　王灵凤　刘玉顺

主　　编　安文华　包晓霞　谢增虎

首席专家　包晓霞　谢增虎

主要编撰者简介

安文华 甘肃榆中县人,甘肃省社会科学院副院长。主要研究领域:科研管理、政治学。主要研究成果:《反贫困之路》(著作)、《中国百县市经济社会调查·静宁卷》(著作)、《传统农业县的变迁》(著作)、《试论领导干部的"参用"思想》(论文)、《敦煌艺术哲学论纲》(论文)、《中国美学的新起点》(论文)、《社科管理的性质及对管理者的素质要求》(论文)、《科学、社会科学的由来与发展》(论文)、《自然科学与社会科学的融合是科学体系健康发展的必然》(论文)、《中国社会科学的历史追寻》(论文)、《传承优秀文化,构建中国特色社会主义话语体系》(论文)、《当代中国哲学社会科学话语体系研究》(论文)。

包晓霞 甘肃武山人,甘肃省社会科学院研究员,原社会学研究所所长。主要研究领域:社会学理论与方法、人口问题、组织行为、社会评估、公共政策。甘肃省"555"人才,甘肃社会发展蓝皮书主编、首席专家。省级以上出版社出版专著2部,国家、省级出版社出版担任主编、副主编著作21部,发表各类文章67篇,执笔完成研究报告44篇,主持承担国际合作、国家和省社科基金、国家部委和省属厅局委托等各类课题共73项。获中国人口科学二等奖1项、甘肃省科技进步二等奖1项,中国人口和计划生育委员会科学技术二等奖、三等奖各1项,中国国家统计局全国统计科研优秀成果三等奖1项,甘肃省哲学社会科学优秀成果三等奖1项。担任中国计划生育协会组织发展专门委员会委员,中国计划生育协会第六届、七届理事会理事,甘肃省计划生育协会第三届理事会副会长、甘肃省社会学会副会长、中国社会学会理事、中国人口学会理事、中国卫生经济学会理事、世行贷款中国农村卫生发展项目省级技术指导专家、甘肃省卫生政策咨询与研究专家委员会专家、国家人口与健康政策评估专家。

谢增虎 甘肃甘谷人,甘肃省哲学社会学研究所所长、研究员,兼任甘肃省哲学学会副秘书长、甘肃省传统文化研究会常务理事、甘肃省敦煌哲学研究会常务理事等。主要从事中国优秀传统文化、甘肃特色文化研究。完成的主要论文、课题有60多项,多篇论文和主要观点被《新华文摘》《人大复印资料》《社会科学文献》等全文或部分转载,其中论文《伏羲文化精神的现代意义》获甘肃省第十三次哲学社会科学优秀成果一等奖,《生与死:敦煌宗教哲学的独特观照》获甘肃省第十四次哲学社会科学优秀成果二等奖。

总 序

"甘肃蓝皮书"已走过了十一个春秋,编纂规模由最初的2种发展到如今的10种,社会影响由最初省社科院的科研平台发展成为如今的甘肃省内智库的第一品牌。"甘肃蓝皮书"的诞生、发展,充分展现了传统社会科学研究机构向现代特色智库、高端智库、智能智库转型的创新历程。

"甘肃蓝皮书"的诞生、发展是贯彻落实中央和省委精神的过程。2004年中央下发《关于进一步繁荣发展哲学社会科学的意见》(中发〔2004〕3号,以下简称《意见》),把繁荣发展哲学社会科学提到党和国家事业发展的战略高度,明确了哲学社会科学"认识世界、传承文明、创新理论、咨政育人、服务社会"的职能定位和重要作用,指出地方社会科学研究机构应主要围绕本地区经济社会发展的实际,开展应用对策研究。为了贯彻落实《意见》精神,甘肃省委下发《关于繁荣发展哲学社会科学的实施意见》(省委发〔2004〕33号),明确指出,省社科院主要围绕省委省政府中心工作开展应用对策研究。甘肃省社会科学院按照这一新的职能要求,提出了"六个以"的办院方针,积极建构发挥省委省政府"思想库"和"智囊团"作用的长效机制,努力探索服务甘肃经济社会发展的可行路径,倾力打造发挥智库功能为省委省政府决策服务的战略平台。经过两年的酝酿和探索,在"十一五"开局之年的2006年,我院编研的《甘肃经济社会发展分析与预测》和《甘肃舆情分析与预测》面世,引起社会各界的热烈反响,标志着"甘肃蓝皮书"的正式诞生。至"十一五"末,甘肃蓝皮书规模已由原来的2种增加到5种,覆盖了经济、政治、社会、文化、县域等研究领域,成为省委省政府及有关部门的决策参考资料,成为省内各级人大代表、政协委员、专家学者和社会各界非常重视的民主决策、参政议政、科学研究和认识省情的重要参考书。

"十二五"期间,省社科院又确定了"拓展合作领域、扩展编研规模、壮大编研队伍、提升编研水平、加强成果转化"的蓝皮书编研思路。我院首倡西北五省区社科院联合编研出版"西北蓝皮书",在陕西、宁夏、青海、新疆等省区社科院的一致支持和努力下,2011年首部《中国西北发展报告》诞生。"西北蓝皮书"的编研和出版发行,使我院系列蓝皮书的研究拓展到了"丝绸之路经济带"的国内主要区域。

从2014年起,我院持续发挥"甘肃蓝皮书"品牌效应,拓展与省上重要部门和市州的合作。在我院原有的经济、社会、文化、舆情、县域5本蓝皮书的基础上,与省住房和城乡建设厅、省民族事务委员会、酒泉市政府、省商务厅先后合作,编研出版了《甘肃住房和城乡建设发展分析与预测》《甘肃民族地区发展分析与预测》《甘肃酒泉经济社会发展报告》《甘肃商贸流通发展分析与预测》,加上参编"西北蓝皮书",形成了"5+4+1"的蓝皮书编研格局,为我院陇原特色新型智库建设起到了很好的宣传作用。2016年,我院计划建立5个县级皮书数据观测点,已建成并启用4个,这使得甘肃蓝皮书的原始数据收集有了自己的渠道,进一步提升了甘肃蓝皮书的自主性、原创性与权威性。

在壮大"甘肃蓝皮书"的过程中,我院及时适应和贯彻了中央加强特色新型智库建设的新要求、新形势。2014年11月,中央办公厅、国务院办公厅印发《关于加强中国特色新型智库建设的意见》,要求充分发挥中国特色新型智库咨政建言、理论创新、舆论引导、社会服务、公共外交等重要功能,明确了社会科学院在特色新型智库体系中的重要地位,要求地方社科院"要着力为地方党委和政府决策服务",这为今后地方社科院的工作指明了方向。2016年5月17日,习近平总书记在哲学社会科学工作座谈会发表的重要讲话中要求:我国哲学社会科学应该以我们正在做的事情为中心,从我国改革发展的实践中挖掘新材料、发现新问题、提出新观点、构建新理论,加强对改革开放和社会主义现代化建设实践经验的系统总结,加强对发展社会主义市场经济、民主政治、先进文化、和谐社会、生态文明以及党的执政能力建设等领域的分析研究，加强对党中央治国理政新理念、新思想、新战略的研究阐释，提炼出有学理性的新理论，概括出有规律性的新实践。以此为契机，我院立足国情和甘肃实际，依托自身学科和人才优势，整合院内现有智库资源，坚持以政策研究咨询为主攻方向，以改革创新为动力，启动和推进陇原特色新型智库建设。目前，正在全力实施"33971"工程，紧紧围绕甘肃全面深化改革和经济社会发展中的重大问题及公共政策开展研究，服务国家发展战略，服务甘肃省委省政府科学民主依法决策，服务甘肃经济社会发展，在智库的职能定位、重点工作、机构机制、科研管理等方面进行了探索，为实现甘肃与全国一道全面建成小康社会提供智力支撑。

在十一年的编研过程中，"甘肃蓝皮书"已形成了稳定规模、稳定机制，提升质量、提升影响的"双稳定、双提升"编研理念。"甘肃蓝皮书"始终坚持基本编研理念和运行机制：一是始终坚持原创，注重学术观点和科研方法的创新。坚持研究在先，编写在后，在继承中创新，注重连续性；从源头上抓质量，注重可靠性；在深入研究上下功夫，注重科学性；在服务上抓效果，注重影响力。二是始终坚持追踪前沿，注重选题创新。追踪前沿就是让专家学者更多地参与社会实践，发现问题、研究问题、解决问题，最终通过蓝皮书为人们提供正确的指导，显示社科专家服务社会的能力和实力，提高蓝皮书的知名度和美誉度。三是始终坚持打造品牌，创新编研体制机制。十多年来，我们始终把蓝皮书的质量看作蓝皮书的生命线，组织有研究能力的专家开展深入研究，向社会提供事实根据充分、分析深入准确、结论科学可靠、对策具体可行的权威信息与权威性的研究成果。

目前，"甘肃蓝皮书"已经成为服务党委政府决策和全省经济社会发展的甘肃智库的第一品牌，甘肃社会科学界的学术品牌，甘肃文化领域的标志品牌，甘肃一些重要行业及市州工作的展示品牌。

展望未来，伴随国家和省委对建设特色新型智库、高端智库、智能智库

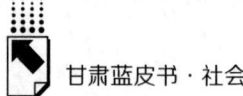

的高度重视,"甘肃蓝皮书"作用和影响将更加突出。"甘肃蓝皮书"作为我院打造陇原特色新型智库的核心载体,也将开启服务省委省政府决策,为甘肃经济社会发展提供智力支撑的新航程。

此为序。

王福生

2016年12月18日

摘 要

本书是甘肃省社会科学院2016年度"社会发展形势分析与预测"课题组年度分析报告。全书共15个专题，除总报告外，分两部分呈现：发展篇和专题篇。本年度甘肃社会发展形势分析与预测选题围绕社会发展的主要领域和热点问题展开，旨在全面分析"十三五"开局之年社会建设主要目标的实现程度。专题方面，主要针对就业、养老、贫困、幼儿教育等问题进行深度分析，以期能为读者诠释当前甘肃社会发展的深层领域。

2016年，甘肃社会运行表现出如下一些特点：2016年，甘肃经济增长乏力导致社会建设投入显著下降，但社会运行的基本面仍然保持积极向上的发展态势，城市发展进入快速增长期，农村现代化进程稳步推进，环境治理、社会保障、基础教育等主要领域良性发展，人口增长减缓，老龄化、城镇化趋势增强，居民生活方式向现代化转型但城乡差异仍然较大，全面实施生态环境治理工程明显改善了人居环境，另外，城市贫困人口生存状况堪忧，就业压力增大，农业转移人口市民化任重道远，养老方面介护服务"一床难求"等问题比较突出。

2017年甘肃社会运行面临的主要机遇是：随着全面小康建设目标实现期的接近，中央精准扶贫攻坚的力度会进一步加大，促进少数民族地区实现跨越式发展的战略深入推进，这两个领域的政策优势，是甘肃面临的另一重大机遇。各级政府应当抓住这一机遇，充分利用这种政策优势，以全面实现小康社会为目标，积极做好区域发展规划和项目设计，进一步改善民族地区基础设施建设，提升民族地区自主发展的能力，同时，合理利用国家扶贫攻坚政策和资源，通过移民搬迁、环境改造等措施，从根本上改善集中连片贫困地区人口的生存和脱贫条件。

2017年，甘肃应通过深化改革，积极应对2016年社会发展中存在的突出问题，从制度层面解决制约农村发展和影响农业转移人口市民化的关键因素，改善社会保障基金管理，降低基金运行风险。积极培育城市主导产业、构建绿色城市体系，进一步提升城市发展的质量和内涵。

Abstract

The book is an annual analysis report (2016) by the research group of Social Science Academy of Gansu Province. It includes a total of 15 special topics. In additional the general report, it presents two parts: articles on development and special topics. The current year's topics on the analysis and forecast of social development situation center on the main fields and issues of social development in order to fully analyze how well the main social construction objectives are realized in the first year of the 13th Five Year Plan. In special topics respect, the issues on employment, provision for the aged, poverty and infant education, etc. are deeply analyzed, aiming to interpret the deep domains of social development in today's Gansu.

It is declared in the book that the social development ofGansu shows the following characteristics in 2016:

In 2016, lack of growth inGansu economy results in significant reduction of social construction investment, but the fundamentals of social functioning maintain a positive development momentum, urban development enters a rapid growth period, and rural modernization steadily advances. The main fields such as environmental governance, social security, basic education progress positively. Population growth slows down; aging and urbanization expand with fastening pace, residents' lifestyle transforms to socialization but urban – rural difference keeps large. The full implementation of ecological environment governance project improves significantly habitation environment. On the other hand, the urban poor's living condition is grim, employment pressure increases and urbanization of rural migrant workers has a long way to go. As for provision for the aged, problems such as nursing service and "a bed is hard to find" are more serious.

The book points out that the opportunitiesGansu will face in 2017 are as follows:

With the coming of realization to build a moderately prosperous society, central targeted poverty alleviation to aid poor people will further strengthen, and the strategy to accelerate leap development in minority areas will further advance, which, the policy advantage in the two fields is another major opportunity Gansu faces. Governments at all levels should seize the chance, make the most of the policy advantage, target the overall realization of a moderately prosperous society, actively achieve regional developing plan and project design, further improve the infrastructure construction in minority areas, and upgrade the abilities to develop autonomously in minority areas; in the meantime, make rational use of resources and national poverty alleviation policies, and with the help of immigrant relocation and environmental reconstruction measures, improve fundamentally the conditions for people to survive and get rid of poverty in concentrated and continuous poor areas.

In 2017, Gansu should, by deepening reform, actively cope with outstanding issues in social development in 2016, solve the critical problems which restrict rural development and influence urbanization of agricultural migrant workers, improve management of social security fund, reduce the risks of fund operation, actively cultivateurban dominant industries, build green city system and further promote the quality and connotation of city development.

目 录

Ⅰ 总报告

B.1 2016~2017年甘肃社会发展形势分析与预测………… 包晓霞 / 001

Ⅱ 发展篇

B.2 甘肃省城乡居民生活质量分析与预测
　　………………………………………………… 冯乐安　宋文姬 / 014
B.3 2016~2017年甘肃省社会保障体系运行状况分析
　　与预测 ………………………………………… 许尔君　袁凤香 / 029
B.4 甘肃省生态环境优化发展形势分析与预测 ………… 陈　瑾 / 042
B.5 甘肃省城市发展形势分析与预测 …………… 宋文姬　冯乐安 / 056
B.6 甘肃省农村社会变迁形势分析与预测 ……………… 李　蓉 / 071

Ⅲ 专题篇

B.7 甘肃省基础教育资源合理布局与发展研究 …… 金　蓉　高　宁 / 088

B.8 甘肃省科技型创业发展形势分析与预测
　　　　　　　　　　　　　　　　　袁凤香　许尔君　谢艳艳 / 105
B.9 甘肃省就业形势分析与预测 …………………………… 刘徽翰 / 117
B.10 甘肃省城乡普惠性幼儿园发展状况分析
　　　　　　　　　　　　　　　　　　　　　吴绍珍　马亚萍 / 133
B.11 关于兰州市城关区居家养老服务模式的
　　　评价性研究 ………………………………………… 许振明 / 150
B.12 甘肃影响农民工市民化的因素分析 ………………… 张广裕 / 163
B.13 甘肃智库建设与发展现状分析 …………… 宋圭武　魏立平 / 177
B.14 兰州市城市贫困人口生活状况调查 ………………… 许振明 / 191
B.15 甘肃省二孩政策影响下的人力资源发展趋势
　　　与分析 ……………………………………………… 马　宁 / 204

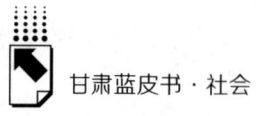

CONTENTS

Ⅰ General Report

B.1   2015-2016 Gansu's Social Development Situation Analysis and Forecast
Bao Xiaoxia / 001

Ⅱ Reports on Social Development

B.2   2016-2017 People's Life Quality of Gansu Analysis and Forecast
Feng Le'an, Song Wenji / 014

B.3   2016-2017 Analysis and Forecast of the Social Security System in Gansu Province   *Xu Erjun, Yuan Fengxiang* / 029

B.4   Analysis and Forecast of the Condition of Ecological Environment Governance in Gansu Province   *Chen Jin* / 042

B.5   The Situation and Forecast of Urban Development in Gansu Province
Song Wenji, Feng Le'an / 056

B.6   The Situation and Anticipation of Rural Social Change in Gansu
Li Rong / 071

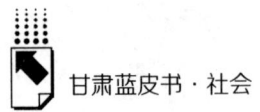
甘肃蓝皮书·社会

Ⅲ Reports on Special Subjects

B.7 Rational Distribution and Development of Basic Education Resources in Gansu Province　*Jin Rong, Gao Ning* / 088

B.8 Analysis and Forecast of the Development Situation of Science and Technology Entrepreneurship in Gansu Province
　Yuan Fengxiang, Xu Erjun and Xie Yanyan / 105

B.9 The Analysis and Prediction on Employment Situation of Gansu Province　*Liu Huihan* / 117

B.10 Analysis on the Development Situation of the Urban and Rural Inclusive Kindergartens in Gansu Province　*Wu Shaozhen, Ma Yaping* / 133

B.11 A Study on the Evaluation Model of the Old-age Nursing Service in Chengguan District of Lanzhou City　*Xu Zhenming* / 150

B.12 Analysis on the Factors Affecting the Citizenization of Migrant Workers in Gansu　*Zhang Guangyu* / 163

B.13 Current Situation and Analysis of Gansu Think-Tan
　Song Guiwu, Wei Liping / 177

B.14 A Survey on the Living Condition of Urban Poverty Population in Lanzhou City　*Xu Zhenming* / 191

B.15 Gansu Province Under the Influence of the Two-child Policy Trend Analysis of Human Resource Development　*Ma Ning* / 204

总报告
General Report

B.1
2016~2017年甘肃社会发展形势分析与预测

包晓霞*

摘　要： 2016~2017年甘肃社会发展形势分析与预测，根据14个专题研究的结果，从综合发展和专题研究两个层面，对甘肃社会发展形势进行了研判。结果表明，2016年甘肃社会运行总体平稳。尽管经济增长乏力导致社会建设投入增幅下降，但社会运行的基本面仍然保持积极向上的发展态势，城市进入快速增长期，农村现代化进程稳步推进，环境治理、社会保障、基础教育等主要领域良性发展。2017年，甘肃面临一系列重要发展机遇，扶贫、民族地区基础设施建设、养老等领域应

---

* 包晓霞，甘肃省社会科学院研究员，主要研究领域：社会学理论与方法、人口问题、组织行为、社会评估、公共政策。

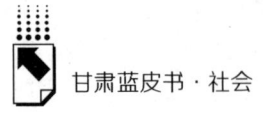

努力实现跨越式发展。

关键词: 社会建设 老龄化 城市增长 甘肃省

一 2016年甘肃社会发展的主要特点

(一)经济增长乏力导致社会建设投入增幅下降

2016年,甘肃经济增长速度继续下降,与上年同期相比,除一般公共预算收入增速较快以外,其余各项主要经济指标增长水平均表现出明显下降态势。上半年,全省实现生产总值2720.99亿元,同比增长7.8%,增速排名全国第15;地方财政收入419.39亿元,增长11.2%;全省完成固定资产投资4416.84亿元,同比增长13.3%,全省完成一般公共预算收入419.39亿元,比上年同期增长11.2%。经济增速下行弱势对社会建设领域产生了广泛影响,社会建设的一些关键领域公共支出减少:环保(-25.3%)、交通运输(-24.1%)、文化体育与传媒(-1.1%)预算支出下降,与上年同期相比,均呈负增长,教育、卫生、社保投入继续稳定增长,但与上年同期相比,卫生支出增幅(21.6%)下降超过10个百分点、社保支出增幅(8.0%)下降超过4个百分点。

(二)人口增长减缓,老龄化、城镇化趋势增强

2015年末1%人口抽样调查结果显示,甘肃省常住人口增长进一步减缓,2015年末全省常住人口为2599.55万人,5年年均增长0.32%。人口结构进一步优化,一是性别比趋于正常(104.25)。二是家庭小型化,全省常住人口中共有家庭户728.73万户,平均人口为3.48人,比2010年第六次全国人口普查时的3.49人减少0.01人。三是常住人口的文化程度明显提高,每10万人中具有大学文化程度的为9560人,具有高中文化程度的为

13624人，具有初中文化程度的为28408人，具有小学文化程度的为30722人。与2010年相比，每10万人中具有大学和高中文化程度的人口明显增加，具有初中和小学文化程度的人口明显减少。四是人口的城镇化水平进一步提高，全省常住人口中，居住在城镇的人口占42.94%，居住在乡村的人口占57.06%。与2010年第六次全国人口普查相比，城镇人口比重上升6.82个百分点。五是各少数民族人口的比重进一步上升。但年龄结构显示，人口的老龄化程度进一步提高，全省常住人口各年龄比重，与2010年第六次全国人口普查相比，0～14岁人口的比重下降0.62个百分点，为17.54%；15～59岁人口的比重下降1.93个百分点，为67.47%；60岁及以上人口的比重上升2.55个百分点，为14.99%。[1]从地区分布看，城镇化率在地区间差距较大，除兰州、嘉峪关、金昌三市以外，河西三市、白银城镇化率较高，城镇化率最低的陇南市只有27%。

（三）居民生活方式向现代化转型，城乡差异仍然较大

城乡居民人均可支配收入、就业总量、社会保障水平与上年同期相比，仍呈上升态势，保障了人民生活水平的稳步提高。上半年，全省城镇居民人均可支配收入12162.4元，同比增长8.2%，全国排名31；全省农村居民人均可支配收入为3256.8元，同比增长9.1%，全国排名29，高于西藏、新疆。截至6月底，全省城镇新增就业人数30.95万人，同比增长4.6%；输转城乡富余劳动力472.6万人，高于上年同期水平。全省社保公共支出增长8.0%。城乡居民人均生活消费支出稳定增长。城镇居民人均生活消费支出增长9.8%，城镇居民支出增长排序依次是其他用品及服务48.2%、生活用品及服务23.2%、教育文化娱乐17.1%、交通通信11.7%、食品烟酒11.5%、居住5.4%、医疗保健-0.6%、衣着-1.4%，表明城镇生活服务类型更加多样化，居民生活服务的社会性增强，医疗保健可及性良好，保障水平较高；农村居民人均消费支出增长8.3%，农村居民支出增长排序依次

---

[1] 甘肃省统计局：《甘肃省2015年1%人口抽样调查主要数据公报》，2016年4月29日。

是医疗保健29.7%、交通通信11.8%、教育文化娱乐7.8%、食品烟酒7.6%、居住5.8%、其他用品及服务-0.3%、衣着-2.2%、生活用品及服务-5.1%，表明农村居民的医疗保健可及性较差、保障水平明显较城镇居民低，居民生活服务的自给程度更高。城乡居民的交通通信支出增长较快，说明城乡居民空间流动性较强，社会交往频繁，表现出生活方式现代化的特征。

（四）城市发展进入快速增长期

甘肃城市发展由过去片面追求规模扩大、空间扩张，转变为更加重视提升城市的经济功能、文化功能和公共服务的品质，产业发展带动城市功能的快速扩张，城市的人口集聚能力进一步增强，消费经济辐射能力进一步扩大；围绕城市共同体的建设，城际交通迅速发展，城市开始出现功能的膨胀，城市圈不断扩大。一是公共服务和基础设施不断改善。截至2015年底，全省城镇建成区面积达594.33平方公里，城镇居民用水普及率91.57%，燃气普及率74.29%，集中供热面积达10036.7万平方米；现代通信技术日益普及，移动电话用户达到1390.08万户，每万人拥有固定电话户数1608户，国际互联网用户109.52万户，每万人拥有互联网用户427户。二是人口向城镇集中的速度更快，趋势更加明显。2015年年底，全省城镇人口达到1122.75万人，较2011年增加了170.15万人，增长近18%。三是城市的人文环境迅速改善，各市州挖掘地方文化和特色资源，打造城市文化品牌。金昌市连续两年举办"香草文化旅游节"，发展宜居宜业宜游的生态绿城和旅游新城市；天水市以伏羲文化为底蕴，为城市发展增添活力；敦煌举办的丝绸之路（敦煌）国际文化博览会，推动了与"一带一路"沿线国家和地区的广泛联系与合作，提升了城市的国际知名度。四是城市经济结构不断优化。第三产业比值稳步提高，三产比例由2011年的14∶50∶36，调整为2015年的14∶37∶49。五是城市环境质量迅速提高。截至2015年，全省新增城市绿地面积5450公顷，使全省城市建成区绿地率由26.38%提高到28.12%；2016年上半年，全省14个市州可吸入颗粒物（PM10）浓度均值为94

微克/立方米,各市州所在城市空气质量优良达标天数比重在67%~91%之间,平均优良天气率为84%。

(五)综合治理助推农村现代化进程

2016年,甘肃全省各地以全面建成小康社会为目标,以统筹城镇化和农村现代化为手段,深化农村综合改革,加快了农村现代化进程。一是农业现代化水平大幅提升,农业生产条件持续改善,农产品加工转化率达到50.5%。农业机械总动力达到2545.71万千瓦,农业机械化耕地和播种面积分别占当年机耕总面积的68.87%和36.74%。二是农村卫生条件和生态环境明显改善,全省农村累计改水受益人口2030.3万人,自来水累计受益人口1461万人;累计使用卫生厕所达334.1万户,卫生厕所普及率达到68%;重视农村可再生资源的利用,沼气池产气总量达40125.5万立方米;太阳能热水器覆盖116.6万平方米;农村太阳灶数量749980台;农村环境连片整治已涉及85个片(线),1655个行政村,占全省行政村总数的10.2%,受益人口约330万人。三是农村基层治理水平进一步提高,全省调动乡村服务平台,解决服务群众"最后一公里"问题,各地开展以村民小组或自然村为基本单元的村民自治试点,推进信息公开、扩大有序参与、健全议事协商、强化权力监督,完善农民参与议事决策的程序,村级事务村民自主管理程度不断提高。四是加强城乡公共服务一体化建设,2016年,建成乡镇文化站1228个,群众文化馆办文艺团体146个,群众业余演出团体5986个,乡村舞台6625个,极大地丰富了农村居民的文化生活。

(六)全面实施生态治理工程,人居环境明显改善

2015年,《甘肃省生态保护与建设规划(2014~2020年)》(甘政办发〔2015〕36号)正式发布,明确了在省政府统一领导下的部门分工协作生态保护与建设目标责任制,全省各地以建设生态文明大省、国家生态安全屏障建设为载体,广泛宣传,加大政策扶持,拓宽融资渠道,严格落实监测考核评估制度,实施生态环境综合治理工程,2015、2016两年的各项监测数据

表明，甘肃省人居环境明显改善。一是有效推进了包括水、空气、噪声、辐射等在内的污染防治，2016年二季度监测数据显示，监测的66个县级城镇集中式饮用水水源地中，超过97%的水源地水质达标。2015年，兰州市、嘉峪关市、金昌市环境空气污染综合指数分别下降0.9%、15.5%、11.7%。全省14个市州环境空气中二氧化硫、一氧化碳和臭氧年均值均达到国家二级标准，各市州空气质量优良天数率在69%~85.5%。二是积极实施天然林保护、三北防护林、植树造林、退耕还林、水土流失治理、甘南黄河重要水源补给生态功能区生态保护与建设、行政村综合整治、国家级生态乡镇、省级生态乡镇、生态村创建等一系列生态保护和建设工程，取得了明显成效。2015年，全省林地面积达1042.65万公顷，占全省土地总面积的23.18%。甘肃省建成各类湿地公园8处，湿地公园总面积达到1.34万公顷，国际、国家重要湿地总面积达29.87万公顷，全省自然湿地保护率达到46%。三是城乡生态环境建设成效显著，金昌市获得"国家园林城市"称号，全省城市绿地面积明显增加，2015年末，全省71个乡镇被环保部命名为国家级生态乡镇，280个乡镇被命名为省级生态乡镇，452个村被命名为省级生态村。

（七）扩大社会保障制度覆盖面，保障水平稳步提高

社会保障制度在改善民生、增进人民福祉、维护社会稳定发展等方面，发挥着"推进器、安全网、减震器"的作用。近年来，甘肃省以"稳增长、促改革、调结构、惠民生、防风险"为目标，不断完善各项社会保障制度，积极筹措资金，初步建立起了一个与经济发展水平相适应、社会保险制度为重点，社会保障基金为依托，资金来源多渠道、保障方式多层次的社会保障体系。一是医疗保险覆盖面扩大，待遇水平进一步提高：城乡居民大病保险工作全面实施，异地就医直接结算工作开始起步。二是扩大职工基本养老保险覆盖面，把机关事业单位非编制内未能纳入机关事业养老保险的人员和事业改企单位人员全部纳入企业职工养老保险，实现职工平台两个养老保险从制度全覆盖到参保全覆盖的无缝衔接。从2015年1月1日起，甘肃省为

2014年12月31日前已按规定办理退休手续并按月领取基本养老金的企业退休人员提高基本养老金水平,提高全省城乡居民基本养老保险基础养老金政府补助标准。三是提高失业保险覆盖面及失业待遇,连续五年调整提高全省失业保险金发放标准。2015年,全省失业保险金发放标准平均按10%的比例调整提高,建立完善失业动态监测预警制度,规范失业保险金申领发放行为。四是工伤保险参保的覆盖面不断扩大。截至2015年底,甘肃省工伤保险参保182.6万人,同比增加7.46万人,增长4.26%。五是进一步完善生育保险制度,不断降低生育保险费率,提高育龄妇女的生育保障水平。

(八）积极改善科技型创业创新环境取得初步成效

科技型创业是推进大众创业万众创新的重要载体,为了有效发挥这一载体在带动社会就业、促进社会经济发展方面的重要作用,甘肃省积极规划和实施了科技型创业创新工程,先后出台了《甘肃省人民政府关于大力推进大众创业万众创新的实施方案》《关于进一步优化中小微型企业发展环境的意见》《甘肃省众创空间认定管理办法（试行）》等一系列政策和方案,为创业者提供全方位的政策支持和保障。加强对中小微企业的知识产权保护,设立了国家知识产权局专利局兰州代办处,通过推广在线申请、登记等方式为专利申请人提供便利。积极开展知识产权相关法律法规、典型案例的宣传和培训,增强中小微企业知识产权意识和管理能力,2015年以来,共举办各类知识产权培训26期。一批以科研院所为依托的众创空间应运而生,2015年甘肃省建有省级众创空间61家、国家级众创空间14家,各类科技企业孵化器34个、国家级科技企业孵化器2个,省级创新创业导师242名、火炬创业导师10名,张掖市被认定为创新创业示范城市,兰州高新区、白银高新区入选科技部首批25家科技服务业试点区域。省内5家科技企业孵化器获批为国家级孵化器,14家众创空间被纳入国家级科技企业孵化器管理服务体系。目前,入住61家省级众创空间的大学生创业企业（团队）1249个,留学归国创业企业（团队）53

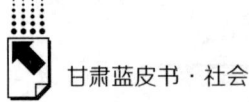

个,科技人员创业270个,吸纳社会就业13044人,其中吸纳应届大学毕业生3543名。这些数据表明,甘肃省科技型创业创新工程表现出良好的开端。

(九)调整基础教育资源布局,促进基础教育均衡发展

教育均衡发展是一项重要的国家发展战略,教育资源合理布局是教育均衡发展的重要途径之一。甘肃省是一个农业、农村比重较大的省,随着城镇化进程的加快、城市规模的急剧增长,大量农村人口向城市集中,城乡教育资源配置不均衡的矛盾日益突出。为了解决这一关系国计民生的重大问题,甘肃省持续开展了调整基础教育资源布局的工作,相继出台了《关于大力推进义务教育均衡发展的意见》《甘肃省推进县域义务教育均衡发展规划(2012~2020年)》等重要文件,助推各地缩小区域、城乡、校际办学差距,重点解决基础教育资源配置不均衡问题,有力地推进了全省基础教育均衡发展。2015年,全省小学学龄儿童净入学率达到99.83%,与全国平均水平(99.88%)仅相差0.05个百分点。小学生年辍学率和普通初中生年辍学率逐年下降,2015年,甘肃省九年义务教育巩固率达到93%,与全国同期平均水平持平,全省已经有29个县市区通过义务教育均衡发展国家验收。实施农村义务教育薄弱学校改造计划,为全省86个县市区农村中小学购置图书1706.43万册,配备了教学实验仪器、音体美器材、多媒体远程教学设备。2015年,小学、初中和高中专任教师学历合格率分别达到99.83%、99.44%和94.46%。但"控辍保学"与巩固"两基"成果形势依然严峻,义务教育均衡推进任务艰巨。一是城市(县城)学校学位不足、资源紧张的问题仍较突出,大校额、大班额现象还较普遍。二是农村学校生源数量急剧下降,教育资源浪费和农村适龄人口接受良好教育的可及性之间矛盾更加突出。三是少数民族地区学生辍学率偏高、巩固率不稳定、生师比偏低等问题依然存在。2015年,甘肃21个民族县的生师比只有小学阶段略高于全省平均水平,初中和高中阶段均低于全省平均水平,补齐民族教育发展短板依然任重而道远。

二 2016年甘肃社会发展存在的突出问题

(一) 城市贫困人口生存状况堪忧

根据对兰州市20%最低收入住户进行的专题调查结果分析，城市贫困人口的主体已不再是传统意义上的社会救助与社会优抚对象，新增的贫困人口主要是下岗、待岗的困难职工。他们陷入贫困主要是由社会经济体制转轨和产业结构调整引起的。课题组2016年在兰州市区开展的问卷调查统计结果显示，新增城市贫困人口具有如下一些突出的特征：一是贫困人口呈年轻化，兰州市贫困家庭户主的年龄在50岁以下的占58.15%，其中下岗失业人员的年龄大多在40~60岁（即所谓"40、50"人员）。二是贫困人口的受教育程度偏低，调查对象文化程度在小学文化以下的占48.67%，具有高中文化程度的只占2.73%，没有一人有一技之长。三是新增贫困人口的生活质量非常低，消费支出十分有限，调查人口每人每月食品支出仅200元左右；衣着消费主要靠亲友接济；贫困家庭中，人均住房面积只有14.66平方米，大部分住房建成时间长、配套设施落后，有三分之一的家庭住房未装修，有些缺乏基本的水、厕所、暖气等设备；文化娱乐贫乏，贫困家庭用于购买电脑、彩色电视机、录音机、体育用品、书报杂志、纸张文具等文化娱乐用品平均每月人均支出为46元，只有全省城镇平均水平的19.5%；用于团体旅游、参观游览、健身活动等文化娱乐服务支出平均每月人均消费36元，只有全省城镇平均水平的19.6%。四是贫困人口享受的社会保障和救助水平较低，仍有相当多的贫困人口家庭通过寻求亲友资助来解决子女就学问题，教育收费加重了贫困人口家庭的生活负担，家庭负债进一步增加；贫困人口中参加基本医疗保险的只占36.9%，有4.4%的人单位可以报销医药费，有2.5%的人参加了保险公司的医疗保险，而44.0%的贫困人口无任何医疗保障。2016年上半年，贫困人口家庭月人均医疗保健支出为25.5元，是全省城镇平均水平的34.4%。

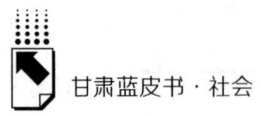

（二）就业压力增大，就业形势不容乐观

从就业增长指标分析，近几年来甘肃省就业形势总体平稳增长，但专题研究结果表明，未来较长一段时期内，甘肃的就业压力仍然较大。一是现有和新增的非公经济主体和创业主体，规模普遍较小，经营情况不稳定、成长性和可持续性较弱，吸纳就业和保持稳定就业的能力不足。二是高校毕业生数量连年增长，就业渠道单一，就业岗位不足，导致未就业高校毕业生逐年累加；一些面向社会公众的公共服务领域，如社会保障、医疗卫生、科技教育等行业急需大量专业人才，但受体制、编制、高校毕业生专业等诸多因素的限制，基层许多事业单位缺人和招不上人的现象同时存在。三是劳动力素质整体偏低、就业技能较为单一，随着经济发展和企业转型升级，市场主体需求日益向智力型、知识型、管理型、技能型转变，导致市场人才供求不平衡。四是甘肃省重点就业行业建筑业和服务业，近几年受经济下行压力影响，用工需求持续减少，客观上给劳动力就业带来了较大困难。五是返乡农民工逐年增多，农民工就业稳定性差，近年来，由于发达地区受经济下行和政策调控影响，部分企业倒闭、关停，出口生产企业订单减少，开工率不足，同时城市生活成本较高，农民工落户条件较为苛刻，因此很多被解雇的农民工选择返回家乡择业，但返乡的农民工大部分年龄偏大，缺少技术特长，再就业难度大。这些问题的存在，使甘肃未来的就业形势不容乐观。

（三）农业转移人口市民化任重道远

农业转移人口市民化，是提高城市化水平的重要环节，也是各级政府和社会各界多年来持续关注的焦点，对这一问题的解决，直接影响着城市化的质量，以及农村的改革发展。甘肃经济发展落后，地区生产总值与其他省区相比，总量较少，城市化水平低，农业人口较多，在城市化过程中，需要转移的农村人口规模仍然较大。另外，要实现农业转移人口的完全市民化，不仅需要扩大城市的人口容量，改革农村社会管理制度，更需要科学合理的制度设计。为了给制定政策和制度提供必要的科学依据，课题组对影响甘肃农业转移人口市民化的主客观因素进行了多因素分析，结果表明，有四类因素与农业转移人口的市民化存在正相关。一是经济增长、产业结构变化、失业率与农业转移人口市民化的影响呈正相关，经济增长率越高，越有利于农业转移人口市民化。二是受教育程度、住房、亲戚关系等个人因素与农业转移人口的城镇化呈正相关。三是制度因素与农业转移人口的城镇化有正相关，农业转移人口市民化不仅要加快推进户籍制度改革，实现农业转移人口身份和职业的转变，更重要的是要在劳动就业、公共服务、社会保障、住房保障、城市融入、政治参与、民主权利等多个领域进行制度改革，全面推进农业转移人口市民化，使农业转移人口在公共服务、社会保障和政治权利等方面享受与城市居民同等的待遇，才能最终实现农业转移人口从传统乡村文明向现代化城市文明的整体转变。四是文化心理也是影响农业转移人口市民化的重要因素。很多人从观念上就抵触城市生活和城市文化。年轻人与年龄大的人相比，更能融入城市生活。有很多农业转移人口不愿意留在城市，说明经济因素、个人素质、社会制度、文化心理四个因素对农业转移人口市民化水平有着重要的影响。从回归系数和显著性水平数据来看，经济因素、个人素质、社会制度和文化心理对甘肃农业转移人口市民化影响是显著的，也符合单因素分析的判断。

（四）居家养老服务模式难推广，介护服务"一床难求"的问题比较突出

人口老龄化成为我国的基本现状之一，已引起党中央、国务院的高度重视，促进养老服务业发展，积极应对人口老龄化成为国家发展战略的重要方面和政策焦点之一。2009年12月兰州市在城关区设立了西部城市首家虚拟养老院，即在居家养老的基础上，以现代网络和通信平台为支撑，通过政府引导、企业加盟、专业人员服务与社会志愿者服务相结合的方式，为全区老年人开展为老服务，被称为"没有围墙的养老院"。截至2015年底，虚拟养老院已吸引126家企业加盟养老服务，建成社区医养融合服务中心6个，虚拟养老餐厅65家，已有24万老年人得到了为老服务，2.7万名老人长期得到各类贴心服务，可为老人提供就餐、生活照料、卫生医疗、保健康复、日常陪护、家政便民、家电维修、心理慰藉、法律咨询、文化娱乐、临终关怀等11大类230多项服务，初步形成了以虚拟养老院为载体的居家养老服务新模式。但从全省范围看，这一试点养老服务模式覆盖范围非常有限，目前为止，仍仅限于兰州市城关区，全省绝大部分城镇、农村老年人还享受不到这种服务模式带来的益处。截至2016年6月底，以城市社区日间照料中心和农村老人幸福院为载体的社区养老服务设施只覆盖了55%的城市社区和25.6%的行政村，2015年底全省各类养老床位11.68万张，每千人拥有30.4张，但绝大多数养老机构不具备失能半失能老人长期护理功能，公办福利性养老机构住养人员85%以上是半自理、不能自理、完全不能自理的老人和残疾人，条件较好的民办养老机构收养老人中能自理与半自理、完全不能自理的比例各占50%左右，规模较小的养老机构的收养对象大多是能自理的老人。护理人员中50岁以上的占65%，有初级专业技术职称的只占20%。具备长期护理失能半失能老人功能的养老机构一床难求。另外，城乡居民养老保险待遇标准低，老年人收入有限，对养老服务可望而不可即。农村地区居住分散，传统家庭照料为失能老年人提供的支持单一而且薄弱，大多数农村失能老年人经济状况不好，农村老年人的生存状态与"老有所养、老有所依、老有所乐"差距较大。

（五）医疗保险和失业保险基金运行风险较大

一是医疗保险基金运行风险加大。主要表现在人口老龄化不断加快，职工医保单位缴费划入个人账户比例较高，参保人员住院率快速上升，医保基金支出增幅高于基金收入增幅，收不抵支地区增多，有限的医保基金供给与无限的医疗服务需求之间的矛盾日益凸显。基金监管手段较为落后。医保智能审核系统尚未全面推行，未能有效杜绝基金跑冒滴漏问题。二是失业保险覆盖范围窄。城镇公有制企事业单位及其职工基本能够参加失业保险，但非公经济及其职工还未完全依法参加失业保险，非全日制、临时性、阶段性和弹性工作时间等多种形式灵活就业人员被失业保险覆盖的难度还相当大，不同地区、不同性质的单位参保情况差别较大，失业保险稳定就业和预防失业功能没能得到应有重视。三是生育参保人数较少，生育保险的社会化管理体系尚未建立，由社保经办机构回拨给企业的支付方式不尽合理。

三 2017年甘肃社会发展面临的挑战与机遇

2017年，"一带一路"建设有望进一步打开甘肃对外开放的门户，文化交流、旅游等领域的贡献将不断提升甘肃的国际知名度，给甘肃带来新的经济发展机遇，减缓经济增长下行压力，为保证各项社会建设事业获得足够的投入创造条件。甘肃应充分利用这良好的机遇，积极推进公共服务城乡一体化进程，加快农村现代化建设。

2017年，随着全面小康建设目标实现期的接近，中央精准扶贫攻坚的力度会进一步加大，促进少数民族地区实现跨越式发展的战略深入推进，这两个领域的政策优势，是甘肃面临的另一重大机遇。各级政府应当抓住这一机遇，充分利用这种政策优势，以全面实现小康社会为目标，积极做好区域发展规划和项目设计，进一步改善民族地区基础设施建设，提升民族地区自主发展的能力。同时，合理利用国家扶贫攻坚政策和资源，通过移民搬迁、环境改造等措施，从根本上改善集中连片贫困地区人口的生存和脱贫条件。

2017年，随着国家积极应对人口老龄化战略的制定和实施，大力发展养老服务业既是一项紧迫而艰巨的任务，也是一次重大的机遇，甘肃应当尽快研究制定养老服务业发展战略，积极应对"未富先老"的现实，把优先解决城乡贫困老年人口养老服务的可及性问题作为各级党委政府的政治责任和实际行动。

2017年，应通过深化改革，积极应对2016年社会发展中存在的突出问题，从制度层面解决制约农村发展和影响农业转移人口市民化的关键因素，改善社会保障基金管理，降低基金运行风险。积极培育城市主导产业、构建绿色城市体系，进一步提升城市发展的质量和内涵。

发展篇

Reports on Social Development

B.2 甘肃省城乡居民生活质量分析与预测

冯乐安　宋文姬*

摘　要： 随着社会治理创新的不断推进，以及全面建成小康社会的现实要求，人们越来越关注生活质量话题。面对严峻复杂的经济形势，甘肃省牢牢把握稳中求进工作总基调，不断推进城乡居民生活质量改善。本研究从甘肃省实际出发，结合已有研究成果，以客观生活质量为主要内容，主要考察大数据背景下，甘肃省城乡居民生活质量的总体状况。具体分析了城乡居民收入、就业、教育、医疗、社会保障的基本情况，总结发展成绩，正视困难挑战，预测未来趋势，并提出了相应的对策建议。

关键词： 城乡　生活质量　甘肃省

---

* 冯乐安，甘肃省社会科学院哲学社会学所助理研究员，主要研究方向：人口社会学；宋文姬，甘肃省社会科学院哲学社会学所助理研究员，主要研究方向：城市社会学。

一 研究背景

随着社会治理创新的不断推进,以及全面建成小康社会的现实要求,人们开始越来越关注生活质量的议题。对城乡居民生活质量进行考察,既体现了应用研究的现实关照,也具有十分重要的现实影响。我国自20世纪70年代末开始的改革开放,在带来巨大的社会结构转型和社会变迁的同时,也引发和促进了社会学、经济学、统计学、心理学等多个学科对生活质量问题的关注和探索。形成了一个既关系中国小康社会建设目标,也关系广大城乡居民日常生活水平和幸福状况的重要研究领域。

国内的生活质量研究开始于20世纪80年代初期,基本上是伴随着中国社会的改革开放而逐步发展起来的。进入新世纪以来,国内这一领域的研究发展得非常迅速。2002年以前的生活质量研究,无论是探讨客观生活质量的内容,还是探讨主观生活质量的内容,基本上都是采用"生活质量"的概念。到了2002年以后,出现了生活质量、生活满意度,以及主观幸福感三个方面研究并存的局面。国内有关客观生活质量的研究较多地集中在指标体系的建构以及运用上。比较普遍的情形是,不同研究者根据自己的理解,构建一套在维度、指标,以及合成方式、权重等方面均不完全相同的指标体系。同时,研究者采用自己的指标体系来对所关注的不同群体、不同地区进行生活质量的比较和排序。在主观生活质量的研究方面,则出现了以"生活满意度"为研究对象和以"幸福感"为研究对象的两大分支领域。由于这两个分支领域的内容都与人们的主观感受密切相关,研究中所采用的方法也比较接近。总体来看,近三十年来国内客观生活质量的研究与主观生活质量的研究在所涉及的范围上都有了明显的拓展,特别是对主观生活质量的研究更是朝着专门的生活满意度和幸福感两个相对独立的方向前进了一大步。但是,相比之下,生活质量研究中的第三个方向,即将客观生活质量与主观生活质量结合起来进行的研究,则尚无大的进展①。

面对严峻复杂的国内外经济形势和艰巨繁重的改革发展稳定任务，甘肃省牢牢把握稳中求进工作总基调，不断推进城乡居民生活质量改善。本研究从甘肃省实际出发，结合已有研究成果，主要考察全省城乡居民客观生活质量的总体状况。具体方法是，分析全省城乡居民在收入水平、就业状况、教育机会、医疗卫生、社会保障等方面的基本情况，总结发展成绩，正视困难挑战，预测未来趋势，并提出了相应的对策建议。

二 甘肃省城乡居民生活质量现状与发展趋势预测

（一）城乡居民收入水平与发展趋势

收入是衡量生活质量最重要的指标之一，决定着城乡居民的物质生活水平。近几年来，甘肃省城乡居民收入水平不断增长。其中，2012年底全省城镇居民人均可支配收入为17157元，2015年底全省城镇居民人均可支配收入增长到23767元，年均增长率达到12.8%；2012年底全省农村居民人均纯收入4507元，2015年底全省农村居民人均纯收入增长到6936元，年均增长率12.1%（见图1）。

2016年上半年的统计数据表明，全省城镇居民人均可支配收入12162.4元，同比增长8.2%。其中，工资性收入增长9.2%，经营净收入增长11.4%，财产净收入增长3%，转移净收入增长5.6%。全省农村居民人均可支配收入3256.8元，同比增长9.1%。其中，工资性收入增长13%，经营净收入增长10.3%，财产净收入增长6.9%，转移净收入增长4.3%②。预计2016年全年，全省城镇居民人均可支配收入将达到25000元左右，全省农村居民人均纯收入将达到7500元左右。可以看出，面对全球金融危机

---

① 风笑天：《生活质量研究：近三十年回顾及相关问题探讨》，《社会科学研究》2007年第6期。
② 甘肃省统计局：《2016年上半年全省国民经济运行情况》。

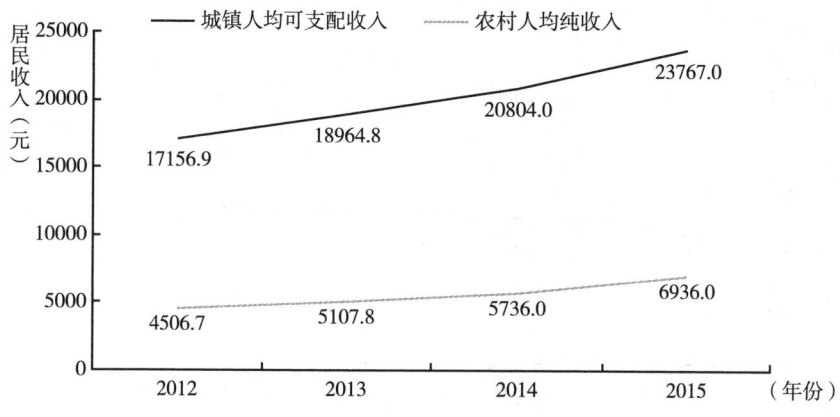

图1 甘肃省城乡居民收入变化趋势

资料来源：甘肃省2012、2013、2014、2015年国民经济和社会发展统计公报。

和世界经济不景气的大背景，甘肃省牢牢把握稳中求进工作总基调。在国家支持、各级政府努力以及全省人民群众的辛勤劳动下，一系列"调结构""惠民生"政策的实施，以及精准扶贫工作的深入推进，甘肃省城乡居民的收入水平将稳步提升。甘肃省将继续深化改革，营造开放的发展环境，千方百计地保障民生，不断提高城乡居民的生活质量。

（二）城乡居民就业状况与发展趋势

就业是民生之本，也是城乡居民生活质量的重要保证。近年来，甘肃省城乡居民就业形势持续优化，就业质量不断好转。其中，2012年底全省城镇就业人口为492.7万人，2015年底全省城镇就业人口增长到567.5万人，增长了74.8万人，平均每年增长24.9万人。2012年底全省农村就业人口为998.9万人，2015年底全省农村就业人口减少到968.2万人，减少了30.7万人（见图2）。

需要注意的是，尽管农村就业人口数量有所减少，但是就业人口总量仍然保持增长。2015年底全省城乡就业人口总数为1535.7万人，比2014年底的1519.9万人，多了15.8万人。这表明，全省就业结构正在深入调整，农村就业人口总量在减少，并不必然意味着农村外出务工人员的减少。因为

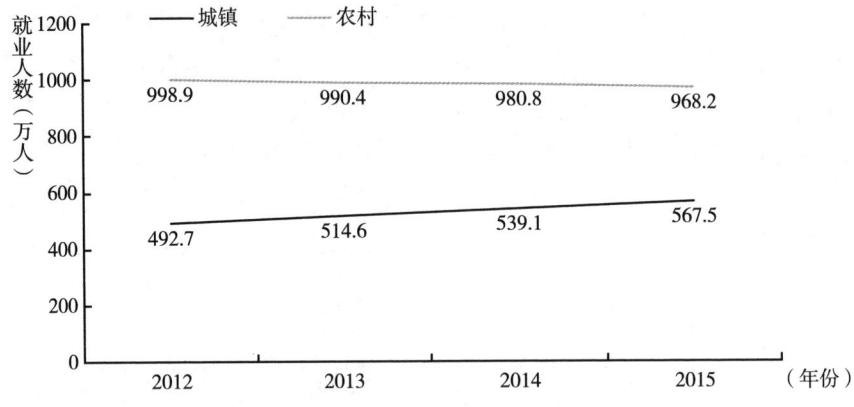

图 2　甘肃省城乡居民就业人数变化趋势

资料来源：甘肃省 2012、2013、2014、2015 年国民经济和社会发展统计公报。

随着新型城镇化战略的有序推进，农民市民化的步伐不断加快，带动了城镇就业人口数量的持续上升。城镇就业人口将不断增加，农村就业人口将持续减少。这既是新型城镇化要努力达成的目标，也是新型城镇化带来的重要改变。

（三）社会消费品零售状况与发展趋势

社会消费品零售总额是与居民衣食住行密切相关的销售总额，是衡量城乡居民生活质量的重要指标。社会消费品零售总额反映的是批发和零售业、住宿和餐饮业以及其他行业直接售给城乡居民和社会集团的消费品零售额。2015 年全年，全省实现社会消费品零售总额 2907.2 亿元，比上年增长 20.6%。按销售单位所在地统计，城镇实现社会消费品零售总额 2316.8 亿元，比上年增长 20.2%；乡村实现社会消费品零售总额 590.4 亿元，比上年增长 22.4%（见图 3）。

2016 年上半年，全省实现社会消费品零售总额 1503.25 亿元，同比增长 9.3%。其中，限额以上企业实现零售额 575 亿元，增长 2.7%。按经营单位所在地分，乡村实现消费品零售额 304.74 亿元，同比增长 10.8%；城镇实现零售额 1198.51 亿元，增长 8.9%。预计 2016 年全年，全省社会消费

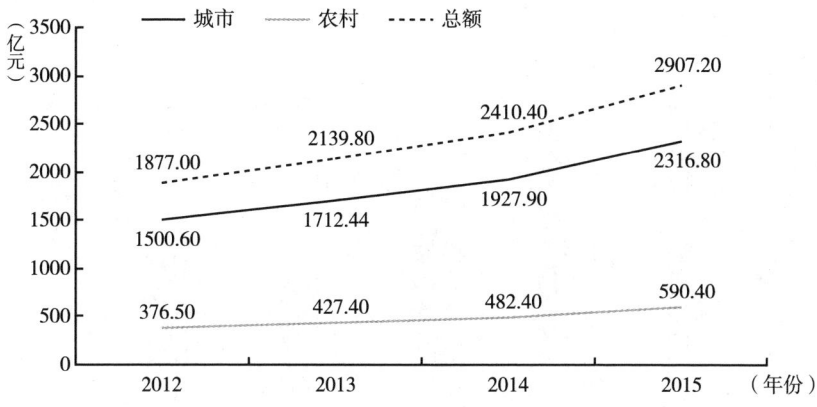

图3 甘肃省城乡社会消费品零售总额变化趋势

资料来源：甘肃省2012、2013、2014、2015年国民经济和社会发展统计公报。

品零售总额将突破3000亿元，其中城镇社会消费品零售总额在2500亿元左右，乡村社会消费品零售总额将突破600亿元[①]。

（四）城乡学生受教育状况与发展趋势

教育是立国之本，也是城乡居民生活质量软实力的表现。在经济社会快速变迁的大背景下，伴随着人口结构的转变，甘肃省城乡学生的受教育状况也在深入调整之中。从招生数量来看，近年来甘肃省基础教育阶段的招生人数呈不断下降的趋势。其中，初中生的下降幅度最为明显，从2012年的37.6万人，下降到2015年的29.1万人；小学生从2012年的34.1万人，下降到2015年的31.3万人；高中生从2012年的22.6万人，下降到2015年的19.9万人。中职阶段的招生人数也呈下降的趋势，从2012年的14.4万人，下降到2015年的9.5万人（见图4）。相比而言，大学阶段和研究生阶段的招生规模较为稳定，大学招生规模一直在13万人左右，研究生招生规模稳定在1万人左右。

2016年，甘肃省教育事业继续深化发展，除了上述成绩之外，还有不少的创新和亮点。例如，在全省范围内实施的学前教育全免费政策，使得全

---

① 甘肃省统计局：《2016年上半年全省国民经济运行情况》。

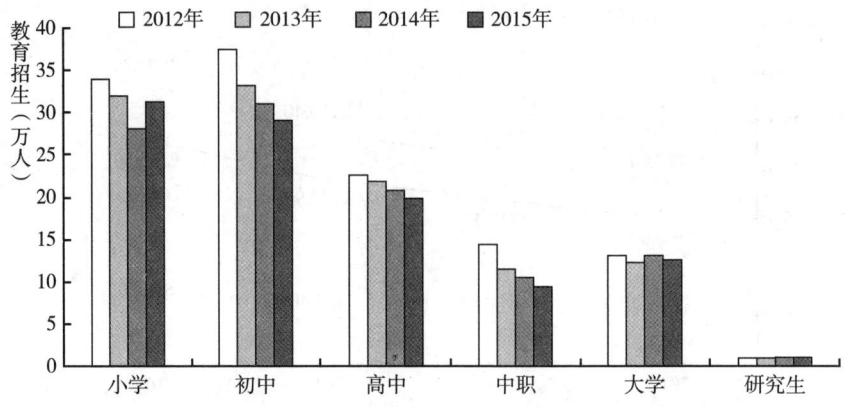

图 4 甘肃省教育招生人数变化趋势

资料来源：甘肃省 2012、2013、2014、2015 年国民经济和社会发展统计公报。

省约 70 万适龄儿童全部免费接受学前教育，成为全国第一个率先实行学前教育全免费的省份。可以说，这一实践探索走出了一条经济欠发达省份大力发展学前教育，助推精准扶贫、精准脱贫的创新之路、特色之路。

（五）城乡卫生事业状况与发展趋势

卫生事业关乎居民健康，是基本公共服务的重要内容，也是居民生活质量的重要保证。从统计数据来看，甘肃省医疗卫生事业规模不断发展，队伍不断壮大。其中，医院、卫生院个数在 2015 年达到了 1792 个；床位数从 2012 年的 10.1 万张，增加到 2015 年的 13.8 万张，平均每年增加 1.2 万张；卫生技术人员从 2012 年的 11.1 万人，增加到 2015 年的 12.9 万人（见表1）。充分显示出，甘肃省卫生健康事业良好发展的势头。

表 1 甘肃省医疗卫生事业发展状况

	2012 年	2013 年	2014 年	2015 年
医院、卫生院(个)	1780	1788	1805	1792
床位数(万张)	10.1	11.9	11.4	13.8
卫生技术人员(万人)	11.1	10.7	12.5	12.9

资料来源：甘肃省 2012、2013、2014、2015 年国民经济和社会发展统计公报。

2016年，全省卫生事业继续沿着"以基层为重点，以改革创新为动力，预防为主，中西医并重，将健康融入所有政策，人民共建共享"的新时期卫生与健康工作方针，重点围绕卫生计生工作和医改工作。例如正在起草中的《"健康甘肃2030"发展规划》，将对推进健康甘肃建设进行全面部署；再如即将召开的全省卫生与健康大会，主要贯彻落实全国卫生与健康大会精神，全面总结"十二五"以来全省卫生与健康工作成效、分析当前面临的问题和存在的困难，进一步推进和加强卫生与健康工作。

（六）城乡居民社会保障状况与发展趋势

社会保障是公共福利水平的体现，也是城乡居民生活质量的基础所在。近年来，得益于社会保障领域的一系列改革，甘肃省城乡居民的社会保障水平不断提升。具体的表现是，基本社会保险的参保人数不断上升，保险险种的结构不断优化。其中，城镇职工基本养老保险人数从2013年底的288.4万人，增长到2015年底的306.2万人。需要指出的是，新型农村合作医疗参保人数略有下降，从2013年的1930.3万人，变化为2015年的1909.3万人（见表2）。我们认为，这主要是在新型城镇化进程不断加快的大背景下，农村人口向城镇人口逐渐转移而引起的变化效应。

表2 甘肃省社会保障参保人数

单位：万人

参保类型	2013年	2014年	2015年
城镇职工基本养老保险	288.4	298.9	306.2
城镇职工基本医疗保险	297.1	328.1	307.9
新型农村合作医疗	1930.3	1925.9	1909.3

资料来源：《甘肃省2012、2013、2014、2015国民经济和社会发展统计公报》。

2016年，全省社会保障事业围绕与全国同步进入全面建设小康社会的宏伟目标，按照全省人力资源社会保障"十三五"规划总要求，坚持"全覆盖、保基本、多层次、可持续"的基本方针，以增强公平性、适应流动性、保证可持续性为重点,进一步完善覆盖城乡居民的社会保障体系,使广大人民群众得到基本保障,共享经济社会发展成果。例如,为了适应经济发展新常态,2016年5月,甘肃省社会保险政策在不改变原有待遇的基础上,做了适当调整。其中,企业职工养老保险单位缴费比例由20%降低至19%,失业保险费率由2%下调至1.5%,两者降低费率的期限暂定为两年①。

三 甘肃省城乡居民生活质量面临的挑战

(一)城乡居民收入差距依然明显

长期以来,我国的城乡二元体制,阻碍了经济社会的发展。从增加收入的格局来看,"焦点在城市,难点在农村"的现状一直没有得到改善。许多人认为在市场经济条件下,收入差距是市场竞争的结果,或者反映的是人力资本的差异,并不值得大惊小怪。这种观点忽略了政府公共政策在收入分配中应有的作用。自中央提出构建和谐社会以来,加强和创新社会治理的议题多次被提上各级政府的议程。其中,如何缩小城乡居民收入差距成为一个重要议题。2016年上半年的最新统计数据表明,全省城镇居民人均可支配收入12162.4元,同比增长8.2%;全省农村居民人均纯收入3256.8元,同比增长9.1%②。虽然全省农村居民人均纯收入的同比增长率比城镇居民高0.9个百分点,但是农村居民人均可支配收入的绝对值远远低于城镇居民人均可支配收入。两者差别如此之大,也从一个侧面显示出当前城乡居民收入不均衡的现实情况。

(二)城乡居民就业不均衡仍然存在

随着当前户籍制度改革的逐步推进,城乡居民在就业准入方面的限制已

---

① 《甘肃省阶段性降低社会保险费率》,《西部商报》,2016年7月1日。
② 甘肃省统计局:《2016年上半年全省国民经济运行情况》。

基本被打破。但是，农村劳动力在就业机会、就业服务和就业权益等方面，仍然与城镇居民存在很大差别，严重制约了农村劳动力的有效转移和转移后在城镇就业的稳定性与积极性。同时，农村劳动力整体文化素质不高，缺乏专业技能，难以在城市立足，从而为统筹城乡就业带来了很大的挑战。不仅如此，在电力、石化、银行等高利润行业和部门，就业岗位的非市场化情况依然较为严重，甚至存在严重的垄断现象。许多职位只录用本单位职工子弟，待遇普遍高于同类企事业单位。这不仅不利于这些国有企业的长远发展，而且与国有企业的公有性质严重不符，扭曲甚至损害了群众对这些企业甚至是主管政府部门的认识，应该引起社会各界的广泛关注。

（三）城乡居民社会消费品结构还不合理

近年来，甘肃省城乡居民社会消费品零售总额规模不断上升。其中，2012年，全省社会消费品零售总额为1877亿元；2015年，全省社会消费品零售总额已经增长到2907亿元，3年来增长了1030亿元[①]。从总体规模来看，城乡居民社会消费品零售总额增长十分迅速。然而，值得注意的是，全省城乡居民社会消费品零售总额的结构并不十分合理。虽然农村居民社会消费品零售总额的增长速度要快于城市居民，但是城市居民社会消费品零售总额的规模却远远高于农村。2015年，城市居民社会消费品零售总额为2317亿元，农村居民社会消费品零售总额为590亿元，城市居民社会消费品零售总额比农村高了近3倍左右。

（四）教育机会不平等制约教育发展

通过数据分析，我们注意到全省教育事业取得了很大进步，招生比例逐年增加，学前教育全面免费等等。然而，还应该注意到，甘肃省教育发展不均衡、教育机会不均等的现象依然存在。其中，基础教育领域主要表现为择校难，职业教育领域主要表现为发展难。在基础教育领域，重点学

---

① 资料来源：甘肃省2012、2013、2014、2015年国民经济和社会发展统计公报。

校和非重点学校、城镇学校和非城镇学校之间的差距十分明显，这就导致学校之间、地区之间的教育发展表现出"马太效应"。重点学校、城镇地区的学校发展越来越好，非重点学校、农村偏远地区的学校发展越来越难。很多家长和老师把大量的心思放在学校的选择上面，资源过度集中，不能发挥有效作用。

（五）医疗卫生事业改革需要深化

尽管这些年来，甘肃省的医疗卫生事业取得了长足的发展。特别是随着基层医疗卫生机构的不断建设和发展，广大群众的日常保健和就近治疗得到了很大的缓解和满足。当前的挑战是，虽然"看小病"的问题解决了，但是"看大病"的问题更为困难和棘手。因为受制于硬件设施的落后和医疗人才的短缺，优质的医疗资源都集中在规模较大的城市，特别是省会城市。一些危重疾病和疑难杂症，只有到兰州的一些大医院才能接受治疗，"一号难求""一床难求"的现象仍然比较常见。不仅如此，较高的医药费用和检查费用也困扰着患者和广大家属，特别是城市贫困家庭和农村特困家庭，面临着贫病交加的巨大风险。

（六）社会保障水平有待提升

随着经济社会的不断发展，甘肃省社会保障事业进步明显，参保人数不断增多、保险结构不断优化。但是，也应该看到，在取得进步的同时，甘肃省社会保障工作还存在亟待调整的问题。突出的表现是，总体的保障水平还比较低，城乡之间待遇的差距还比较大。总体的保障水平还比较低，表现在城乡居民基本养老保险的缴费标准和待遇还比较低，医疗保险的报销范围依然有限，流动人口、城市贫困家庭、农村特困家庭在参加社会保险方面还存在困难。城乡待遇的差距还比较大，表现在很多城市干部职工一个月的养老金比农村老人一年的养老金还要高。需要承认的是，城镇职工养老保险的缴存金额要高很多，但是社会保险待遇差距如此之大，非常不利于整体社会保障水平的提升。

四 提升甘肃省城乡居民生活质量的对策建议

（一）调整收入分配缩小城乡收入差距

有学者指出，解决收入差距扩大的问题，政府责无旁贷。这需要下决心改革收入分配制度，也需要运用一系列公共政策手段加以综合治理。当前，解决收入差距问题的总体思路应该是遵循市场经济基本原则，对若干造成城乡分割的体制进行制度创新，以改变城乡之间的资源配置格局，形成城乡统一的市场，促进包括劳动力在内的生产要素的自由流动，减少农村剩余劳动力数量，获取由市场配置资源的高效率[①]。在具体措施方面，包括推进精准扶贫，防止贫困代际遗传；实施积极就业政策，保障公平就业和充分就业；健全劳动力市场制度，保护劳动者权益，构建和谐劳动关系；建立充分覆盖的社会保障体系，为各类居民的基本生活提供安全网。与此同时，政府在解决收入分配问题的同时，又要找准自身的领域，保持履行职能的适度性，不能以损害市场配置资源的基础性作用为代价。

（二）改革就业机制增加社会活力

就业是民生之本，安国之策，关乎整个社会的稳定和发展。十八大报告指出：要推动实现更高质量的就业，实施就业优先战略和更加积极的就业政策。当前，在全球经济不景气的大背景下，有必要将就业工作的重要性进一步强化，使其上升为各级政府工作的重要内容之一。在一些重要的产业发展、项目论证的工作中，应该充分考虑就业因素，使得经济增长与促进就业能够协调发展。当前技术型产业工人的缺口较大，各类学校要根据市场对人力资源的需求，推进课程改革，使得教学和人力资源需求相契合。应该加强农村务工人员的基本技能培训，使得农村劳动力的就业技能逐渐提升。要下

---

① 蔡昉：《缩小收入差距政府责无旁贷》，《中国党政干部论坛》2010年第6期。

决心推进部分国有企业的用人机制改革,这不仅是优化就业岗位的问题,而且要通过改革释放出积极的就业信号。从长远来看,要努力实现就业机会的均等化,通过社会各界的共同努力,共建一个让每个劳动者都活出尊严的和谐社会。

(三)调整社会消费品结构鼓励理性消费

进入新世纪以来,中国社会转型升级的总体目标就是建设现代化社会。所谓现代化,主要是指伴随工业化进程而实现的由传统农业社会向工业社会的变化。工业化不但带来了经济领域的变化,而且造成政治、社会、文化等相关领域的一系列连锁反应和变化。因此,现代化所导致的社会变迁不是局部的,而是全方位的、总体性的、结构性的。毋庸置疑,它也带来消费领域的变化①。在现代化的众多内容中,消费现代化是一个重要的方面。从甘肃省目前面临的形势来看,首要的问题是着力缩小城乡之间的差距。当然,城乡差距是一个历史性问题,需要逐步完善。而且,伴随着新型城镇化的不断推进,城镇规模势必不断扩大,城市居民社会消费品零售总额所占的比例也会继续增高。此外,要继续加强健康生活理念的培育,在社会上形成良好的舆论氛围,使得健康的生活理念深入人心。同时,要形成具有梯度的消费品价格,引导居民理性消费。对于生活必需品价格要严格控制,保证居民基本的生活需求;对于高耗能产品、奢侈品要进行价格调控,适当引入税、费以加大消费成本,从而使社会消费品结构更为合理。

(四)利用人口转变契机优化教育资源配置

在一个社会中,资源总是有限的,特别是优质的教育资源。扩招以来,我国的高等教育规模持续增长。由此,引起的连锁效应是高中教育规模的不断扩张,与之相伴随的是职业教育的发展受到了一定程度的制约。随着经济

---

① 王宁:《消费系统现代化:一个扩大消费的社会学视角》,《中山大学学报(社会科学版)》2009年第6期。

社会的发展、生育观念的转变,我国的人口结构也处在不断变化之中,核心的表现是学龄人口逐渐减少。如果说资源是恒定的,那么随着人口的适度减少,资源优化的可能性就会增加。人口结构转变带来的影响是深远的,在教育方面的直接表现是招生规模的变化。甘肃省基础教育阶段招生人数逐年下降,主要是学龄人口逐渐减少造成的。而中职教育阶段招生规模的下降,可能与这一年龄段的学生涌入高中阶段有一定的关系。需要注意的是,大学阶段和研究生阶段的招生规模相对稳定,这并不是说大学教育和研究生教育没有受到青少年人口结构变化的影响,而是表明甘肃省高等教育的招生比例是逐年上升的,这一点需要特别指出。人口转变是大势所趋,因此应该正视这种变化带来的深远影响,有效配置教育资源,不断推进教育公平。

(五)加快医疗卫生事业改革推进健康甘肃建设

习近平总书记指出,没有全民健康,就没有全面小康。当前医药卫生体制改革已进入深水区,到了啃硬骨头的攻坚期。要加快把党的十八届三中全会确定的医药卫生体制改革任务落到实处。要着力推进基本医疗卫生制度建设,努力在分级诊疗制度、现代医院管理制度、全民医保制度、药品供应保障制度、综合监管制度等基本医疗卫生制度建设上取得突破[1]。甘肃省要继续坚持新时期卫生与健康工作方针,深刻领会并积极贯彻落实全国健康大会精神,积极推进"健康甘肃"建设。要进一步统一思想、提高认识,继续坚持发扬成功经验和好的做法。努力制定和完善医疗价格调整,加快推进城乡居民基本医保制度整合方案,不断完善医师多点执业、分级诊疗工作方案和监督体系建设方案。

(六)完善社会保障体系应对风险社会挑战

2016年是"十三五"开局之年,社会保障改革与制度建设也会进到一

---

[1] 习近平:《把人民健康放在优先发展战略地位》,新华网,http://news.xinhuanet.com/politics/2016-08/20/c_1119425802.htm。

个新的发展时期。如何进一步织好社会保障"安全网",切实提升社会保障水平,是事关广大民众生活质量的重要议题。具体来讲,要进一步做好养老保险改革工作、整合城乡居民基本医疗保险制度、完善养老服务建设、提升困难群体社会保障水平等。需要特别重视的是,积极应对人口老龄化和保障困难群众生活。新世纪以来,社会发展的不确定性不断增强,西方社会学家称之为"风险社会"①。未来我们将面临严重的养老问题,这就要求在加大政府扶持力度的同时,还要引入社会力量,更需要全社会成员的积极参与,只有将养老事业以及社会保障体系建设不断推向前进,才能将人口老龄化带来的负面影响降到最低。与此同时,困难群众是一个社会中规模较大的弱势群体,而社会保障恰恰是困难群众的民生伞。2016年8月康乐县杨改兰一家的悲剧,震动了全国。虽然这起事件有其特殊性,但是也从侧面说明了社会保障的底线公平作用还需要加强。只有为困难群众筑牢基本生存防线,城乡居民的整体生活质量才会全面提升。

---

① 乌尔里希·贝克:《从工业社会到风险社会》,王武龙编译,《马克思主义与现实》2003年第3期。

B.3
2016~2017年甘肃省社会保障体系运行状况分析与预测

许尔君 袁凤香*

摘 要： 近年来，甘肃在经济压力加大、自然灾害频发、多重矛盾交织的情况下，按照省第十二次党代会部署，初步建立起了一个与经济发展水平相适应、社会保险制度为重点，社会保障基金为依托，资金来源多渠道、保障方式多层次的社保体系，在为谱写中国梦甘肃新篇章中发挥着"推进器、安全网、减震器"的作用。本文就甘肃社会保障体系运行状况作一些探索。

关键词： 社会保障 体系运行 甘肃省

社会保障体系是指社会保障各个有机构成部分相互联系、相辅相成的总体。社会保障体系是社会发展和经济运行的"稳定器"和"安全阀"。完善的社会保障体系是社会主义市场经济体制的重要支柱，对推进经济结构调整和国有企业改革、维护社会安定、促进经济和社会协调发展具有重要意义。《"十三五"规划建议》指出"建立更加公平更可持续的社会保障制度"。近年来，甘肃在经济压力加大、自然灾害频发、多重矛盾交织情况下，按照

---

* 许尔君，甘肃民勤县人，甘肃省社会科学院政治研究所所长、研究员，主要从事中国当代政治、党建理论、马克思主义中国化、区域经济发展等研究；袁凤香，甘肃武威人，甘肃省社会科学院哲学社会学研究所副研究员，主要从事文化与价值哲学研究。

省第十二次党代会部署,在统筹抓好稳增长、促改革、调结构、惠民生、防风险各项工作基础上,初步建立起了一个与经济发展水平相适应、社会保险制度为重点,社会保障基金为依托,资金来源多渠道、保障方式多层次的社保体系,在大力改善民生、持续增进人民福祉、让广大群众获得更多幸福感等方面做出了巨大努力,取得了显著成绩。

一 甘肃社会保障制度运行状况

(一)职工基本养老保险运行

一是扩大职工基本养老保险覆盖面。为积极推进保险制度改革,充分体现养老保险的"社会性",甘肃按照党的十八届五中全会"基本实现法定人员全覆盖"精神,以实施全民参保计划、机关事业单位启动参保为契机,把机关事业单位非编制内未能纳入机关事业养老保险的人员和事业改企单位人员全部纳入企业职工养老保险,实现职工平台两个养老保险从制度全覆盖到参保全覆盖的无缝衔接。同时,继续以巩固和扩大集体企业、非公企业从业人员,灵活就业人员以及进城务工人员参保为重点,挖掘潜在的扩面资源,实现应保尽保。

二是认真落实企业扶持发展政策。为进一步帮扶企业发展,稳定企业用工岗位,按照国家降低缴费费率的规定,甘肃制定出台了《甘肃省人民政府办公厅关于推进供给侧结构改革降低企业用工成本的意见》(甘政办发〔2016〕16号),实施"五缓四降四补贴"配套扶持困难企业政策,切实做好生产经营困难企业缓缴养老保险费和降低缴费基数的核定工作,落实缓缴期间免收滞纳金的政策,依规做好缓缴和补缴协议的签订工作,支持和巩固困难企业稳定岗位用工和养老保险关系,帮助困难企业解决实际问题,促进企业健康发展。

三是依法依规核定企业缴费基数。企业缴费是我国现行体制下养老保险基金的一个重要来源,如何准确核定参保企业缴费基数,准确计算缴费额度,是基金征缴之前的一个首要问题。甘肃省企业职工基本养老保险以2015年底参保数据来讲,抚养比大约为1.8∶1,远高于全国3∶1的平均水平;加之经济新常态企业效益下滑,企业欠费情况有增无减,基金支付压力较大。为保证参保企业社保费征缴准确足额,依法依规核定了企业缴费基数,对不申报、不核定、不缴费的"僵尸企业"进行核查确认,督促其规范用工和社保关系,采取措施鼓励职工续保缴费。

四是做好养老金调整政策落地工作。在国家做出"十二连涨"调整企业退休人员基本养老金6.5%政策基础上,根据省情,调整退休人员养老金标准,完善老年人生活及保障。从2015年1月1日起,甘肃省为2014年12月31日前已按规定办理退休手续并按月领取基本养老金的企业退休人员提高基本养老金水平。调整后,全省企业退休人员养老金月人均增加206元、达到2168元①。除调整提高全省企业退休人员基本养老金标准外,还调整提高全省城乡居民基本养老保险基础养老金政府补助标准,使其达到每人每月85元,让广大参保人员切实分享经济发展成果。

(二)社会失业保险运行

一是提高失业保险覆盖面及失业待遇。近年来,按国家要求采取有效措施积极进行失业保险制度和失业保险基金改革,不断扩大失业保险覆盖面,提高失业保险待遇水平。截至2015年底,全省失业保险实际参保162.76万人;失业保险基金收入15.56亿元;基金支出4.96亿元;全省失业保险基金滚存结余72.12亿元。连续五年调整提高全省失业保险金发放标准。2015年,全省失业保险金发放标准平均按10%的比例调整提高,即:由现行一类区983元/月、二类区917元/月、三类区851元/月、四类区799元/月,分别调整为一类区1081元/月、二类区1009元/月、三类区936元/月、四类区879元/月。其中,兰州五区及新区失业保险金发放标准将上调至1081元/月。

---

① 文中数字来源于《2016年甘肃省社会保险局长会议材料汇编》。

二是建立完善失业动态监测预警制度。截至目前，全省被监测企业644户，覆盖全省14个市州，涉及18个行业，职工总数达43.1万余人，已发布监测通报51期，及时准确监测企业岗位变化情况。在失业动态监测基础上开展失业预警试点以来，修订完善了省级失业预警指标体系，建立了全省失业预警季度报告制度。截至目前14个市州所辖县区已全部制定出台县区级"预警应急预案"，建立了县（区）、市（州）、省、部四级失业预警季度报告制度，已向人社部报送季度失业预警情况报告12期，有效增强了失业保险制度预防失业、促进就业的功能。

三是规范失业保险金申领发放行为。为认真贯彻《甘肃省失业保险条例》和《甘肃省失业保险金申领发放办法》，要求自2015年1月1日起，各参保单位自终止、解除劳动关系或工作关系之日起30日内，应将失业人员的名单、档案等资料报受理其失业保险业务的失业保险经办机构备案，并按要求提供其终止、解除劳动关系或工作关系、参加失业保险及缴费情况等有关材料。同时，失业人员应在终止、解除劳动关系或者工作关系之日起60日内到参保地的失业保险经办机构或就业服务机构按规定办理失业登记和失业保险金申领手续。

四是切实支持企业稳定就业岗位。切实推进人社部、财政部、国家发改委、工信部支持就业工作稳定增长有关要求的落地，在调整优化产业结构中更好地发挥失业保险预防失业、促进就业的作用，激励企业承担稳定就业的社会责任，制定下发了《甘肃省失业保险支持企业稳定岗位实施意见》及相关补充通知，对满足一定条件的企业给予稳岗补贴。截至2015年底，全省已有1645户企业享受稳岗补贴5.2亿元，惠及职工60.94万人。

（三）医疗保险待遇运行

一是覆盖面扩大待遇水平提高。近年来，全省城镇基本医疗保险工作坚持"全覆盖、保基本、多层次、可持续"的基本方针，以完善城乡居民大病保险、加快付费方式改革、推进异地就医直接结算为重点，认真抓好落实,待遇水平保持稳定,基金运行整体平稳。截至2015年底,全省城镇职工基本医疗保险参保307.9万人,参保率达99%;城镇居民基本医疗保险参保327万人,参保率达98%;全省城镇职工基本医疗保险政策范围内报销比例保持在79.10%;城镇居民基本医疗保险政策范围内报销比例保持在62.72%。

二是基金运行进一步平稳。近年来,全省城镇职工基本医疗保险基金收入逐步提升,基金运行健康平稳,2015年医疗保险基金收入91.03亿元,支出80.62亿元,基金累计结余82.12亿元;城镇居民基本医疗保险基金收入14.46亿元,支出12.14亿元,基金累计结余14.69亿元。其中,城乡居民基本医疗保险政府补助标准提高到380元/人,全省城镇居民中央补助资金67938万元,省级补助资金20864万元。2015年全省新农合基金支出81.06亿元,占全年筹资到位资金的90.47%,同比增加7.84亿元。

三是城乡居民大病保险工作全面实施。2015年,城乡居民大病保险筹资总额6.69亿元,城乡居民享受大病保险待遇13.85万人次,补偿金额4.63亿元,人均补偿金额3139.64元。2016年4月,为推进精准扶贫大病保险,甘肃省深化医药卫生体制改革领导小组办公室印发通知,其中明确,对在2016年1月1日以后住院的农村建档立卡贫困人群,享受住院医疗费用大病保险报销起付线降低至3000元优惠政策。城乡参保居民年内多次住院且累计超过起付标准的,承办保险公司按照多次住院的最高医院级别以分段累进计算方式给予报销。对普通住院、无第三方责任意外伤害住院及门诊慢特病三种情况发生的大病保险费用,大病保险起付线、封顶线及报销计算将分别执行。

四是异地就医直接结算工作开始起步。2015年,省上下发了《关于进一步做好基本医疗保险省内异地就医费用直接结算的指导意见》和《关于全省异地安置在海南省的参保人员住院费用直接结算工作的意见》两个文件,以全面实现本市州跨县区就医医疗费用直接结算为目标,进一步完善本统筹区域内就医结算办法,基本实现"同城无异地"。2015年,各市州分别与海南省社保局、兰州地区定点医疗机构签订了异地就医直接结算协议，重点解决了兰外各市州异地安置在兰州地区的参保人员和甘肃省在海南省异地安置人员的住院医疗费用直接结算问题。

（四）工伤保险待遇运行

一是参保的覆盖面不断扩大。为更好地保障工伤职工的合法权益，健全工伤保险管理制度，规范工伤保险经办流程，提升工伤保险经办管理服务水平，进一步推进高风险行业参加工伤保险，实现了全省工伤保险经办工作的安全、健康、有序发展。截至2015年底，甘肃省工伤保险参保182.6万人，同比增加7.46万人，增长4.26%。其中农民工参保40.05万人，占参保人数的21.93%，事业单位参保52.33万人，占参保人数的28.66%。建筑业参加工伤保险265337人，占参保人数的14.53%，基金收入9508.12万元。

二是基金运行平稳待遇增加。2015年，全省工伤保险基金收入7.13亿元，同比增加5411万元，增长8.21%；工伤保险基金支出6亿元，同比增加2611万元，增长4.54%；工伤保险基金期末滚存结余10亿元，可支付月份为20个月。其中省直工伤保险参保单位345户，参保缴费人数46641人，基金收入1198万元。2015年底，全省工伤保险享受待遇人数达到2.33万人，同比增加0.13万人，增长4.55%；享受各项待遇229496人次。

三是行业统筹管理更加规范。严格执行《甘肃省原行业（企业）工伤保险经办办法》《关于行业（企业）职工基本医疗工伤保险基金拨付审核有关问题的通知》等文件规定，目前省市级统筹已经全面完成，省级统筹相关配套政策也已相继出台。原实行封闭管理的兰州铁路局等行业工伤保险实行省级统筹管理，将各行业工伤保险基金统一纳入省级社会保障基金财政专户。进一步加强行业社保基金管理，按照省级"收支两条线"的原则，对省直管理的兰州铁路局、白龙江管理局、玉门油田等行业（企业）工伤保险待遇按季度进行审核、拨付。

四是工伤制度改革不断深化。甘肃省工伤预防、补偿、康复相结合的

"三位一体"工伤保险制度体系初步形成,不断完善工伤保险定点医疗机构内部管理,强化服务意识,提高服务能力,为广大工伤职工提供优质的医疗服务。通过完善流程和机制,有效促进了事业单位工伤保险管理工作规范有序发展;通过完善标准和规定,并积极协调处理工伤职工看病就医、报销费用过程中出现的各种问题,确保工伤职工各项待遇及时、有效地落实;通过完善数据和系统,基本实现了单位信息、医疗费用的查询、复核,保证了工作质量,提高了工作效率。

(五)生育保险待遇运行

一是进一步完善生育保险制度。2015年12月24日,甘肃省出台了《甘肃省职工生育保险办法》,要求本省行政区域内的国家机关、企业、事业单位、社会组织以及有雇工的个体经济组织及其职工或雇工,都应参加生育保险。生育保险实行市(州)级统筹,用人单位按照属地原则依法参加生育保险,并按时足额缴纳生育保险费。

二是不断降低生育保险费率。根据人社部、财政部《关于适当降低生育保险费率的通知》,甘肃对生育保险征缴、待遇享受、医疗管理服务及参保单位法律责任等方面进行了规定。截至目前,全省14个市州生育保险费率已全部降至0.5%以内。其中:酒泉、张掖、庆阳、白银、陇南、临夏、甘南等7个市州实行0.5%的费率;兰州市企业职工实行0.5%、机关事业单位职工实行0.35%的费率;平凉、定西两市企业职工实行0.5%、机关事业单位职工实行0.3%的费率;嘉峪关、武威两市企业职工实行0.5%、机关事业单位职工实行0.2%的费率;天水市实行0.45%的费率;金昌市实行0.3%的费率。

三是积极做好生育保险报销工作。用人单位到经办机构核定缴费额,地税部门收取,财政统一管理。职工生育、实施计划生育手术按照基本医疗保险就医的规定,到具有助产、计划生育手术资质的城镇职工生育保险定点医疗机构就医。

四是推进生育保险业务发展。甘肃省人口形势发生重大变化,群众的服务需求不断提高,为加快推进计划生育服务和管理改革,应更加注重人文关

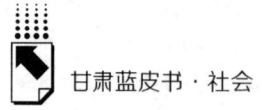

怀,更加注重利益导向,更加注重宣传引导,更加注重依法行政,2015年4月甘肃省又制定了《甘肃省生育保健服务证制度改革实施办法》。

二 甘肃社会保障体系运行面临的问题

(一)职工基本养老保险运行面临的问题

一是机关事业单位养老保险制度改革面临难题。特别是参保范围国家规定较窄,而甘肃省基层服务项目人员和无编制人员数量较为庞大;机关事业单位原养老保险试点单位和人员、机关事业单位劳动合同制人员和其他一些特殊人群后续处理等问题,都需立足自身解决。二是省级统筹离规范要求还有一定的差距。甘肃省企业职工基本养老保险省级统筹虽实现了制度、标准、管理体制、基金调剂使用的统一,但在统收统支和信息共享上还有差距。在国家实现基础养老金全国统筹的情势下,甘肃省在省级统筹方面还须做大量工作。三是遗属待遇、病残津贴政策还没有完全实施到位。机关事业单位与企业参保人员死亡丧葬抚恤费水平极不平衡,在国家统一的病残津贴政策尚未出台前,甘肃省目前还只是按原来的政策范围执行。关于这些问题,企业参保人员反应十分强烈,有待于进一步完善政策。

(二)社会失业保险运行面临的问题

一是失业保险覆盖范围窄。目前,城镇公有制企事业单位及其职工基本能够参加失业保险,但非公经济及其职工还未完全依法参加失业保险,非全日制、临时性、阶段性和弹性工作时间等多种形式灵活就业人员被失业保险覆盖的难度还相当大,不同地区、不同性质的单位参保情况差别较大。二是失业保险稳定就业和预防失业功能没能得到应有重视。目前,部分企业面临困境,省上出台了一系列失业保险基金稳定岗位和预防失业的调控措施,但在贯彻中还存在落实不到位等问题,至今还有一些企业不了解此项政策,作用还没能发挥出来。三是失业预警各项机制有待加强完善。甘肃省是国家9

个失业预警试点省份之一。目前，省、市、县都已制定了应急预案，但是这项工作还处在探索阶段，有待在实践中不断完善和检验，真正发挥失业预警和失业调控的重要作用。

（三）医疗保险待遇运行面临的问题

一是医疗保险基金运行风险加大。主要表现在人口老龄化不断加快，职工医保单位缴费划入个人账户比例较高，参保人员住院率快速上升，医保基金支出增幅高于基金收入增幅，收不抵支地区增多，有限的医保基金供给与无限的医疗服务需求之间的矛盾日益凸显。二是部分重点工作进展较慢。全省异地就医结算平台尚未建成，省内、兰外各市州间异地就医直接结算工作进展缓慢；除张掖外，其他市州尚未落实医保付费总额控制，从全国来看，甘肃省处于落后水平；部分市州尚未实现统收统支市级统筹，降低了基金共济能力，导致管理资源分散、经办业务不够规范等问题。三是基金监管手段较为落后。部分市州医保经办业务还基本处在手工状态，经办效率不够高；医保智能审核系统尚未全面推行，未能有效杜绝基金跑冒滴漏问题；医保医师制度尚未全面建立，存在"重事后追责、轻事前预防"问题。

（四）工伤保险待遇运行面临的问题

一是参保扩面进展不够平衡。公务员和参公事业单位参加工伤保险缺乏地方配套办法，对于工伤认定的条件、部门、待遇等规定缺乏统一、明确的管理办法。部分地区事业单位工伤保险参保工作进展比较缓慢，覆盖率还较低。少数市州依然存在工伤保险是小险种的片面认识。二是保险基金支撑能力减弱。新修订的《工伤保险条例》扩大了工伤保险适用、认定范围，大幅度提高了工伤保险待遇，增加了基金支出项目。2015年，甘肃省涨幅较大的支出项为伤残待遇和工亡待遇，一次性工亡补助金、伤残津贴、抚恤金、护理费待遇也在不断提高，导致部分市州工伤保险基金收支不平衡，基金缺口较大。三是省级统筹落实难度较大。因各地工伤风险和管理办法不一，每年基金支出和结余情况不同，省、市、县三级职能、责任、任务划分不明确,因此真正在"六统一"下实现工伤保险省级统筹难度较大。

(五)生育保险待遇运行面临的问题

一是生育参保人数较少。《甘肃省国民经济和社会发展统计公报》显示,截至2015年底,甘肃参加生育保险的人数为154.1万人,这与《中国妇女发展纲要》确定的"完善城乡生育保障制度,覆盖所有城乡妇女"的目标还相距甚远。二是生育行为很大程度没得到完全保障。一些企业歧视女性的招聘行为、辞退怀孕女工的违法行为仍然存在。很多在职女性在工作过程中往往陷入"要位子"还是"要孩子"的两难选择,这将对二孩政策的落地产生很大影响。三是生育基金运行管理方式不尽科学合理。现今,生育保险的社会化管理体系尚未建立,由社保经办机构回拨给企业,职工再由企业领取的支付方式不尽合理;甘肃省目前生育医疗费用存在着两种支付方式:即实报实销方式和一次性的定额支付方式,但这两种方式各有弊端,难以对妇女生育费用提供切实可行的保障。

三 推进甘肃社会保障体系发展的对策建议

(一)努力提高基本养老保险水平

一是进一步完善经办政策。要根据《社会保险法》要求,研究探讨切实可行的有效措施,真正实现社保法律和法规的落地。结合基层经办实际,完善个人账户制度、健全多缴多得激励机制和养老金合理调整机制,并就应对老龄化采取的延退政策和基础养老金全国统筹等做好有关工作。二是规范业务经办流程。在"五险合一"信息系统建设运行基础上,积极做好数据采集、迁移等工作,并针对现行局域网单机操作系统和"五险合一"系统在经办环节中的差异,进一步改进完善申报、基数核定、缴费、个人账户记账、社保关系转移等环节流程,确保基本养老保险工作有序规范运行。三是积极推进社会化服务。进一步加强基层社会保障平台建设，将社会保险信息系统建设向基层延伸，依托街道、社区开展退休人员生存认证和社会保险参保缴费、政策咨询等相关工作，为基层社区参保人员提供更加方便、快捷的服务，促进社会保险由单位人向社会化的过渡。

（二）不断推进失业保险调控工作

一是将更多的劳动者纳入失业保险范围。失业保险是一项针对因失业而暂时中断生活来源的劳动者提供物质帮助的社会保障制度。在对参保企业进行摸底调查基础上，确保失业保险无漏洞，同时不断加大个体私营企业扩面工作力度，动员和开发私营企业参加失业保险。二是积极推进供给侧结构性改革。以甘肃省出台的"五缓四降四补贴"配套扶持困难企业政策为契机，一方面，厘清企业、社会和政府的责任，处理好"去产能、去库存、去杠杆、降成本、补短板"与"保稳定"的关系。另一方面，通过社会保险兜底的托底，发挥好失业保险对预防失业、促进就业的作用。三是加强企业用工动态监测研判。要积极做好"互联网+"新形势下的就业信息采集和分析工作，进一步完善失业预警分析研判制度，切实增强和防范因生产方式转变及经济结构、产业结构调整等因素和突发事件造成严重失业问题给社会带来不稳定或冲击的风险意识，注重职工安置权益保障。

（三）加大医改重点工作的推进力度

一是着力推进异地就医直接结算。要按照精确化管理和信息化手段要求，因地制宜制定本地区异地就医直接结算实施细则；充分利用网络、新闻媒体、公示公告栏等媒介和载体，开展异地就医直接结算宣传；按照"急用为先、分步实施"思路，实现省内各市州相互间参保人员异地就医医疗费用直接结算。二是健全大病保险资金管理制度。本着方便群众、确保基金安全和利于职责明确、部门衔接原则，会同卫生计生、财政、保险监管等部门建立健全大病保险资金管理使用规章制度，优化业务经办流程，协同互补、形成合力，重点强化城镇居民基本医保机构与新农合经办机构之间、城乡居民基本医保经办机构与委托承办商业保险机构之间的沟通和衔接。三是大力推进付费方式改革力度。在开展总额控制的同时，积极推进按病种付费，按人头付费、平均定额结算等复合式付费方式改革，因地制宜选择与当地医疗保险和卫生管理现状相匹配的付费方式。加大对人均住院医疗费用、目录外药品和目录内自付比例等重点指标监控，逐步建立医疗费用自我约束和风险分担机制。

（四）进一步做好工伤保险工作

一是继续推动事业单位参保。将事业单位全部纳入工伤保险范围，做到全覆盖，并细致做好基金征缴、待遇支付等工作；努力将公务员和参公管理单位人员纳入工伤保险的参保范围；推进农民工参保，大力推进建筑、矿山、交通运输、铁路、水利等行业企业农民工参保。重点做好"同舟计划"——建筑业工伤保险专项扩面工作，切实保障农民工工伤权益。二是增强基金保障及支付能力。积极推进《社会保险法》和新《条例》的"落地"与"生根"，增强基金的支撑能力；规范医保经办机构与协议机构行为，不断提高基金使用效率；加强基金风险控制管理，利用信息系统，构建基金运行分析和风险预警系统，全面掌握工伤保险基金运行情况，确保基金运行平稳。三是加快工伤保险信息化建设。不断精简经办流程，进一步完善工伤保险业务经办系统，建立统一的信息化管理平台。实现对工伤保险参保人员就医情况、定点医疗机构的实时监控，提高统计、分析、评估和风险预测各项数据质量和精算，有针对性地开展工伤保险综合性分析和专题性分析，及时为政策调整和加强定点医疗机构监管提供有力依据。

（五）提高生育保险社会化管理水平

一是进一步扩大生育保险覆盖面。要根据全面建成小康社会的现实和需要，在完善生育保险制度改革的实践中，通过政府制定政策，逐步将非正规就业的妇女，以及各种非公有制企业、集体企业、个体工商户、乡镇企业中的从业女性均纳入保险范围之中；妇女在失业期间生育，可以一次性领取相当于本人三个月失业保险金的补助，其费用可从医疗补助金中列支。二是强化用工单位参与生育保险意识。用工单位要依法参加生育保险，建立和完善各项规章制度，特别要注意保护女职工权益，把女职工的特殊劳动保护规定写进用人单位的规章制度中并付诸实行。与此同时，还要运用惩罚措施和奖励机制，促使用工单位参与生育保险。三是建立合理的基金结存机制。生育保险是一个特定时间段特有的医疗支出，而且是特定群体。尤其是当前全面放开二孩政策以后，将生育保险纳入基本医疗保险，就会扩大生育保障的公平性。要通过法律进一步规范生育保险社会统筹机构，确定合理的生育保险缴费率，积极探索建立合理的基金结存机制。

四　社会保障事业发展形势分析与预测

当前，我国处于工业化的后期阶段，实现城乡一体化成为发展的新要求，人民生活进入大众消费阶段，国民教育进入大众教育阶段，社会保障进入构建覆盖全民体系的新阶段。据我国社会保障改革与发展战略，到2020年基本建立覆盖城乡居民的社保体系；至2050年，建立城乡一体化的多层次的社保体系，并随着经济发展，保障水平逐步提高，实现保障对象全民化，保障方式多样化，筹资渠道多元化，管理服务社会化，并最终全面确立能够免除全体国民后顾之忧、带给人民长久幸福的健全完备的社会保障体系，为全面建成小康社会提供和谐、稳定的保障网。近年来，甘肃虽初步建立起了一个与经济发展水平相适应、社会保险制度为重点，社会保障基金为依托，资金来源多渠道、保障方式多层次的社保体系，但整体上与经济社会的结构性矛盾也越来越突出，为建设幸福美好新甘肃，必须以党的十八届六中全会精神为指针，通过对公共资源的有效配置和国民之间的互助共济，建立具有中国特色的城乡一体化的社保制度和体系，最终实现"幼有所育、学有所教、业有所就、劳有所得、病有所医、老有所养、住有所居、弱有所帮、贫有所济、孤有所助、伤有所治、残有所扶、死有所葬、遭灾者有救助、失业者能解困"的美好愿望。

B.4 甘肃省生态环境优化发展形势分析与预测

陈 瑾*

摘　要： 对于甘肃省生态环境建设和优化发展来说，2012年是重要的基准年，2015年是承上启下的节点年，2016年则是"十三五"发展规划的开局之年。如何开好局、打好牌，这至关重要。本研究将在充分吸收其他学科研究分析的基础上，结合甘肃实际，主要运用环境社会学和生态伦理学的理论方法来开展研究，调研收集并对照比较了重要年份的相关资料，注重客观描述甘肃省生态环境现状及其建设实践，采用SWOT方法对甘肃省生态环境优化发展形势进行了深入分析，并据此做出了相应的发展趋势预测。

关键词： 甘肃省　生态环境　优化发展

一　研究背景

生态环境，事关国家社稷和百姓民生的发展存续，是社会和谐稳定良序发展及广大民众安居乐业、实现幸福安康美好生活的最基础条件，也是城乡居民生活质量的一项重要衡量指标。生态环境具有广义和狭义之分，广义上的生态环境既涵盖了自然生态环境又涵盖了人文生态环境及心理心态环境，

---

* 陈瑾，女，哲学硕士，现为甘肃省社会科学院助理研究员，主要研究专业和方向：生态哲学（包括自然生态哲学和人文生态哲学）。

狭义上的生态环境则主要指自然生态环境。同时生态环境问题还是个跨学科的问题①，不同的研究机构和部门、不同的学科，对该问题的分析视角和研究侧重点不同，重在突出自身的优势和特色。

位于西北内陆的甘肃省，地处黄土高原、青藏高原、内蒙古高原三大高原和西北干旱区、青藏高寒区、东部季风区三大自然区域的交汇处，地域狭长，地质地貌、气候类型复杂多样。其特殊的生态环境、区位格局和特征，决定了它具有土壤保持、水源涵养与补给、环境净化、气候调节、生物多样性保育、生态安全屏障等多重生态功能，对全国生态环境系统起着至关重要的作用。基于上述原因，近些年来关注和研究甘肃省生态环境治理的专家学者越来越多。本研究将在充分吸收其他学科研究分析的基础上，结合甘肃实际，主要运用环境社会学和生态伦理学的理论方法来开展研究，调研收集并对照比较了重要年份的相关资料，对重点环保部门、社会公益人士及普通民众进行了半结构式个案访谈，注重客观描述甘肃省生态环境现状及其建设实践，采用SWOT方法对甘肃省生态环境优化发展形势进行了深入分析，并据此做出了相应的发展趋势预测。

二 甘肃省生态环境建设和优化发展具体实践

回顾过去的"十二五"，甘肃全省始终把生态环境优化发展作为甘肃经济社会发展的重要任务之一抓紧、抓实、抓好。作为"十三五"开局之年的2016年，如何开好局、打好牌，至关重要。甘肃省认真总结了"十二五"经验，继续深入学习、领悟和全面贯彻落实党中央的精神要旨，以科学的理论、政策、制度为指导，以小康社会建设、生态文明建设、生态安全屏障建设、华夏文明传承创新区建设、全国循环经济示范区建设、"一带一路"建设、扶贫开发建设等为主要依托，以进一步完善政策制度规划和落实相关项目建设为主要抓手，积极适应经济社会改革发展的新形

---

① 洪大用：《环境社会学的研究与反思》，《思想战线》2014年第4期。

势、新常态，采取了一系列具体有效的得力措施，推进甘肃省生态环境治理取得明显成效。

（一）各级政府和环保部门主导

1. 认真总结经验，科学规划布局

过去的五年，甘肃省严格依照"十二五"生态环境保护、建设与优化发展规划，有条不紊地开展了相关工作，积累了大量实践经验。"十三五"开局伊始，甘肃省环保部门继续高标准、严要求，本着指标目标的可达、可控、可分解、可考核原则，科学编制出台了《甘肃省生态保护与建设规划（2014～2020年）》（甘政办发〔2015〕36号），并经省政府同意于2015年4月7日转发各市、自治州人民政府，兰州新区管委会，省政府有关部门，中央在甘有关单位，要求他们认真组织实施。该规划非常精细，共六大章，不仅提出了甘肃生态保护与建设主要指标和目标（见表1），还把甘肃省生态保护与建设的形势、指导思想、规划原则及目标、总体布局、主要任务、生态屏障典型试验区建设、政策与保障措施各大方面均阐述得非常细致，明确了未来相关工作的方向和走势，确保开展相关工作有章可循。

表1 甘肃生态保护与建设主要指标和目标

主要指标	2012年	2015年	2020年
森林覆盖率(%)	11.28	11.86	12.58
森林蓄积量(亿立方米)	2.14	2.27	2.62
林地保有量(万公顷)	1042.65	1042.65	1042.65
"三化"草原治理率(%)	40	45	55
草原植被覆盖度(%)	50.6	52~53	53~54
可治理沙化土地治理率(%)	6.6	16.5	33
自然湿地保护率(%)	46	52	60
重要河湖水功能区达标率(%)	62.5	65	82
农田实施保护性耕作比例(%)	3.8	4.3	6.2
城市建成区绿化覆盖率(%)	30.02	35	40
水土流失治理率(%)	25	27	30
陆域自然保护区占陆域面积比率(%)	22.9	20	20
国家重点保护物种和典型生态系统类型保护率(%)	70	80	90

资料来源：《甘肃省生态保护与建设规划（2014～2020年）》。

2. 加强组织领导，明确责任分工，强化监察究责

甘肃省建立了在政府统一领导下的部门分工协作生态保护与建设目标责任制：各级政府对生态保护与建设工作负总责，其他各相关部门各司其职、通力合作、同步联动。并且，各级政府和相关部门还严格强化相关工作责任主体的监察究责，以确保规划落实好、工程实施好、预期效益发挥好。

3. 广泛宣传，增强民众意识，扩大社会参与度

甘肃全省将自然保护区、森林公园、湿地公园等，作为普及生态知识的重要阵地，大力支持和鼓励生态环境保护、建设与优化发展宣传教育，增强全民生态环保意识，扩大全社会对生态环保事业的参与度。

4. 加大政策扶持，拓宽融资渠道

政策和资金，是搞好生态环境保护与建设的两件重要法宝。甘肃省积极开动脑筋，发挥主观能动性，想法子、找路子，多方式加强相关政策扶持，拓宽融资渠道。依托国家小康社会建设、生态文明建设、生态安全屏障建设和"一带一路"建设等，积极请求中央加大对甘肃的财政转移支付力度，大力争取国家生态环境保护、建设与优化发展专项投资；开展金融支持，与国家的扶贫开发战略相结合，完善扶贫贴息贷款制度，鼓励银行业金融机构积极开办林权抵押贷款业务；支持符合条件的项目按程序申报国际金融组织和外国政府贷款；鼓励社会资本、民间资本以多种方式参与生态环境保护、建设与优化发展。

5. 进一步完善规章制度，有效推进污染防治，狠抓工程项目落实

科学编制出台了甘肃省"十三五"生态环境保护、建设与优化发展规划，这是全省生态环境保护与建设的总纲领、总指导，还制定出台了《甘肃省城乡环境卫生整洁行动实施方案（2015～2020年）》《2015年甘肃省循环经济示范区建设攻坚方案》《全省2015年主要污染物总量减排计划》等。规章制度的进一步完善，使得全省的生态环境治理工作更加制度化、科学化、精细化。

采取多项综合措施，有效推进了包括水、空气、噪声、辐射等在内的污染防治。尤其值得一提的是，省政府第117号令颁布实施了《甘肃省废弃电器电子产品回收处理管理办法》，这是目前中国第一部关于废弃电器电子产品回收处理的省级地方性法规。

狠抓工程项目的实施、推进和完成落实。积极实施了天然林保护二期、三北防护林、植树造林、退耕还林、水土流失治理、甘南黄河重要水源补给生态功能区生态保护与建设、行政村综合整治、国家级生态乡镇、省级生态乡镇、生态村创建等工程；继续大力推进甘肃省循环经济示范区建设、产业能源结构优化调整、敦煌水资源合理利用与生态保护等重大生态工程；提前完成石羊河流域重点治理项目。①

6. 强化生态监测，严格考核评估

按照"谁污染、谁治理，谁破坏、谁恢复，谁保护、谁收益"的原则，政府对各类污染、破坏生态环境的行为，发现一起，严肃查处一起，涉嫌违法犯罪的，依法从重处理，该追究刑事责任的依法追究刑事责任。对保护和建设生态环境事业有功劳的，政府和环保部门给予表扬和奖励。政府研究制定不同区域科学发展综合绩效评价指标和考核办法，实施分类考核评价，提高生态环境保护与建设指标的权重，一改过去唯GDP马首是瞻的应时性评价考核标准。

（二）各大企业和科研机构协同

绝大多数企业能遵纪守法，照章生产，严把环保关。2015年，全省检查企业10296家，查出违法建设项目1414个，发现违法企业855家，责令停止建设393家，责令停产704家，责令限期改正1540家，关停取缔170家，移送环境违法案件49件。② 在"十二五"期间，兰州市还启动实施了企业"出城入园"工作，截至2015年上半年，已有72户企业启动向兰州新区拓展搬迁，其中，甘肃亚盛实业、兰石集团等22户企业已基本建成

---

① 资料来源：《2015年甘肃省环境状况公报》《2016年甘肃省政府工作报告》《甘肃省生态保护与建设规划（2014~2020年）》。
② 《甘肃省生态保护与建设规划（2014~2020年）》。

(14户已投产)。还有35户企业启动向远郊县区搬迁,其中,长征机械、兰州锅炉等11户企业已竣工投产。① 这些做法对兰州的环境污染防治做出了重大贡献。各科研机构也为甘肃的生态环境优化发展积极贡献自己的力量,中科院兰州分院有专门的寒旱所,兰州大学有专门的西部生态环境研究中心。

(三)社会公益组织和公众合力

甘肃已有的公益组织"绿驼铃"和"甘肃省生态文化协会"等继续发挥着他们的积极作用。2016年,由兰州市慈善总会、民革兰州市委员会、兰州豪泽商贸有限公司联合发起的"旧衣物,旧鞋帽"献爱心活动被广大市民热情欢迎和拍手称道。该公益活动缘起于政协兰州市委员会常委、民革兰州市委员会副主委林建平关于废旧衣物回收再利用的提案。后由兰州豪泽商贸有限公司投资、设置标有"兰州市慈善公益箱"、"关爱贫困、支持爱心"和"兰州市慈善总会"等字样的旧衣物回收箱投放到一些小区,并负责对回收衣物的处置,挑取8成新以上衣服进行清洗、消毒,随后用于公益捐赠,剩余衣物被回收再利用。此项活动受兰州市慈善总会和民革兰州市委员会监督。该项公益活动有效地调动了多方之力,是推动生态环境优化发展的一项很好尝试。此外,社会公众参与生态环境优化发展事业的热情也有所提高。大家从小事做起,从身边事做起:平时买菜自带购物袋,外出就餐会将剩余食物打包,双面使用纸张,将废旧衣物和垃圾分类入箱,骑公共自行车出行……

三 甘肃省生态环境建设和优化发展取得的成效

(一)水环境方面

1. 河流水质

2015年,在全省重点监测的15条河流25个河段的49个河流断面中,

---

① 资料来源:兰州市工信委规划发展处。

水质为优的24个；水质为良好的17个。按功能类别达标断面43个，较2014年增加1个，占断面总数的87.8%。与2014年相比，渭河陇西段、渭河天水段及北大河酒泉段水质有所好转；马莲河水质有所下降，其余河流水质均无明显变化。（详见表2）

表2　2014~2015年全省主要检测河段水质状况对比

水域类别	河段名称(断面)	水质监测状况		水质评价		主要污染指标	
		2014年	2015年	2014年	2015年	2014年	2015年
Ⅱ	黄河兰州段(扶河桥、新城桥)	Ⅱ	Ⅱ	优	优	—	—
	黄河甘南段	Ⅱ	Ⅱ	优	优		
	黄河临夏段	Ⅱ	Ⅱ	优	优		
	洮河临洮段(玉井)	Ⅱ	Ⅱ	优	优		
	金昌金川河(北海子)	Ⅱ	Ⅱ	优	优		
	玉门石油河(豆腐台)	Ⅱ	Ⅱ	优	优		
Ⅲ	黄河兰州段(包兰桥、什川桥)	Ⅲ	Ⅲ	良好	良好		
	黄河白银段	Ⅱ	Ⅱ	优	优		
	大夏河甘南段	Ⅱ	Ⅱ	优	优		
	大夏河临夏段	Ⅲ	Ⅲ	良好	良好		
	洮河临洮段(洮园桥)	Ⅱ	Ⅱ	优	优		
	湟水河兰州段	Ⅳ	Ⅳ	轻度污染	轻度污染	化学需氧量、氨氮	化学需氧量、氨氮
	渭河陇西段	劣Ⅴ	Ⅳ	重度污染	轻度污染	氨氮、化学需氧量、生化需氧量	化学需氧量、生化需氧量
	渭河天水段	Ⅴ	Ⅳ	中度污染	轻度污染	氨氮、生化需氧量、总磷	氨氮、化学需氧量、生化需氧量
	泾河平凉段	Ⅲ	Ⅲ	良好	良好	—	—
	白龙江武都段	Ⅱ	Ⅱ	优	优		
	武威石羊河	Ⅲ	Ⅲ	良好	良好		
	金昌金川河(迎山坡)	Ⅱ	Ⅱ	优	优		
	黑河张掖段	Ⅱ	Ⅱ	优	优		
	北大河嘉峪关段	Ⅱ	Ⅱ	优	优		
	北大河酒泉段	劣Ⅴ	Ⅱ	重度污染	优	—	—
	庆阳蒲河	Ⅱ	Ⅱ	优	优	氨氮、生化需氧量	

续表

水域类别	河段名称(断面)	水质监测状况 2014年	水质监测状况 2015年	水质评价 2014年	水质评价 2015年	主要污染指标 2014年	主要污染指标 2015年
Ⅳ	庆阳马莲河	Ⅲ	Ⅳ	中度污染	轻度污染	六价铬、生化需氧量	—
	张掖山丹河	劣Ⅴ	劣Ⅴ	重度污染	重度污染	生化需氧量、总磷、高锰酸盐指数	总磷
	玉门石油河(西河坝桥)	Ⅳ	Ⅳ	轻度污染	轻度污染	—	—

注：河段水质状况以各断面污染物的浓度均值进行评价。
资料来源：《2014年甘肃省环境状况公报》和《2015年甘肃省环境状况公报》。

2. 水库水质

2015年全省监测的17座水库水质均达到水质功能类别要求，巴家嘴、双塔水库水质优于功能类别。与2014年相比，崆峒、解放村水库水质略有下降（水质由Ⅱ类变为Ⅲ类），其余水库水质均无明显变化。[①]

3. 饮用水水源地水质

根据《地表水环境质量标准》（GB3838-2002）和《地下水质量标准》（GB/T 14848-1993），2016年7月监测的最新数据显示，全省地级城市26个集中式饮用水水源地〔其中地表水水源地11个（河流型5个，湖库型6个）、地下水水源地15个〕的监测结果达标率100%。[②] 依据同样标准，2016年二季度监测数据显示，监测的66个县级城镇集中式饮用水水源地中，除甘南州临潭县斜藏沟大扎水源和卓洛水源受地质原因影响总硬度超标外，其余水源地水质均达标。[③]

（二）空气环境方面

甘肃省大力开展了"大气十条"贯彻实施情况考核，严格追责并向社

[①] 参考资料：《2015年甘肃省环境状况公报》。
[②] 参考资料：《甘肃全省地级城市集中式生活饮用水水源水质状况报告（2016年7月）》。
[③] 参考资料：《甘肃全省县级城镇集中式生活饮用水水源水质状况报告（2016年7月）》。

会通报。围绕"控排放、控扬尘、控煤质、控车辆、控管理"五个方面的重点工作，甘肃省采取了一系列综合治理措施，在64个县（区）逐步建设了空气质量自动监测系统，对环境空气质量进行实时监控。全省空气质量总体好转。

1. 城市空气质量

2015年，全省14个市州可吸入颗粒物（PM10）均值为95微克/立方米，同比2014年下降3.1%。兰州市、嘉峪关市、金昌市环境空气污染综合指数分别下降0.9%、15.5%、11.7%。全省14个市州中二氧化氮均值除兰州市、平凉市、临夏州未达到国家二级标准外，其余城市均达标。全省14个市州环境空气中二氧化硫、一氧化碳和臭氧年均值均达到国家二级标准。各市州空气质量优良天数率在69%~85.5%之间，平均优良率达到80%，高于全国74个重点城市平均水平。①

2. 沙尘天气

全省发生沙尘天气的频率有所上升，2015年共发生49次，比2014年多了11次，系统性沙尘天气7次，比2014年少3次。全年发生沙尘天气次数最多的地区是敦煌，共发生29次。②

（三）生态系统方面③

1. 森林生态系统

1998年至2012年底，甘肃省累计落实各项林业建设资金356.64亿元，完成造林374.37万公顷，义务植树4.45亿株，森林覆盖率由9.04%提高到11.28%，森林面积从254.96万公顷增加到507.45万公顷，森林蓄积从1.7亿立方米增加到2.14亿立方米。2015年，全省林地面积1042.65万公顷，

---

① 参考资料：《2015年甘肃省环境状况公报》和《2016年甘肃环境保护工作会议》。
② 参考资料：《2015年甘肃省环境状况公报》。
③ 除特别说明，本部分数据资料均参考《甘肃省生态保护与建设规划（2014~2020年）》。

占全省土地总面积的 23.18%。①

2. 草原生态系统

1998 年至 2012 年底，甘肃省累计治理"三化"草原 584 万公顷，累计完成减畜任务 225 万羊单位，草畜平衡面积达 940 万公顷。草原承包面积达到 1600 万公顷，占全省可利用草原面积的 99.6%，草原生态退化势头得到一定程度遏制。

3. 荒漠生态系统

根据 2009 年开展的第四次全省荒漠化和沙化监测结果，全省荒漠化土地总面积减少 13.51 万公顷，为 1921 万公顷，年递减率 0.17%；沙化土地总面积减少 11.04 万公顷，为 1192 万公顷，年递减率 0.19%，沙化土地植被平均覆盖率由 2004 年的 14.56% 提高到 2009 年的 16.87%，在 5 年时间内提高了 2.31 个百分点，荒漠化和沙化程度总体呈减轻态势。

4. 湿地生态系统

全省湿地总面积达到 169.39 万公顷，湿地率 3.98%。黄河首曲、张掖黑河湿地建立了国家级自然保护区，尕海湿地、张掖黑河湿地荣膺国际重要湿地。甘肃省建成各类湿地公园 8 处，湿地公园总面积达到 1.34 万公顷，国际、国家重要湿地总面积达 29.87 万公顷，全省自然湿地保护率达到 46%。

5. 城市生态系统

2012 年全省设市城市建成区绿地面积近 1.8 万公顷，建成区绿地率 26.38%，建成区绿化覆盖率达到 30.02%，人均公共绿地面积达到 9.52 平方米。重点污染城市治理取得成效，兰州市大气污染防治在全国产生了重要影响，兰州已经退出全国十大污染城市行列，城市人居环境进一步改善。在此特别值得一提的是，在 2015 年联合国应对气候变化的巴黎大会上，兰州荣获"今日变革进步奖"。"兰州蓝"不仅是广大兰州市民一直以来的期许，也是对外展示甘肃省生态环境优化发展最好的证据，兰州在治理大气污染方

---

① 参考资料：《2015 年甘肃省环境状况公报》。

面获得了社会各界的盛赞。

6. 农村生态系统

积极落实省委、省政府精准扶贫精准脱贫战略部署，共投入精准扶贫精准脱贫村环境整治项目资金1220万元，综合整治后的农村生态环境有所改善。截至2015年底，全省共有71个乡镇被命名为国家级生态乡镇，397个乡镇被命名为省级生态乡镇；共有6个村被命名为国家级生态村，462村被命名为省级生态村。

四 对甘肃省生态环境治理形势的SWOT分析

（一）优势（S）

1. 重要性、必要性与紧迫性

当前，甘肃正处于黄金发展期、难得机遇期、政策叠加期和奋力爬坡期，也是生态问题的凸显期。同时生态问题与政治、经济、社会、文化、民族等问题又是相辅相成、互相制约的。只有优化发展生态环境，才能更好地助力经济转型跨越发展、社会和谐稳定发展、民族共同繁荣发展。回顾过往，甘肃省的生态环境建设取得了明显成效。但是，看到成绩的同时我们也不能轻视更不能忽视尚存的问题。"冰冻三尺，非一日之寒"，甘肃的生态环境问题是在自然和历史共同作用下逐渐形成的，问题的解决也不可能一蹴而就，需要我们的不断深入研究与关注。这事关甘肃经济社会的和谐稳定良序发展，幸福美好新甘肃各项指标的顺利实现，特殊生态环境功能的发挥和责任的落实到位。

2. 相关的保障

（1）国家高层的支持。生态环境的优化发展，是党的十七大、十八大以来各次重大会议的最主要主题之一，亦是国家"五位一体"战略布局之一，国家高层从政策、规划、资金、项目、体制机制等各方面予以大力支持。国家实行了史上最严格的环境保护制度，构建了政府、企业、公众共治的环境治理体系，大力提高了全社会环境意识和公众参与度。甘肃特殊的生态环境区位格局和特征，决定了其具有多重生态功能，对全国生态环境系统起着至关重要的作用。因此，国家高层在对待甘肃生态环境优化发展方面给予了倾斜与关照。例如：给予了包括生态补偿等在内的一系列政策支持；批准了《甘肃省加快转型发展建设国家生态安全屏障综合试验区总体方案》、《甘南黄河重要水源补给生态功能区生态保护与建设》、《祁连山生态保护与建设综合治理规划》、《敦煌水资源合理利用与生态保护》和《甘肃"两江一水"区域综合治理规划》等规划的实施和一大批生态工程项目的建设。

（2）甘肃全省的高度重视与认真践行。生态环保事业的优化发展既需要政府的主导和全力推行，同时也需要企业、科研机构的协同及社会公益组织、公众的合力。甘肃各级政府和环保部门，认真总结经验，科学规划布局，加强组织领导，明确责任分工，强化监察究责，广泛宣传，增强民众意识，扩大社会参与度，加大政策扶持，拓宽融资渠道，进一步完善规章制度，有效推进污染防治，狠抓工程项目落实，强化生态监测，严格考核评估。企业、科研机构积极协同，绝大多数企业都能遵纪守法，照章生产，严把环保关，各科研机构也大力开展相关专题科研，积极为甘肃的生态环境优化发展建言献策。社会公益组织继续他们的生态环保公益活动，广大公众从小事做起、从身边事做起，做自己力所能及的事，合力推进甘肃省生态环境的优化发展。在笔者对公众进行的问卷调研中，认为"非常必要"进行生态环境优化发展的被访者占到了100%。

（二）劣势（W）

从治理难度和区域上看，生态环境优化发展难度越来越大，区域上更为分散。从生态环境演变特性和阶段特征看，全省生态环境演变总体上依然呈现"面上向好、局点恶化、博弈相持、尚未扭转"的特点，生态环境问题"边治理、边发生""已治理、又复发"的现象仍然存在，生态环境恶化的总形势尚未得到根本遏制，生态依旧脆弱、环境依旧严峻的特质没有改变，生态环境优化发展"持久战"的局面还将延续。特别是干旱少雨、植被破坏、水土流失、土地沙化、草地退化、自然灾害等生态环境问题，仍然是制约甘肃经济社会可持续发展的主要生态环境"瓶颈"，全省生态环境优化发展依然任重道远。

（三）机遇（O）

从全国来看，建设生态文明，建成文明生态，是当前我国的主旋律。生态环境的优化发展，是党的十七大、十八大以来各次重大会议的最主要主题之一，亦是国家"五位一体"战略布局之一。甘肃全省现正处在建设全国生态安全屏障综合试验区、华夏文明传承创新区、全国循环经济示范区和打造丝绸之路经济带黄金段的关键时期，迫切需要加强生态保护与建设，改善和优化发展环境，为与全国同步进入小康社会、建成幸福美好新甘肃、实现中华民族伟大复兴的"中国梦"创造更好的生态条件。随着多项重大生态规划和一大批工程项目建设的相继获批，以及甘肃"十三五"生态环境保护、建设与优化发展规划及其他地方性政策法规等的编制、制定出台，甘肃省生态环境保护、建设与优化发展事业迎来了难得的历史机遇和重大政策、项目建设利好。

（四）挑战（T）

要搞好甘肃省生态环境优化发展，同样也存在不少的压力。比如：对一些客观劣势生态省情的克服、管理能力的跟进、民众素质的提升等等。

五 对甘肃省生态环境治理趋势的预测

（一）短期预测

（1）依据前文劣势（W）部分的分析，预测全省的生态环境状况将依然呈现"面上向好、局点恶化、博弈相持、尚未扭转"的特点，生态环境问题"边治理、边发生""已治理、又复发"的现象仍将存在，生态环境优化发展"持久战"的局面还将继续延续。

（2）作为追赶型省份的甘肃，若欲实现与全国同步进入小康社会的目标，经济发展势必仍排首位，社会建设亦要求"转型跨越"。预测这很可能给全省的生态环境保护、建设与优化发展带来一定的负面影响。

（3）只要全省上下继续同心协力、凝心聚力、精准发力，坚持搞好甘肃生态环境优化发展重视度不下滑，信心不动摇，全面贯彻落实国家、省上的相关决策部署，尤其是全省的"十三五"生态环境优化发展规划，明确责任分工，强化监察究责，严格考核评估，预测甘肃省生态环境优化发展事业应该会比较顺利地向前推进，圆满完成各项任务，实现各项预期目标。

（二）长期预测

（1）甘肃的发展态势最终将会与全国合拍。乡下人进城，成为城里人；城里人下乡，成为乡下人。但这前后的乡下人和城里人同名不同义，两者的综合素质和资源占有量不言自明，因此未来农村的生态环境将比城市好，农村将会变成新的人类家园。[①]

（2）人们总是"欲壑难填"，除非极力倡导"绿色、低碳、环保、简约、节约"的生态生活方式，大力推行物质极简主义，提高人的精神修养和生态环境伦理意识，消除"绝对人类中心主义"理念，否则社会的发展最终将以生态环境的极度不堪和人类的自我毁灭告终。

（3）长期依赖的代价和经验，必将让人类以爱惜、珍惜我们赖以生存的生态环境作为人品和公德的立世底线，并为生态环境的优化发展贡献出自己的力量，真正做到"天、地、人"三者间的和谐共存。

---

① 参考资料："北京绿十字"微信公众平台第480期。

B.5
甘肃省城市发展形势分析与预测

宋文姬　冯乐安*

摘　要： 近年来，甘肃省城市人口数量迅速增加、城市规模不断扩大、城市基础设施建设逐步完善，公共服务均等化水平不断提升，城市发展取得了全面的进步，但全省城市发展水平较全国及大部省份仍有一定差距，省内14个市州城市发展水平亦参差不齐。差距拉大的原因有多方面，包括环境、区位、产业结构等方面。因此，需要通过统筹完善城市基础配套设施、提高城市公共服务水平、优化城市布局、打造绿色可持续城市环境、彰显城市文化内涵等方法，助推甘肃省城市发展。

关键词： 甘肃省　城市发展

本研究主要考察甘肃省在城市发展进程中取得的成绩、面临的困难以及存在的问题，通过比较分析法，对2015年截面数据和2011～2015年历年统计数据进行整理，分区域进行了相应的省际比较、省内市际比较，以期对甘肃省城市发展形势进行全面评估与预测。

一　甘肃省城市发展现状

城市，是现代经济和社会发展的主要载体，其发展由工业化和现代化不

---

* 宋文姬，甘肃武威人，甘肃省社会科学院助理研究员，主要研究城市社会学、政治社会学方向；冯乐安，甘肃省社会科学院哲学社会学研究所助理研究员。

断推进,并以实现新型城镇化为主要目的。城市发展是全方位的,包含了人口规模、经济发展、基础设施建设、公共服务建设、环境治理、文化发展等多个方面。

(一)城镇化水平逐年提升,地区差异大

城镇化,是城市发展能够兼容并蓄、统筹协调的平台和路径,要实现高水平的城镇化,就要引导城市建设方式转型,侧重质量提高,实现城市的科学发展。近年来,甘肃省城市人口数量逐年增加,城镇化率稳步提升,但是与全国城镇化水平相比还有一定差距。2015年《国家新型城镇化报告》指出,当年度我国城镇人口总量达到77116万人,城镇化率达到56.1%,超过世界平均水平约1.2个百分比。甘肃省城镇化率达到43.19%,城镇化水平较上一年(40.13%)提高3个百分点,但与全国城镇化平均水平相比,仍有13个百分点的差距,是北京、上海、天津等地城镇化率的一半,在西部地区排名靠后(见表1)。

表1 2015年全国(内地)城镇化率一览

单位:%

地区	全国	北京	上海	广东	黑龙江	吉林	辽宁
城镇化率	56.1	86.51	89.12	68.71	58.8	55.3	67.35
排序		2	1	4	11	14	5
地区	河北	河南	天津	山东	山西	湖南	湖北
城镇化率	51.33	46.85	82.64	57.01	55.03	50.5	56.85
排序	20	27	3	12	17	21	13
地区	江苏	江西	安徽	浙江	福建	海南	广西
城镇化率	66.52	51.62	50.5	65.8	62.59	55.12	47.06
排序	6	19	22	7	8	16	26
地区	贵州	重庆	云南	四川	西藏	陕西	宁夏
城镇化率	42.01	60.94	42.9	47.69	25.75	53.92	55.23
排序	30	9	29	24	31	18	15
地区	内蒙古	甘肃	青海	新疆			
城镇化率	60.3	43.19	50.3	47.25			
排序	10	28	23	25			

资料来源:国家统计局数据库。

为了更为细致地分析全省城镇化发展方面的情况，本研究对省内14个市州之间城镇化发展水平进行了比较。分析发现，2015年，甘肃省城镇化水平较上一年提高了3个百分点，省内14个市州的城镇化水平较上一年均有提高。其中，有4个市州（嘉峪关、兰州、金昌、酒泉）超过全国城镇化水平，有6个市州（嘉峪关、兰州、金昌、酒泉、白银、天水）超过全省城镇化水平，有8个市州的城镇化水平低于全省城镇化水平。与此同时，还应该注意到，省内城镇化结构不平衡，城镇化水平差异较大，呈现西高东低的特点，兰州与河西地区集中了全省城镇化水平较高的5个市；东部和南部城市（陇南、甘南、临夏、定西）城镇化水平较低，基本都在30%以下，最高与最低地区相差65个百分点，地区差异性明显（见表2）。

表2 2014、2015年全国、全省及14个市州城镇化水平

单位：%

地区	2014年 数值	排序	2015年 数值	排序	地区	2014年 数值	排序	2015年 数值	排序
全 国	54.77		56.1		张掖市	40.3	6	42.19	7
全 省	41.68		43.19		武威市	34.01	8	35.92	9
兰州市	78.34	2	80.95	2	定西市	28.77	13	30.4	13
嘉峪关市	93.41	1	93.42	1	陇南市	26.65	14	28.16	14
白银市	44.93	5	46.53	5	平凉市	33.15	9	36.27	8
金昌市	66.8	3	67.96	3	庆阳市	31.59	10	33.46	10
天水市	34.06	7	43.2	6	临夏市	29.57	11	31.2	11
酒泉市	55.1	4	56.87	4	甘南州	28.97	12	30.5	12

资料来源：甘肃省各市州《政府工作报告》《国民经济和社会发展统计公报》。

城镇化是城市发展的必然趋势和客观规律。近十年来，甘肃省城镇化水平不断提高，城镇化率较十年前的31.09%提高至2015年的43.19%，提高12个百分点（见图1）。可以预见，甘肃省城市发展将沿着城镇化发展轨迹继续向前，城镇化水平不断提高，城镇化速度不断加快，到2020年全省城镇化率达到50%以上将成为必然。

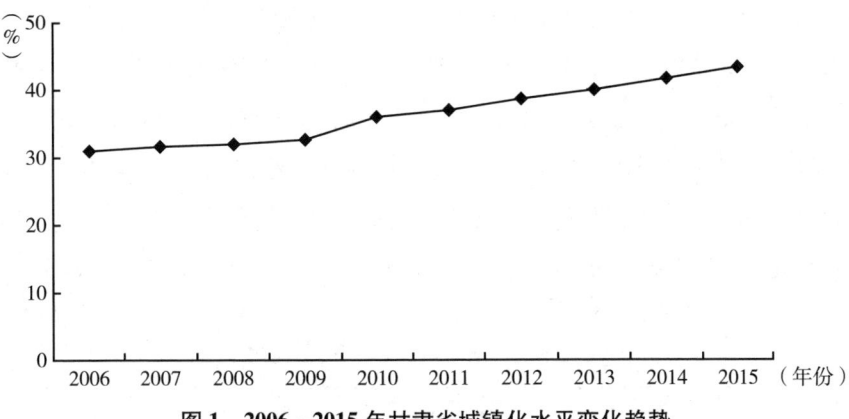

图 1　2006~2015 年甘肃省城镇化水平变化趋势

资料来源：2006~2015 年《甘肃省国民经济和社会发展统计公报》。

（二）城市经济平稳增长，产业结构优化升级

经济发展是推动城市发展的原动力、"加油站"。近五年来，甘肃省经济保持平稳较快增长态势，五年时间全省生产总值提高 1770 亿元，连续跨越两个千亿元台阶；2015 年，在经济下行压力下，甘肃省积极适应经济发展新常态，尽管国民生产总值较上一年度稍有下降，但全省经济仍呈现总体平稳、稳中有好的发展态势（见图 2）。

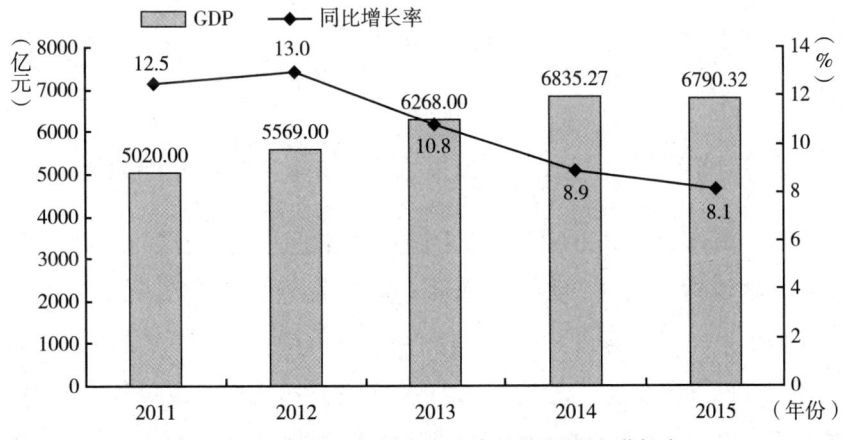

图 2　2011~2015 年甘肃省生产总值及同比增长率

资料来源：2011~2015 年《甘肃省国民经济和社会发展统计公报》。

城市经济发展,体现在产业结构由第一产业为主逐步转变为以第二产业和第三产业为主的过程,第二产业和第三产业在整个国民经济构成中所占的比例越高,则城市发展水平越高,而城市发展水平的提高,也会带动产业结构的进一步升级。2011~2015年,甘肃省第三产业占总产业结构的比例逐年稳步提高,由2011年的36.2%提高到2015年的48.8%;三产业比例由2011年的13.5∶50.3∶36.2调整为2015年的14.4∶36.8∶48.8(见表3)。

表3 甘肃省2011~2015年三大产业数据

年份	第一产业		第二产业		第三产业		三产业比例
	增加额	增加值(%)	增加额	增加值(%)	增加额	增加值(%)	
2011	678.2	5.90	2524.3	15.20	1817.5	11.50	13.5∶50.3∶36.2
2012	780.4	6.80	2600.6	14.20	2269.2	12.50	13.8∶46∶40.2
2013	879.4	5.60	2821	11.50	2567.6	11.50	14∶45∶41
2014	900.8	5.60	2924.86	9.20	3009.61	9.50	13.2∶42.8∶44
2015	954.54	5.40	2494.77	7.40	3341.01	9.70	14.4∶36.8∶48.8

资料来源:2011~2015年《甘肃省国民经济和社会发展统计公报》。

城市发展最根本的内涵是经济结构的非农化,其中工业化是直接推动因素,而第三产业的兴旺则是城市发展的深入体现。甘肃省在经济总量不断增长、地区生产总值不断提高的同时,坚持以增量调整带动存量调整,产业结构在近几年得到进一步优化升级,实现了由"二三一"向"三二一"的转变。

(三)城市基础设施建设日趋完善,载体服务功能不断增强

基础设施建设将"托举"城市发展。城市,是一定地域的政治、经济、文化和科技中心,城市的供水、排水、道路、公共交通等市政公用基础设施,是城市生产、生活必不可少的物质基础,也是衡量城市发展的重要标志。如果基础设施建设不能跟上,城市的有序运行就会出现问题,城市的发展随之受到影响。2015年,甘肃省在城市基础设施、城镇园林绿地、城市环卫、供水体系、供热设施建设领域都取得较大进展,不断满足城镇居民生

产生活和居住环境要求。截至2015年底，全省城镇建成区面积达到594.33平方公里，城镇居民用水普及率91.57%，燃气普及率74.29%，集中供热面积达10036.7万平方米；技术设施领域，现代通信技术日益普及，移动电话用户达到1390.08万户，每万人拥有固定电话户数1608户，国际互联网用户109.52万户，每万人拥有互联网用户427户。

甘肃省大力开展基础设施建设，推动城乡一体发展，城市载体服务功能不断增强。近五年来，甘肃省在城市水利、环境、公共设施管理业等方面的建设投资比重逐年增加，2015年，全省在城市基础设施方面的建设投资达762.60亿元，同比增长25.4%，较2011年相关投资增加近2倍（见图3）。

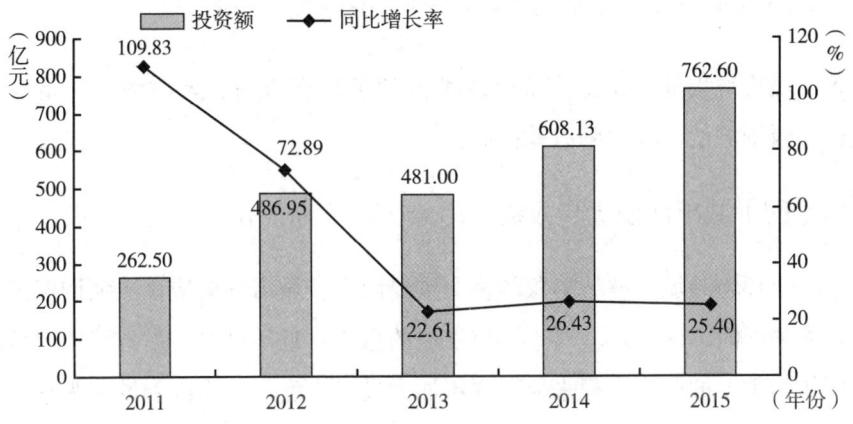

图3　2011～2015年甘肃省基础设施投资额及同比增长率

资料来源：2011～2015年《甘肃省国民经济和社会发展统计公报》。

甘肃省属于资源型高耗能省份，结构性矛盾突出，就目前来看，甘肃省仍处于工业化城市发展进程中，工业仍属于甘肃省支柱产业，能源消费会随之不断增长。近几年，甘肃省充分认识到节能降耗面临的形势，优化能源结构，提升能源利用效率，实现经济绿色低碳可持续发展。五年来，甘肃省能源消费增速明显放缓，由2011年的9.67%下降至2015年的0.02%（见图4）。

城市环保基础设施建设步伐加快。全省进一步完善城市排水管网建设，解决了城市废水无序乱排的问题，废水综合利用率有了较大幅度提高；配备

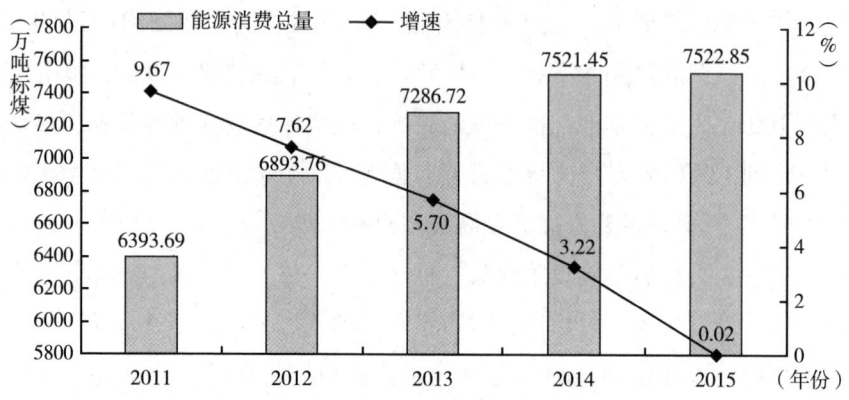

图 4　2011～2015 年甘肃省能源消费总量及增速

资料来源：2011～2015 年《甘肃省国民经济和社会发展统计公报》。

完善了城市垃圾处理设施，城市垃圾做到了日产日清，定时清运，定点处置，垃圾围城的现象得到有效控制。

（四）城市环境逐步改善，污染防治不断深化

城市环境是城市整体形象的一个重要因素，城市发展应该在强调城市建设发展的同时，注重环境对于城市发展的意义。近年来，甘肃省坚持把城市环境作为重要的民生工程来抓，逐年加大投入力度，努力改善设施水平，城市污染防治不断深化。

1. 城市绿地

截至 2015 年，全省新增城市绿地面积 5450 公顷，使全省城市建成区绿地率由 26.38% 提高到 28.12%，全省城市绿地率增量达 1.74 个百分点，全面完成全省城市绿地率净增量 1.04 个百分点的目标任务，同时，全省 14 个市州均完成了城市绿地率净增量目标任务。值得一提的是，甘肃省金昌市在加快经济社会发展的同时，牢固树立"以人为本、生态立市"的理念，获得"国家园林城市"称号，城市绿化投资达 6.8 亿元，增加园林绿地面面积 168 公顷，城市建成区绿地率和绿化覆盖率分别达到 31.96% 和 36.11%，人均公园绿地面积达到 20.7 平方米。

2. 空气质量

2015年，全省14个市州空气质量平均优良率达到80%，可吸入颗粒物（PM10）均值为123微克/立方米，与2014年同期相比下降3.1个百分点，各市州所在城市空气质量优良达标天数比率在69%~85.5%之间，平均优良率达到80%，高于全国74个重点城市平均水平[①]。2016年上半年，全省14个市州可吸入颗粒物（PM10）浓度均值为94微克/立方米，与2015年同期相比下降23.6%，各市州所在城市空气质量优良达标天数比率在67%~91%之间，平均优良天气率为84%。为实现全省空气质量和大气污染防治年度目标，全省各地围绕燃煤锅炉淘汰治理、煤炭质量管控、施工扬尘防控等"6张清单任务"集中发力[②]。

3. 水污染

甘肃省制定出台了《甘肃省水污染防治工作方案考核办法》和《甘肃省水污染防治2016年度工作方案》，把地表水、地下水、饮用水、黑臭水体等水环境质量目标纳入地方政府绩效考核，督促各市州按期完成水污染防治目标任务。通过筛选、排查、储备、实施工业企业水污染治理、良好湖泊生态环境保护、饮用水水源地环境保护、地下水污染修复、城市黑臭水体治理等水污染防治项目，不断巩固和改善全省水环境质量。2015年，甘肃省城市生活污水处理率57.40%，生活垃圾无害化处理率37.95%，城市烟尘去除量355.6万吨。

（五）城市综合服务保障水平不断提高

公共服务均等化是城市建设的保障。甘肃省按照城乡经济社会统筹协调发展的要求，进一步加强公共服务体系建设，为促进农村人口、生产要素向城市集聚，完善城市综合服务保障水平提供保障。近五年来，甘肃省在卫生、社会保障和社会福利方面的投资不断加大，2015年，投资额为102.24亿元，较2014年增加47.63%，较2011年翻了一番（见图5）。

[①] 摘自2015年全省环境保护工作会议文稿。
[②] 摘自2016年全省大气污染防治推进会文稿。

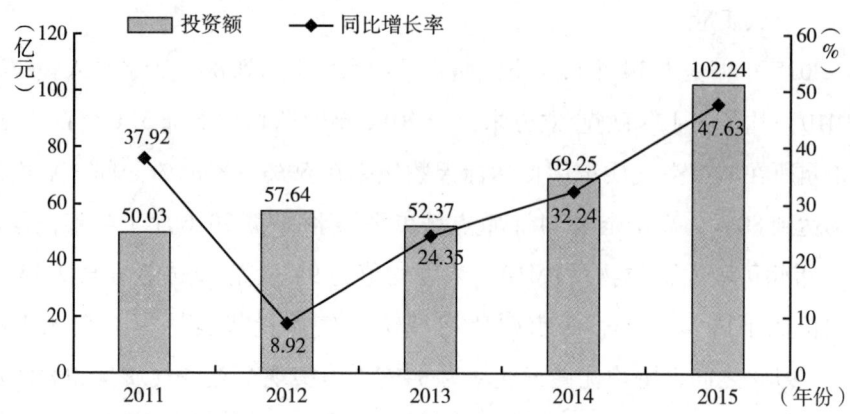

图5　2011~2015年甘肃省公共服务投资额及同比增长率

资料来源：2011~2015年《甘肃省国民经济和社会发展统计公报》。

社会保障方面，甘肃省建立了与全省经济社会发展水平相适应、基本覆盖城乡的社会保障体系。在城镇医疗保障制度建设方面，甘肃省不断完善城镇职工及城镇居民医疗保险制度，城镇居民、企业离退休人员养老金标准大幅提高，城镇职工养老保险、城镇职工医疗保险、工伤保险、生育保险、失业保险五项社会保险基本实现了全覆盖。截至2015年年底，全省参加城镇职工基本养老保险人数为306.2万人，比上年末增加2.46%；参加城镇职工基本医疗保险人数为333.79万人，增长1.75%（见图6）；同时，参加失业保险人数为162.8万人，增长0.22%；参加工伤保险人数为182.6万人，增长4.26%；参加生育保险人数为154.1万人，增长7.24%①；另外，城镇居民得到政府最低生活保障人数为77.34万人。

（六）城市文化品牌为城市发展赋予生机

文化是城市发展的灵魂。城市文化是一种让人们生活得更好的追求，是一定区域凝聚力与创造力的源泉，由于不同地区经济社会、风土人情的不同，其城市文化亦不尽相同。城市的发展要实现可持续，不仅体现在经济发

---

① 摘自《2015年甘肃省国民经济和社会发展统计公报》部分数据。

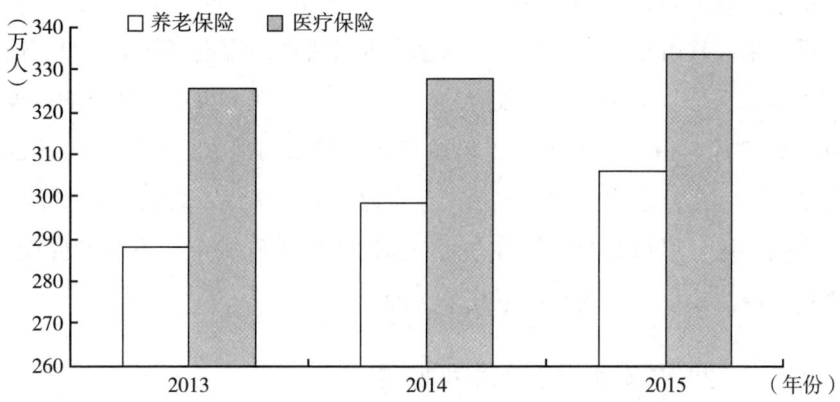

图 6　近三年甘肃省城镇职工养老、医疗保险保障人数

资料来源：2011～2015 年甘肃省《国民经济和社会发展统计公报》。

展方面，更是文化实力的较量。作为华夏文明发祥地之一，甘肃有着丰富的文化资源和深厚的文化积淀，而近几年，甘肃省各市州深入挖掘地区文化和特色资源，努力打造城市文化品牌，为甘肃省城市发展赋予了新的生机。金昌市连续两年举办"香草文化旅游节"，倾力打造姹紫嫣红、自然和谐、现代时尚、特色鲜明的镍都花城，努力建设市民享、游客赏、慢生活、细阅读的人文环境，向着宜居宜业宜游的生态绿城和旅游新城大踏步前进；天水伏羲文化，以其深厚的文化底蕴推动了天水经济社会转型跨越发展、弘扬了中华民族优秀传统文化，为城市文化发展焕发出强大的生命力；敦煌举办的丝绸之路（敦煌）国际文化博览会，向世界展示了多种文化、多元文明交融互鉴的现实可能，推动了"一带一路"沿线国家和地区的文化融合、思想融汇。

二　甘肃省城市发展面临的挑战

城市的发展过程，是城市问题不断出现和解决的过程，更是城市发展进步的过程。随着城乡一体化进程的不断推进，城市经济和社会发展的各个层面均出现了非均衡发展的现象。如，城市发展和自然资源之间的矛盾，城市经济增长和民生问题之间的矛盾,城镇化与工业化、非农化不相协调等问题。近年来,甘肃省城市发展水平从城市人口所占的比重来衡量,与当前的经济发展水平是基本相符的,政府的政策导向从宏观上讲也是开放的,但是透过这个"基本相符"的面纱,仍然存在一些制约因素。制约一个地区城市发展的因素是复杂多样的,包括产业支撑、人的聚集、政策保障、历史条件、文明程度、思想观念等诸多方面。而对于甘肃省城市建设与发展而言,面临的挑战主要集中表现在以下几个方面。

(一)地区间城市发展水平不协调

甘肃地处西北内陆,城市发展相对滞后。通过近十年甘肃省与全国城镇化率的比较不难看出,甘肃省与全国城镇化平均水平相比一直存在不小的差距(见图7)。同时,甘肃省城镇化水平仅为北京、上海、天津等地城镇化率的一半,在西部地区排名也相对靠后。

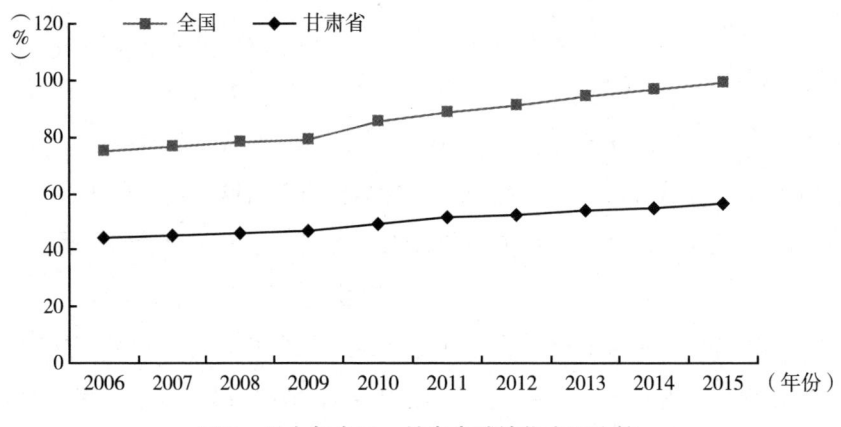

图7 近十年全国、甘肃省城镇化水平比较

资料来源:2006~2015年全国、甘肃省《国民经济和社会发展统计公报》。

就省内城镇化水平比较来看,尽管甘肃省14个市州城镇化水平均有发展,但值得注意的是,省内城镇化结构并不平衡,城镇化水平差异较大,呈现西高东低的特点,兰州与河西地区集中了全省城镇化水平较高的5个市;东部和南部城市(陇南、甘南、临夏、定西)城镇化水平较低,基本都在

30%以下，最高与最低地区相差65个百分点。总体而言，甘肃省城镇化水平与全国平均水平相比仍有差距，省内亦呈现不均衡发展现象且差距明显。

（二）城市生态环境亟须改善

随着城市化进程的推进，我国城市环境问题也日益凸显，严重影响着城市居民的身体健康以及城市资源的可持续利用，对城市的可持续发展带来阻力。

在"迟发展效应"的影响下，甘肃省城市生态环境的保护工作相对滞后。甘肃省地处西北内陆，经济欠发达，环保基础设施相对落后，投入污染治理的资金十分有限，加之企业、市民环保意识欠缺，使得甘肃省城市生态环境受到破坏，造成城市发展的不可持续。

（三）城市公共交通有待完善

交通，是城市发展的必要条件之一，为城市居民提供其在进行工作、生活等活动时的运输服务，直接影响城市的活力，体现城市宜居性与文明化程度。城市交通的主体是人，载体是道路，工具是机动车与非机动车，这三者缺一不可。随着国民经济的迅猛提高以及城市化进程的不断推进，城市人口不断增加、小汽车使用量井喷式发展，原有城市规划所提供的道路设施很难在短期内与私人机动化高增长需求相配套，这种供需之间的矛盾给城市道路基础设施带来不小的压力。

2015年底，甘肃省城镇人口达到1122.75万人，较2011年增加了170.15万人，增长近18%；近几年，全省汽车数量以年均21.9%的增长率快速增长；全国城市规划起步较晚，甘肃省以往的交通规划未能考虑到未来交通的实际需求。人口数量、汽车使用量的增加与道路实际供给力的不足，使得城市道路不堪重负，城市活力与城市效率大受影响。

（四）城市发展内涵缺失

传统城市发展关注的重点是城市的经济内涵和规模扩张，这使得资源浪费、环境恶化、城市综合承载能力不高、中小城市和小城镇协调不足等问题日益突出。新形势下，城市发展应赋予其更深层次的内涵，由过去片面追求城市规模扩大、空间扩张，转变为以城市文化、公共服务品质的提升为中心，更加注重持续发展与和谐发展。甘肃省城市的建设与发展，应当在科学规划的指导下，积极培育城市主导产业、构建绿色城市体系、科学规划城市发展布局、进一步提高城市承载能力，以期提升甘肃省城市发展的质量和内涵。

三 甘肃省城市发展对策建议

（一）统筹完善城市基础配套设施

城市基础设施是城市赖以生存的基本条件，是城市经济正常运转的骨架，是城市居民生活质量的重要影响因素，从深层次来说，更是城市产生聚集效益的决定因素。统筹完善城市基础配套设施，一是要理清政府与市场的关系，在统筹规划方面需以政府主导、市场辅助，而在运营管理方面，实行市场化管理；二是要提高城市规划水平，在城市供水、燃气、供热、供电等方面进行整体、科学、规范的规划，有计划、分步骤地进行各项城市基础设施建设；三是要创新资金融通的方式，打破行业界限，引进竞争机制，用市场化管理模式规范城市基础设施建设；四是要加强基础设施的后续管理，充分发挥政府、投资主体、市民对城市基础设施建设的管控能力；五是要建立完备的基础设施管理的激励和考核机制，对已建工程进行综合、持续的评价。城市基础设施建设，是一项与人民生活息息相关的工程，前期科学的规划、中期有序的建设、后期持续的管理，任何一个环节都至关重要，需要建设者既统筹规划、又事无巨细，才能用有限的资金办持续性为民服务的事。

（二）提高城市公共服务水平

公共服务是城市发展的稳定器。目前，城市公共服务功能出现不断弱化的现象，如养老金的替代率连年下降、看病贵看病难现象愈发凸显、进城务工人员社会保障不足等。提高城市公共服务水平、完善城市社会保障体系，建议从以下几点考虑：一是要着力提高公共服务财政投入的总量和比重，将每年新增的财力重点向公共服务的薄弱地区、薄弱环节进行倾斜，充分发挥财政资金的杠杆作用；二是要逐步建立财政资金投入的稳定增长机制，进一步明确各级政府的财权、事权划分，科学界定所应享有的权利和承担的职责，努力扭转财权上收、事权下放的状况；三是要加强对公共服务资金的监管力度，从社保资金的筹集、管理、支出等方面进行完善，提高社会保障运行的规范性；四是要支持发展科技事业、统筹城乡义务教育资源配置、加强文化设施建设、改善医疗卫生设施、加快基本保障住房建设。

（三）优化城市布局，加快综合交通运输网络建设

城市规划布局在城市建设中起着"龙头"作用，涉及政治、经济、文化、社会等领域，具有很强的综合性和先期性。按照甘肃省自然条件和城市发展特点，统筹规划、合理布局，以区域性中心城市和城市组团为依托，以中小城市为重要节点，进一步优化城市布局。加快建设以兰白都市圈为核心的中部城市群、提升河西走廊城市带发展水平、积极推动陇东陇南城市带快速发展、大力促进中小城市和小城镇协调发展。

交通是城市发展的骨干，对城市发展起着支撑和引导的作用。一是要优先发展城市公共交通，积极发展大容量公共交通，完善城市公交配套服务设施、智能交通系统、公共服务信息系统和快速公交系统，推动各种交通方式、道路交通管理系统的信息共享和资源整合，提高公共交通通达性和运营服务水平，鼓励绿色出行，发展城市步行、自行车"绿道"，满足公共交通的多层次需求；二是要优化交通运输网络布局，强化城际交通联系，改善中小城市和小城镇对外交通的互联互通。

（四）打造绿色可持续城市环境

经济的快速发展、城市化进程的不断加速，使得城市环境问题凸显，需

要保持城市发展可持续,需要做到以下几点:一是要注重发展循环经济,更好地利用二次资源,实现生态环境效益的最大化;二是要倡导绿色消费,开展绿色生活,从衣、食、住、行四个方面着手,理性消费、减少浪费、降低污染,共同改善居住环境;三是要大力发展环保产业,有效防治城市污染、改善生态环境,实现共有资源的持续利用;四是要普及环保法律知识,提高公众环保意识,可持续发展战略的提出是对人类以往发展道路的深刻反省,是对环境危机日益严重的觉醒,体现了当代人勇于对未来负责的道德情感。

(五)彰显城市文化内涵

历史机遇对城市发展起着重要的推动作用。地处丝绸之路"咽喉"要道的甘肃,积极响应党中央、国务院"一带一路"重大倡议部署,积极配合甘肃省建设丝绸之路经济带黄金段的总体要求,全力打造丝绸之路经济带新亮点,将为甘肃省城市发展注入新的活力。要凸显甘肃省在"一带一路"倡议背景下城市发展的战略地位,一是将城市建设成整体功能完善的现代城市;二是要打造精品城市文化,将甘肃省城市文化集中呈现,促进文化旅游产业发展,带动城市经济增长;三是要把握历史机遇,突出历史文化特色,倡导具有时代特色的城市精神和价值理念,彰显城市文化内涵。敦煌文博会高峰会议的圆满举行,扩大了民间往来、加强了智库交流,不仅彰显了甘肃省特色文化,更促进了城市间文化的互学互鉴、共享共进。

四 结语

2016年是"十三五"规划的开局之年,甘肃省将以此为契机,在科学规划的指导下,结合创新、协调、绿色、开放、共享这"五大发展理念",推动甘肃省城市发展,提升城市发展的质量和内涵、解决城市发展存在的问题,助推城市建设又好又快地发展。

B.6
甘肃省农村社会变迁形势分析与预测

李 蓉*

摘 要: 中国农村的社会变迁对国家工业化及现代化进程产生了极大的推动作用。中国农村社会面临着一场前所未有的转型变革。2016年,甘肃省对做好新时期全省农业农村工作进行了全面安排,社会主义新农村建设水平进一步提高,全省农村社会发生了翻天覆地的变化。但是,甘肃省农业农村发展水平与发达省份的差距仍然较大。本文认真分析甘肃省农业农村发展的形势与现状,并针对存在的问题提出对策性建议,希望以此加快全省农业现代化建设进程,并确保与全国一道实现全面建成小康社会的宏伟目标。

关键词: 甘肃省 农村社会变迁

新中国成立以来,特别是改革开放至今,中国农村的社会变迁,一直围绕着农村政治经济体制改革而展开。从土地改革到农业合作化、从人民公社到家庭联产承包责任制、从传统农业经济到现代化市场经济……中国农村的社会变迁不仅使中国广大农民的生活水平发生了翻天覆地的变化,同时也对国家工业化及现代化进程产生了极大的推动作用。

2016年是"十三五"规划的开局之年。这一年,在经济下行压力和通

---

* 李蓉,硕士,甘肃省社会科学院助理研究员,主要研究方向为政治学理论、当代中国政治发展、政党政治。

货膨胀并存的宏观经济环境下，我国新型城镇化和农业现代化建设保持着良好的发展势头。在国家一系列富农惠农政策的带动下，农业投入稳步增加，农业获得全面丰收，进一步稳固了农业的基础地位。党的十六大提出构建社会主义和谐社会，中国农村社会面临着一场前所未有的转型变革。由此可见，"农村社会变迁"及"新农村建设"已经成为全社会关注的焦点话题。

"十二五"期间，甘肃省农业综合水平大幅提升，农村基础设施建设成果显著。但是，受到经济发展、自然条件和历史发展等诸多因素的影响，甘肃省农业农村发展水平与发达省份的差距仍然较大。本文认真分析甘肃省农业农村发展的形势与现状，厘清全省农业农村发展中存在的问题，并针对性地提出全省优化和完善"新农村建设"的对策性建议，希望以此加快全省农业现代化建设进程，并确保与全国一道实现全面建成小康社会的宏伟目标。

一 甘肃省农村社会变迁的基本现状与形势分析

2016年，在党中央和甘肃省委、省政府的正确领导下，全省各级部门牢牢把握稳中求进的工作总基调，紧紧抓住建设幸福美好新甘肃、全面建成小康社会的奋斗目标，深入实施"3341"[①]、"1236"扶贫攻坚[②]和"1+17"精准脱贫行动[③]，以及"13685"发展战略[④]等重大举措，以统筹城镇化和

---

① 甘肃"3341"项目工程：打造三大战略平台、实施三大基础建设、瞄准四大产业方向，确保到2016年全省固定资产投资规模超过1万亿元。

② 甘肃"1236"扶贫攻坚项目："一个核心"，即持续增加贫困群众收入，确保贫困地区农民人均纯收入增幅高于全省平均水平。"两个不愁"，就是稳定实现扶贫对象不愁吃、不愁穿。"三个保障"，即保障扶贫对象义务教育、基本医疗和住房。"六大突破"，就是基础设施建设、富民产业培育、异地扶贫搬迁、金融资金支撑、公共服务保障、能力素质提升突破。

③ 2015年，甘肃省出台了《关于扎实推进精准扶贫工作的意见》及17个专项方案，形成了"1+17"的精准扶贫工作方案。

④ 2015年，按照国家总体战略布局和甘肃省战略地位，依托甘肃区位、资源、文化、产业等优势，甘肃省制定出台了《甘肃省参与丝绸之路经济带和21世纪海上丝绸之路建设的实施方案》，明确提出了围绕一大构想，着力构建三大平台、六大窗口、八大节点城市，推进五大重点工程建设的发展战略。

农业现代化为手段，大力发展特色优势农业生产，推进城镇公共资源向农村延伸，健全城乡规划，深入推进农业农村改革。全省农业经济持续向好，城乡一体化改革步伐加快，全省农村社会发生了历史性的巨大变化。

（一）全省农村综合改革成效显著

1. 农业现代化水平大幅提升

甘肃省各级农牧部门全面落实各项强农惠农富农政策，认真组织实施"365"现代农业发展行动计划，着力提升粮食综合生产能力，大力发展特色优势产业，深入推进农业农村改革。全省大力发展旱作农业和高效节水农业，认真组织实施了1000万亩国家级和500万亩省级旱作农业示范区建设，进一步调整农业产业结构，着力加强农业抗灾减灾能力，粮食综合生产能力进一步提升。

2013~2014年，甘肃省农作物总播种面积由4155.9千公顷增加到4197.5千公顷，2014年为2013年的101%，与上年相比基本持平。全省农业生产条件持续改善，农产品储藏加工能力明显增强，农产品加工转化率由上年的49.5%提高到50.5%。农业机械总动力由2418.46万千瓦增加到2545.71万千瓦，同比增长5%，农业机械化耕地和播种面积分别是2436.78千公顷和1537.03千公顷，占当年机耕总面积的68.87%和36.74%，全省农业现代化程度进一步增强。

2015年，全省粮食总产量达1171.14万吨，同比增长1.07%。蔬菜产量1823.14万吨，同比增长6.9%；中药材产量108.20万吨，同比增长8.9%；园林水果产量461.80万吨，同比增长8.6%。全省牛存栏517.53万头，比上年末下降0.9%；羊存栏2096.73万只，同比下降1.1%；生猪存栏666.06万头，同比下降3.2%。全年牛出栏192.75万头，比上年增长4.1%；羊出栏1339.29万只，同比增长9.6%；生猪出栏747.26万头，同比下降3.6%。

近年来，甘肃省大力推进农业现代示范县建设。新建各类规模养殖场（小区）814个，累计达到8514个，畜牧业增加值达到182.16亿元，同比增长5.27%。水产品产量1.43万吨,同比增长3%。全省壮大提升优质林果、中药材、蔬菜、马铃薯、现代种植等特色产业,使农业种植结构不断趋于优化,新增特色优势经济作物面积142.04万亩。全省蔬菜产量达1705.19万吨,同比增长8.01%;水果产量209.45万吨,同比增长9.1%;马铃薯总产237.89万吨,同比下降2.74%;中药材产量99.37万吨,同比增长14.66%。全省农林牧渔业总产值较上年增长显著。(见表1)

表1 2011~2014年甘肃省农林牧渔业总产值、总产值指数和增加值

项目		农业	林业	牧业	渔业
总产值(万元)	2011年	8484540	172413	2105997	15940
	2012年	9842433	200740	2317220	18031
	2013年	11044719	225330	2533899	20062
	2014年	11749284	255416	2684347	21450
总产值指数(上年=100)	2011年	106.17	105.35	101.83	109.39
	2012年	106.98	103.13	104.2	102.04
	2013年	104.8	112.25	102.66	105.18
	2014年	104.7	108.81	107.09	101.07
增加值(万元)	2011年	4980411	75727	1434704	10959
	2012年	5806646	93289	1580107	12397
	2013年	6577505	106066	1749252	14033
	2014年	7050943	120006	1821617	15036

资料来源:根据《中国农村统计年鉴(2015)》、《甘肃发展年鉴(2015)》和甘肃省统计局提供的数据处理得到。

2. 大力推广新型农业科技,农业生态环境明显改善

近年来,甘肃省非常重视农业科学技术的推广和应用工作。全膜双垄沟播技术、高效农田节水技术和全膜覆土穴播技术被大力推广和应用。其中推广全膜双垄沟播技术1500万亩,推广高效农田节水技术1000万亩。全省着力抓好测土配方施肥、保护性耕作、农机农艺融合、健康养殖等先进适用技

术的推广。为了推动全省主要农作物品种的更新换代，省委、省政府制定了《甘肃省现代种业科技发展规划（2014~2020）》，加强企业为主体的育种创新体系建设，组建了"国家种子加工成套装备工程技术研究中心"，组织实施国家级、省级相关科技项目25项，全省农作物品种良种化程度大大提高。全省大力实施科技富民强县项目，申请获批12项国家科技富民强县项目，资助经费2225万元；获省级富民强县项目立项28项，资助经费300万元。

甘肃省扎实开展农业生态保护和农村污染治理工作，累计改水受益人口2030.3万人，自来水累计受益人口1461万人；累计使用卫生厕所达334.1万户，卫生厕所普及率达到68%。重视农村可再生资源的利用，沼气池产气总量达40125.5万立方米；太阳能热水器覆盖116.6万平方米；农村太阳灶数量749980台。继续加大农业重点生态工程建设，林业重点生态工程总计96073公顷，其中天然林保护工程40463公顷，退耕还林工程6835公顷。全省深入实施农村环境连片治理，按照国家农村环境连片治理示范工作的要求，精心组织项目实施。全省农村环境连片整治已涉及85个片（线），1655个行政村，占全省行政村总数的10.2%，受益人口约330万人。全省积极创建生态乡镇、生态村，认真指导各地生态村、生态乡镇的创建工作，目前共有71个乡镇被环保部命名为国家级生态乡镇，280个乡镇被命名为省级生态乡镇，452个村被命名为省级生态村，农业生态环境进一步改善。

3. 加强农村基层组织和法治建设，为农业现代化建设保驾护航

党的十八届三中全会提出了全面深化改革的重大战略部署，要求大力创新农村基层党建工作，夯实党在农村的执政基础，甘肃省农村社会治理面临新挑战。近年来，全省重视建设基层乡村服务型政府，不断夯实党在农村基层执政的组织基础；建立健全党组织领导下的村务监督机制，强化县乡村三级便民服务网络建设，农村基层党组织迎来了新的发展机遇。全省调动乡村服务平台，解决服务群众"最后一公里"问题。其中，陇南市创造性地在乡村两级党组织中全面推广以"民情直访、民意直通、民事直办"和"事前公告、定事合议、事定承诺、事中监督、事后评议"为主要内容的"3+5"服务群众工作法,使群众办事更方便、透明、快捷,进一步密切了干群关系。全省深入开展农村法治宣传教育,增强农民的法治观念,充分发挥了基层党组织在构建和谐社会中的先进性作用。

全省各级地方政府开展以村民小组或自然村为基本单元的村民自治试点,推进信息公开、扩大有序参与、健全议事协商、强化权力监督,完善农民参与议事决策的程序,实现村级事务的直接管理。面对新常态下农业农村发展的阶段性变化,充分调动农民群众的积极性,使政治稳定和政治民主相互促进,为甘肃省农业农村现代化建设保驾护航。

4. 惠农政策与双联工作扎实推进,农村生产生活条件改善

2016年,甘肃省各级党委政府继续认真贯彻落实中央一号文件精神,加大对农业和农民的投入力度,并相继出台了一系列关注民生的惠农补贴政策,以确保党的惠民政策落到实处,党的惠民政策深入人心。据统计,全省14个市州均采用"一折通"的形式,直接将惠农补贴资金发放到农民手中,群众比较满意。全省种粮补贴面积为4051万亩,占全省粮食播种面积的97.7%,种粮直补资金总额为3.69亿元。全省落实农资综合直补面积与上年相比基本保持稳定,并继续配合中央完善退耕还林补贴政策,将退耕还林生活补助和管理费两部分补贴的发放工作落到实处。在政策扶持方面,省农牧、财政等部门加强与金融机构的联合,通过财政贴息贷款等形式,加强信贷支持,降低了农机合作社融资成本。

全省"1236"扶贫攻坚行动和"双联"[①]工作开展以来,主要落实各类帮扶资金1200余万元,开展了通村公路、道路亮化、家庭养殖、危房改造等扶贫工作,先后组织机关干部25批次100余人次开展工作。省委、省政府强力推进,省市县乡村五级书记一起抓,全省上下凝心聚力,甘肃省扶贫攻坚工作取得了显著的阶段性成效,贫困地区群众获得了实实在在的好处。

---

① 甘肃省从2012年开始在全省开展以单位联系贫困村、干部联系特困户为主要内容的"联村联户、为民富民"行动,简称"双联"行动。

全省各级部门围绕全面落实省委提出的"六大任务",统筹抓好"双联"工作。稳步推进各级各部项目建设,主动协调对接落实饮水、修路、用电等方面的项目60多个。持续推动智力扶贫,组织涉农院校、专家学者和技术人员开展农业技术培训18次,培训1800多人次。突出务实创新,强化主体责任,统筹协调"双联"省直成员单位发挥部门优势,积极推进"双联"行动向纵深发展,"双联"帮扶工作成效显著。

2012~2014年,各联村联户组共帮办实事910多件,投入资金9533.245万元。其中:基础设施建设方面,自来水入户率达100%;解决通电2704户,"双联"户通电达100%;村道硬化率达78%;改造危房238户。产业发展投入126.9万元,协调"双联"惠农贷款66万元,技能培训投入50多万元。落实"8个全覆盖、5件实事"604项,投入3967.1万元,解决上学、看病、养老等问题241件,投入2627.5万元。全省贫困人口由2011年底的842万人减少到2015年底的317万人,走出了一条具有甘肃特色的精准扶贫、精准脱贫路子。①

(二)全省农业和农村经济整体运行良好

1. 农村经济快速发展,农业总产值增加

在新常态下,甘肃省农业农村发展取得了阶段性变化,全省农业农村经济总体发展良好,农业总产值增加明显。针对甘肃自身的农业基础条件,全省上下积极调整农业产业结构,农业经济在全省经济和社会发展总量中所占的比重也在稳步增加。农业产业结构的调整和优化,带动了全省农村经济的快速发展。2015年全年实现农业增加值939.21亿元,按可比价格计算,比上年增长5.6%;全省农业产业增加值,占全省生产总值的13.2%。全省各地稳定播种面积,优化种植结构,依靠科技创新提高农业生产力,确保了农业总产值的稳步提升。(见表2)

---

① 《中共甘肃省委关于制定国民经济和社会发展第十三个五年规划的建议》,甘肃政府网,http://www.gansu.gov,2016年3月24日。

表 2 甘肃省农业经济和社会发展总量与速度指标

农业指标		总量指标			速度指标(%)		
		2010年	2013年	2014年	"十五"时期(2001~2005)	"十一五"时期(2006~2010)	"十二五"时期(2011~2015)
耕地面积(千公顷)		3493.81	3537.93	3546.8	-0.07	0.42	0.38
农林牧渔业从业人员(万人)		724.82	678.9	674.52	1.77	-0.98	-1.78
农林牧渔业总产值(亿元)		1057.02	1517.74	1618.8	6.72	5.54	5.49
主要农产品产量(万吨)	粮食	958.3	1138.9	1158.65	3.24	2.75	4.86
	棉花	7.56	7.05	6.47	13.96	-7.31	-3.81
	油料	64.05	69.72	72.42	3.84	4.95	3.12
	甜菜	22.02	24.72	27.42	-17.44	8.65	5.64
	水果	299.46	391.37	425.23	7.24	11.67	9.16
	肉类	86.78	95.1	99.73	4.02	4.45	3.54
	猪牛羊肉	80.77	89.12	93.39	3.96	4.74	3.69

资料来源：根据《甘肃发展年鉴（2015）》和甘肃省统计局提供的数据处理得到。

2. 推进农村产权制度改革，农村经济社会展现活力

面对甘肃农村发展变革中的新趋势、新问题，省委、省政府制定了《农村土地承包经营权确权登记颁证工作指导意见》，根据指导意见，全面开展农村土地承包经营权确权登记颁证工作，确保2016年完成确权颁证任务的县达到50个，2017年底在全省范围基本完成确权颁证工作。[①] 在全省范围内开展农村集体产权股份合作制改革试点，探索产权归属明晰、各项权能完善、有利农民增收、保障农民权益、管理规范有序的农村集体经济运营

---

① 《中共甘肃省委 甘肃省人民政府关于进一步深化农村改革加快推进农业现代化的意见》，http：//www.gansu.gov.cn/art/2015/4/7/art_5092_232529.html。

机制和农村资产、资本、资源管理机制。① 2016年，甘肃省还出台了农村空置宅基地退出补偿办法，有效地探索和尝试推广了宅基地有偿使用制度和自愿有偿退出机制。

全省积极发展扶持龙头企业和农民专业合作社，推动特色农产品实现"从田间到餐桌、从地头到车间"延伸，使广大农民获得更多农产品加工经营收益，极大地调动了农民参与农业生产和农业改革的积极性。全省大力依托城镇化发展农村二、三产业，针对农村开展实用技术和就业培训，鼓励贫困家庭劳动力外出务工。同时加快农村地区特色农产品销售和流通体系建设，积极尝试农村电子商务发展模式，实现了农村小生产与全国大市场的对接。

3. 稳妥推进土地流转，加快供销合作社和农垦改革，培育新型农业经营主体

甘肃省农业基础设施滞后，耕地资源结构及地域差别较大。虽然受到客观因素的制约，但是经过全省各级的努力，"十二五"期间，全省的土地流转速度加快，面积增加、形式多元化，农民参与意愿明显增强。2015年，在甘肃省委、省政府的统一领导和组织下，甘肃省人民政府土地流转专题调研组就甘肃省农村土地承包经营权流转问题进行了专题调研，并出具了权威的调研报告。报告数据统计，"甘肃省土地流转的形式主要有出租、转包、互换、转让和股份合作等五种，分别占50.2%、24.9%、14.6%、4.1%和1.2%。从土地流转的主要去向看，流转到户的占53.1%、流转到合作社的占22.8%、流转到农业企业的占13.3%。全省土地流转50亩以上规模经营主体1.5万多个，其中：农业企业1118个、合作社3675个、家庭农场2458个、具备家庭农场雏形的专业生产大户10000多家。除了传统的农户间流转之外，基本形成了由龙头企业、专业大户、家庭农场和合作社等主体带动规模流转的格局。其中流转土地主要以发展林果苗木、马铃薯、设施蔬菜、中药材、玉米制种、畜牧养殖业等为主。在全省土地流转面积中有规模经营面

---

① 《甘肃省人民政府关于进一步深化农村改革加快推进农业现代化的意见》，甘肃政务服务网，2016年1月23日。

积33.353万亩,其中,林果苗木占18.1%、马铃薯占16.7%、设施蔬菜占12.3%、中药材占9.8%、玉米制种占7.8%、畜牧养殖业占5.9%"[1]。全省加快构建新型农业经营体系,新型农业经营体系建设稳步推进,新型农业经营主体蓬勃发展。全省50亩以上规模经营主体达17381个,规模经营面积达到518.9万亩。农民合作社达到39266家,增长了33.8%,成员总数达到86.6万户。农村土地经营管理机制的创新,使农民增加了地权收入,极大地提高了农业生产的综合效益,推动了农业产业化经营。2016年,全省大力推广发展多种形式的农民合作组织,引导发展农民专业合作社,坚持为农服务,积极参与农村土地流转和托管,深化供销合作社综合改革和农垦改革,对甘肃省农业现代化起到推动作用。

4. 加快农村金融制度创新,提升了农业农村的金融服务能力

2016年,在省委、省政府的统一部署下,全省各级运用财政税收、金融投资等手段,大力推进金融资源等更多社会资本倾向农村。主要举措有:(1)加大政策支持。2014年以来,先后出台了《甘肃省普惠金融发展规划》《关于进一步加强农村金融服务的意见》,完善了支持农村金融发展的政策体系,推出了破解农村金融发展难题的重点措施。(2)完善农村金融服务和涉农服务体系。利用乡镇村卫生所、超市等,设立便民金融服务网点2863个。目前农业银行、工商银行、邮储银行网点已实现县域全覆盖,甘肃银行、兰州银行正在加快推进县域网点建设,邮储银行网点在乡镇已覆盖66%,农村信用社网点已实现乡镇全覆盖。(3)积极运用资本市场服务"三农"发展。加大对涉农上市企业的培育力度,激发社会资本投向"三农"的积极性,鼓励产业扶持资金到户和现代农业发展专项资金用于银行贷款担保。引导企业和社会组织参与运营和建设农村公益性服务项目。在一系列扶持政策的推动下,全省涉农贷款余额4141.87亿元,同比增长24.32%,当年新增807.94亿元,涉农信贷投放继续保持快速增长的态势。

---

[1] 甘肃省人民政府土地流转专题调研组:《甘肃省农村土地承包经营权流转问题研究专题调研报告》,《农业信息与科技》2015年第21期(总第470期)。

(三）新型农业社会化服务体系逐步完善，农村公共服务水平进一步提高

1. 拓展农民就业空间，农民收入较快增长

据2014年统计，甘肃省常住人口数为2590.78万人，其中农村常住人口为1510.94万人，占全省人口总数的58.32%。因此，省委、省政府将提高农村人口生产生活质量、提升农村公共服务水平，视为全省农业农村改革和城乡一体化的重要环节，加快推动城镇公共服务向农村延伸。

全省各市州认真贯彻落实农村义务教育阶段"两免一补"政策，建立城乡统一的义务教育经费保障机制。全省加大生产经营型、专业技能型和专业服务型职业农民培育力度，建全农民职业教育培训体系。对农村劳动力的培训和素质的提升，既拓宽了就业门路，也拉动了收入增长，扭转了城乡居民收入差距扩大的态势。2016年，全省输转城乡富余劳动力500万人次左右，劳务收入达到900亿元以上。农村居民人均可支配收入6936元，农村居民人均消费支出6830元，农村小康建设成效显著（见表3）。2016年，全省已全面放开中小城镇的落户限制，加快农业转移人口市民化。并推进户籍制度改革，出台了相关政策，加快完善和落实农民工子女在落户地就学。吸纳更多符合条件的农民工进入城镇社会保障和城镇住房保障范围，极大地维护了进城落户农民的基本权益。

2. 继续完善医疗、养老等社会保障制度，城乡一体化改革步伐加快

2016年，甘肃省出台了多项政策措施，平衡城乡、区域之间的卫生资源合理配置，推动农村医疗和社会养老体系不断完善，基础公共医疗服务体系改革继续深入。为了提高农村医疗救治队伍的专业水平，改善农村现有医疗救治条件，加大以全科医生为主的农村医疗卫生人才队伍建设，全省共选派省市县医院9000名医生到基层医疗机构多点执业，建成565个标准化村卫生室，全省农村乡镇卫生院的医疗服务水平平稳发展。（见表4）

表3 2001~2015年甘肃省农村居民家庭生活基本情况

年份	农民人均纯收入(元)	农民人均生活消费支出(元)	食品(元)	恩格尔系数(%)	人均居住面积(平方米)
2001	1508.61	1127.37	519.78	46.11	17.58
2002	1590.3	1153.29	531.37	46.07	17.58
2003	1673	1336.85	586.38	43.86	17.6
2004	1852	1464.34	703.41	48.04	17.88
2005	1980	1819.58	858.89	47.2	18.71
2006	2134	1855.49	865.99	46.67	19.12
2007	2328.92	2017.21	944.14	46.8	19.46
2008	2723.8	2400.95	1132.53	47.17	19.87
2009	2980.1	2766.45	1142.05	41.28	20.55
2010	3424.7	2941.99	1315.25	44.71	20.96
2011	3909.4	3664.91	1548.19	42.24	23.65
2012	4506.7	4146.24	1648.6	39.76	24.08
2013	5107.8	4849.6	1789.5	37.08	24.66
2014	5736	5272	1980.4	37.56	28.6
2015	6936	6830	2156.9	36.21	29.2

资料来源：根据《甘肃发展年鉴（2015）》和甘肃省统计局提供的数据处理得到。

表4 甘肃省农村乡镇卫生院医疗服务情况

年份	诊疗人次(万人次)	病床使用率(%)	出院者平均住院日(日)
2007	1453	24.03	4.4
2008	1799	51.81	6.9
2009	1653	58.62	6
2010	1547	54.44	6
2011	1763	52.94	6.4
2012	1947	58.73	6.2
2013	2089	56.97	6.4
2014	1988	55.96	6.8
2015	2021	55.29	6.8

资料来源：根据《甘肃发展年鉴（2015）》和甘肃省统计局提供的数据处理得到。

为了切实加大对农村残疾人的生产扶持和生活救助力度，甘肃省全面实施了城乡居民大病保险制度。全省86个县（市、区）开展了新型农村合作医疗工作，参加新型农村合作医疗农民人数为1909.3万人，参合率为98.3%。全年新型农村合作医疗基金支出总额为81.06亿元，累计受益4270.58万人次。全年农村医疗救助215.64万人次。民政部门资助农村合作医疗164.22万人次，农村居民得到政府最低生活保障人数为337.32万人。[①]

（四）农村文化服务体系基本建成，推动城乡公共文化服务一体化发展

精神文明建设是构建社会主义建设的重要组成部分。为了深化农村精神文明建设，全省上下通过对广大农民开展社会主义核心价值观教育，增强农民的公民意识和法治意识，深入加强农村思想道德建设，培育农民的社会责任感，甘肃在全省范围内开展了"文明村镇"创建和评比活动。全省广大农民的精神面貌焕然一新，思想道德水平和综合素养极大提高。

2016年，省委、省政府加快整合文化资源，加强城乡公共服务一体化建设，建成乡镇文化站1228个，群众文化馆办文艺团体146个，群众业余演出团体5986，建成6625个"乡村舞台"。极大地丰富了农村居民的业余文化生活。全省大力推动红色旅游和特色文化产业发展。为了突出甘肃地域特点，展现甘肃特有的民族文化魅力，甘肃着力加强对特色民族文化的保护和传承，广泛开展具有地方特色的文化活动，推动文化产业与特色优势农业有机融合，提升了农产品文化附加值。

二 甘肃省农村社会变迁面临的困境与挑战

近年来，甘肃省农村发生了翻天覆地的变化，农民生活水平显著提高，城乡一体化取得的成绩有目共睹。但是，受到经济发展、自然条件和历史遗

---

① 甘肃省统计局、国家统计局甘肃调查总队：《2015年甘肃省国民经济和社会发展统计公报》，2016年2月25日。

留等诸多因素的影响，甘肃省农业农村发展水平与发达省份的差距仍然较大，全省农业农村工作面临新形势新任务，农村社会变迁还面临诸多困难与挑战。

（一）农业基础设施脆弱，生产力水平较低

甘肃省地处我国中西部，自然条件差，气候环境恶劣，水资源短缺。受这些客观因素的影响，甘肃农业生态环境较差，极大地影响了农业生产水平的提高。全省土地面积总量为42.58万平方公里，耕地面积大约6921.45万亩，但旱地面积占70%以上，水资源不足，灌溉面积还不到耕地总面积的1/3。甘肃省土地沙漠化较为严重，水土流失面积大，自然灾害频发，农业生态系统脆弱。因此，甘肃省农业生产成本较高，农业生产力水平偏低，从而制约了广大农民的收入增长，降低了农民从事农业生产的积极性。

（二）农村劳动力整体素质偏低，无法适应农业现代化的需求

农业生产力低下直接影响了农民收入的增加，城乡差距拉大的趋势日益明显。因此，农村越来越多文化素养较高的青壮年劳动力，进入城市谋求发展，农业生产主要依靠留守的老人、妇女和儿童。农业从业人员文化水平低，思想较为保守，缺乏农业新技术和农业经营管理经验，直接影响了农业生产的发展。虽然全省加大力度进行农业劳动力培训，但培训多以劳务输出为主，针对提高农业生产力的专业技能培训落后，导致农村人力资源匮乏，农业现代化程度较低。

（三）农业现代化水平较低，农村土地制度有待完善

甘肃省是传统农业大省，目前仍处于现代农业发展的准备阶段，现代农业发展水平较低。农业现代化不仅需要人才，还需要深化农村改革和制度完善。近年来，甘肃省积极推进农村土地制度改革，但以家庭联产承包责任制为主的土地使用制度还普遍存在，农民对土地只有使用权，没有产权。随着农村城镇化步伐的加快，土地征用和买卖中的不合理因素会严重影响农民的

权益，引发农村群体性事件，严重阻碍农村生产力的发展，影响社会主义和谐社会的建设。

（四）农村金融扶持和惠农政策仍需加强

近年来，甘肃省加大了农业农村金融扶持力度，但由于政策不完善，扶持的力度仍然不够，广大农民仍然没有直接享受到金融政策扶持的有利条件。"金融放贷"对于广大农民来说，门槛仍然较高，制约了急需资金支持的农业生产和农村基础设施建设的发展。农村金融服务水平落后，无法适应和满足新农村经济发展的需要。甘肃省扶贫攻坚工作虽然取得了阶段性成效，但整体效益仍不明显。有些地方将扶贫资金以分红的形式按户发放给农民，虽然提高了眼前的收入，却无法从根上解决贫困。

（五）农村基本公共服务体系不健全

甘肃省经济较为落后，财政支持力度不够，城乡建设中的投资更多偏向城市，造成了城乡差距逐渐拉大，农村基础设施和社会服务体系发展滞后。农民工在教育、户籍、养老和医疗保险等方面都受到不同程度的制度歧视。农村教育水平较低，农民工子女随迁城镇后入学条件受限、享受不到住房和购房优惠政策，基层医疗机构人员专业化水平低，农村合作医疗费用较高，农村社会养老问题突出等，都导致了农村基础公共服务体系建设滞后，不利于甘肃省城乡一体化建设和发展。

三 推动甘肃省农村社会变迁的对策与建议

（一）加快构建现代农业产业体系，提升农业发展竞争力

一是农业生产力水平低严重制约了甘肃省农业现代化的发展。因此必须强化农业物质装备和技术支撑，深入推广农业高效节水灌溉技术，增强旱区抗旱应急供水保障能力。二是根据甘肃省农业区域布局调整农业产业结构，

逐步扩大经济作物的种植面积，推动现代种植业的转型升级，逐步形成结构合理、多点支撑的特色产业体系，为市场提供更多的优质产品，形成符合省情、特色鲜明的现代农业产业体系。三是加强农业与科技创新协作，利用现代农业科技，提升农业生产技术，保护和利用农业资源，形成绿色生态农业发展新格局。

（二）加大农民创新创业扶持力度，不断释放农业农村发展新动能

一是加快实施新型职业农民培育工程，加强农民教育培训体系建设。利用农村实用人才培训，吸引高素质年轻人参与新型农业生产。二是健全农村剩余劳动力转移就业服务体系，确保非农化转移劳动力在保留农村既有权利的基础上，同时享受到城镇化的既有权益和优越条件。大力支持农村劳动力返乡创业，推进农民工市民化。三是围绕提高特色优势产业附加值和市场竞争力，加快农业产业化进程，积极创建农业产业化示范基地，推动跨区域、跨行业的资源整合，加快推进产业融合，以提供更多的就业机会，增加农民收入。

（三）推动农村综合改革，鼓励和引导金融扶持更多向农村转移

创新并引导发展农民合作社联合社，放活土地经营权，鼓励农户以土地承包经营权入股，发展适度规模经营，以多种形式合理提高农民个人收入为原则，适应甘肃省农业现代化发展的需要。开展农村金融综合改革，完善农村金融服务体系建设，优化农村金融环境，建设多层次、覆盖面广、可持续性的农村金融服务体系。深入实施精准扶贫小额信贷支持机制，强化对农村金融消费者的风险教育和保护。扩大政策性农业保险覆盖面，着力提升农业金融风险保障水平。

（四）创新完善精准脱贫工作机制，为"十三五"脱贫攻坚打好基础

切实找准致贫的根本原因，结合实际情况不断调整和完善精准扶贫的工作机制,深入推进"1236"扶贫攻坚行动,因人因地施策,充分调动贫困人口脱贫致富的积极性。强化教育惠农力度,充分发掘和培养农村人才,为农村贫困地区脱贫致富提供坚实的人才保障。优化扶贫惠农的实施机制,着力解决好"谁来扶""怎么扶"的问题。进一步完善"1+17"精准脱贫政策体系,全面落实精准脱贫工作机制,推动双联行动和社会帮扶向纵深发展。

(五)健全农村基础公共服务体系,加快推进城乡一体化进程

加快农村基础设施建设,推进农村社会事业的发展,是推进城乡一体化的重要条件。均衡城乡公共资源配置,提高城乡基本公共服务水平,推进城乡一体社会保障服务平台建设,不仅要切实保障农民工在教育、户籍、养老和医疗保险等各方面享受到与城镇居民的同等待遇,而且要消除歧视,让他们与城镇居民同等地享受地区发展带来的成果,让农民工真正融入城镇化进程,不断释放农业农村发展的新动能。

专题篇

Reports on Special Subjects

B.7
甘肃省基础教育资源合理布局与发展研究

金蓉 高宁*

摘 要: 教育均衡发展既是国计,也是民生。经过多年努力,甘肃省"两基"目标全面实现,办学条件有了新改善,交流培养形成了新机制。但依然存在"控辍保学"与巩固"两基"成果形势严峻、义务教育均衡推进任务艰巨、民族教育发展短板尚未补齐、高中阶段发展不协调、学校布局调整与入学需求变化尚未有效对接等问题,建议通过完善现代学校制度建设,加强基础教育协调发展,全面实施立德树人教育、补齐民族教育发展短板、改革评价体系等措施,加大基础教育资源合

---

* 金蓉,硕士,甘肃省社会科学院副研究员,主要从事区域文化与旅游产业规划研究;高宁,西安交通大学在读博士,甘肃省教育厅发展规划处主任科员,主要从事公务员制度研究。

理布局。

关键词： 基础教育　教育资源布局　甘肃省

教育均衡既是国家战略也是一项民生工程，教育资源合理布局是教育均衡发展的重要途径之一。随着甘肃省城镇化进程的加快，城市规模急剧增长，大量农村人口向城市集中，城市教育资源配置不均衡的矛盾愈加突出。从城市内部看，城市空间结构、人口规模结构、人口集聚区等均处于不断变化中，原有的城市教育资源调整速度明显不适应城市的扩张速度。从城乡协调发展看，优质教育资源向城市集中的趋势短期内尚未得到有效扭转，城市上学难、大班额和农村空心校形成鲜明对比。为了有效回应人民群众教育资源均衡发展的呼声，国家采取各种有效措施积极推进基础教育资源均衡发展。为了均衡教师资源，早在2001年，《国务院关于基础教育改革与发展的决定》就提出城乡教师"对口支援"的交流方式。2010年7月颁布的《国家中长期教育改革和发展规划纲要（2010~2020年）》就明确提出切实缩小校际差距，"实行县（区）域内教师和校长交流制度"[①]。十八届三中全会《决定》中也曾明确要求"统筹城乡义务教育资源均衡配置"，提出"校长教师交流轮岗"的改革要求。2014年9月，教育部发布了《关于推进县（区）域内义务教育学校校长教师交流轮岗的意见》，力推县（区）范围内校长教师交流的制度化、常态化。2012年，甘肃省出台了《关于大力推进义务教育均衡发展的意见》《甘肃省推进县域义务教育均衡发展规划（2012~2020年）》等重要文件，助推各地缩小区域、城乡、校际办学差距，重点解决教育资源配置不均衡问题，全力推进全省基础教育均衡发展。以上措施的实施，在一定程度上缓解了教育资源

---

① 《国家中长期教育改革和发展规划纲要（2010~2020年）》，中华人民共和国中央人民政府网站，http://www.gov.cn/jrzg/2010-07/29/content_1667143.htm。

向城市集中、向名校集中的趋势，但离真正实现教育资源合理布局尚有一定距离。

一 甘肃省基础教育资源布局调整成效显著

（一）"两基"目标全面实现，均衡发展取得新进展

早在2011年底，甘肃省"两基"攻坚工作就已通过国家验收，近年来，"控辍保学"工作扎实进行，义务教育均衡发展大力推进。2015年底，甘肃省义务教育阶段学校共有9543所，在校生规模达到271.17万人。其中，小学8052所，在校生人数180.24万人；初中1491所，在校生人数90.93万人。自2010年来，全省小学学龄儿童净入学率呈逐年上升趋势（见图1），2015年达到99.83%，与全国平均99.88%仅相差0.05个百分点。小学生年辍学率和普通初中生年辍学率均较2010年大幅下降（见图2）。2015年，甘肃省九年义务教育巩固率达到93%，与全国同期平均水平持平。2014年底，全省已经有11个县市区通过义务教育均衡发展国家验收，2015年又有18个县市区通过义务教育均衡发展国家验收。

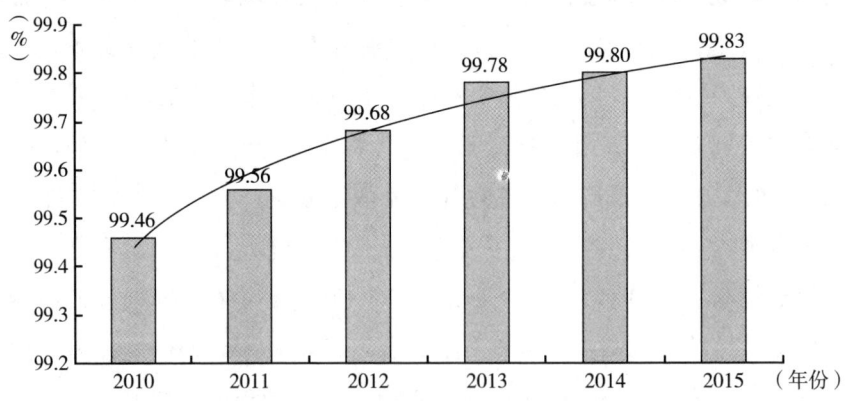

图1 甘肃省2010~2015年小学生学龄儿童净入学率情况

资料来源：甘肃省教育厅发展规划处，2014年和2015年全省教育事业统计数据及2009~2015年对照表。

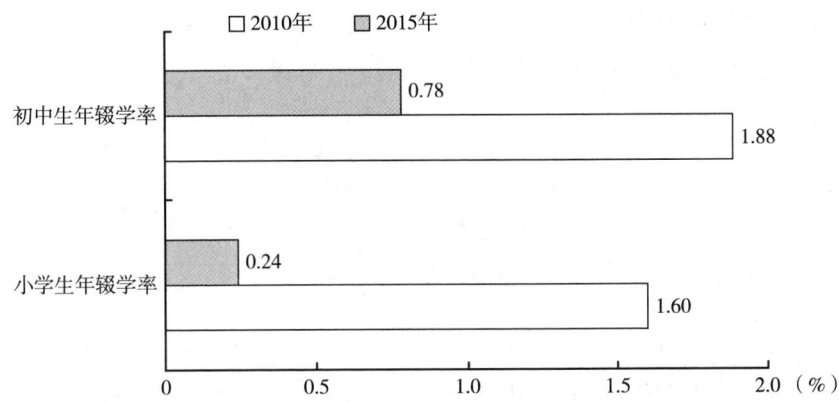

图 2　甘肃省 2010 年和 2015 年小学生和初中生辍学率比较情况

资料来源：甘肃省教育厅发展规划处，2014 年和 2015 年全省教育事业统计数据及 2009~2015 年对照表。

（二）加大项目资金投入，办学条件有了新改善

"十二五"期间，甘肃省委省政府将实施义务教育薄弱学校改造计划和校舍安全工程列入"为民办实事"项目。"全面改薄"项目启动以来，建立完善了"全面改薄"项目领导机制和工作机构，制定了《甘肃省全面改善贫困地区义务教育薄弱学校基本办学条件底线标准》，印发了《甘肃省全面改善贫困地区义务教育薄弱学校基本办学条件工作方案》《关于全面改善贫困地区义务教育薄弱学校基本办学条件的实施意见》等一系列政策文件，并在"全面改薄"项目资金上加大投入力度。2014 年，中央"全面改薄"专项资金向甘肃省投入 13.4 亿元，省级财政投入 15.5 亿元[①]；2015 年，甘肃省"全面改薄"中央和省级总资金投入达 34.92 亿元。全省义务教育薄弱学校基本形成了"一校一本一图一策"规划与实施。大力实施农村义务教育薄弱学校改造计划，为全省 86 个县市区农村中小学购置图书 1706.43 万册，配备了教学实验仪器、音体美器材、多媒体远程教学设备。从全省生均校舍

---

① 李欣瑶：《甘肃省着力改善义务教育薄弱校条件今年用于改善基本办学条件的资金近三十五亿元》，《每日甘肃》，2014 年 8 月 28 日。

建筑面积、生均图书和生均教学仪器设备值几个指标看（表1），2015年小学和初中条件均得到相应改善，尤其是生均教学仪器设备值涨幅明显。

表1　甘肃省办学条件改善情况

	2014年		2015年	
	小学	初中	小学	初中
生均校舍建筑面积(m^2)	7.48	10.10	7.62	11.48
生均图书（册）	19.49	28.06	20.00	31.00
生均教学仪器设备值（元）	758.00	1179.00	1003.95	1521.21

资料来源：甘肃省教育厅发展规划处，2014年和2015年全省教育事业统计数据及2009~2015年对照表。

（三）加强教师队伍建设，交流培养形成新机制

在新教师聘用方面，实行按岗按需招聘，严把中小学教师招考准入关，专任教师学历合格率逐年上升（见图3）。2015年，小学、初中和高中专任教师学历合格率分别达到99.83%、99.44%和94.46%。同期，全国小学、初中和高中专任教师学历合格率分别为99.91%、99.66%和97.70%，甘肃省小学和初中专任教师合格率略低于全国平均水平，但高中合格率低于全国3.24个百分点。

加强农村教师队伍建设，实行"以奖代补"政策，由省财政安排专项资金，对到农村中小学任教的省属师范院校本科毕业生实行退费补助，给予连续4年每人每年4000元津贴补助。农村"特岗教师"转为当地公办中小学教师后，连续3年每人每年发放"以奖代补"津贴4000元。

（四）高中阶段教育快速发展，各项目标步入新台阶

根据《国家中长期教育改革和发展规划纲要（2010~2020年）》要求，到2020年，普及高中阶段教育，全面满足初中毕业生接受高中阶段教育需求。[①]《纲要》规定的2020年高中阶段毛入学率要达到90%。甘肃省高中阶段教

---

① 《国家中长期教育改革和发展规划纲要（2010~2020年）》，中华人民共和国中央人民政府网站，http://www.gov.cn/jrzg/2010-07/29/content_1667143.htm。

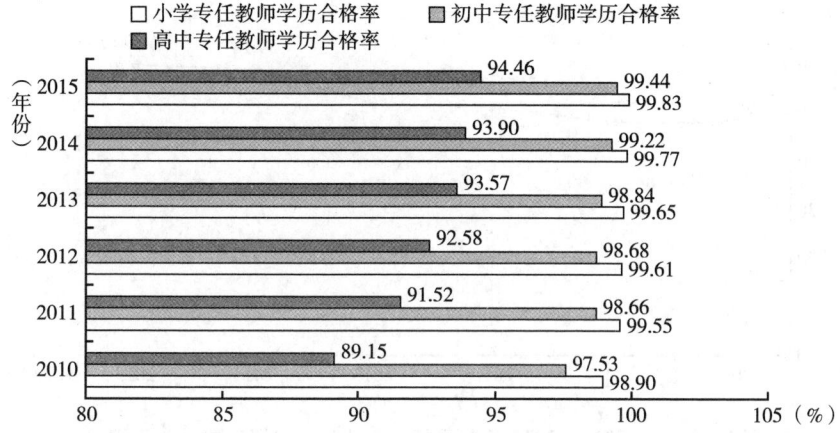

图3 甘肃省2010~2015年小学、初中、高中专任教师合格率情况

资料来源：甘肃省教育厅发展规划处，2014年和2015年全省教育事业统计数据及2009~2015年对照表。

育毛入学率已经从2010年的71%，提升到了2015年的92%（见图4），在超过《纲要》目标的同时，比同期国家平均水平还高3个百分点。

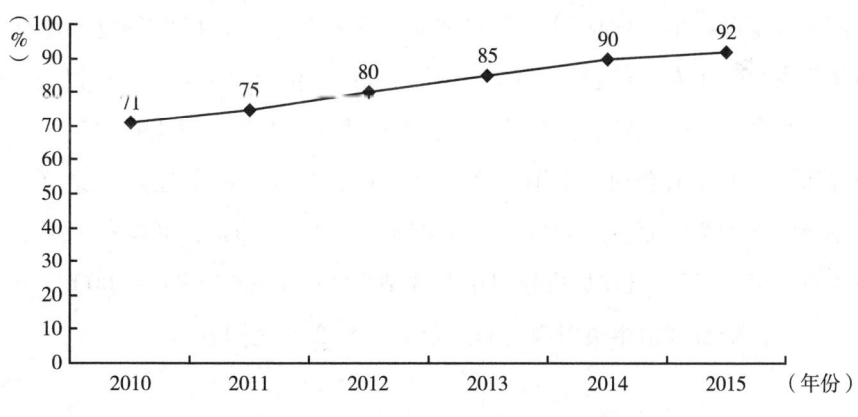

图4 甘肃省2010~2015年高中阶段毛入学率变化情况

资料来源：甘肃省教育厅发展规划处，2014年和2015年全省教育事业统计数据及2009~2015年对照表。

普通初中毕业生升普通高中升学率呈逐年上升趋势，由2010年的48.32%上升至2015年的60%（见图5）。2015年，普通高中在校生数达到629365人。

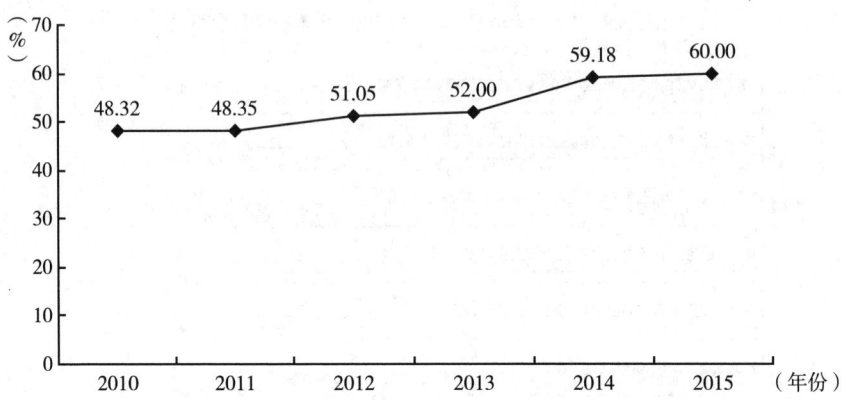

图 5　甘肃省 2010～2015 年普通初中毕业生升普通高中升学率情况

资料来源：甘肃省教育厅发展规划处，2014 年和 2015 年全省教育事业统计数据及 2009～2015 年对照表。

2014 年，按照国务院关于深化考试招生制度改革的要求，甘肃省启动了考试招生制度改革工作，进一步完善和规范甘肃省普通高中学生学业水平考试实施办法和甘肃省普通高中学生综合素质评价办法。实施"面向全省贫困地区定向招生专项计划"和"甘肃省农村学生单独招生和地方重点高校招收农村学生专项计划"工作，使农村高中学生获得更多的发展机会。

加大高中阶段教育的经费投入，扩大困难学生补助。甘肃省财政厅、教育厅印发《甘肃省普通高中国家助学金管理暂行办法》的通知，要求国家助学金的平均资助面占全省普通高中在校生总数的 30%，平均资助标准为每生每年 1500 元，具体标准还可由各地结合实际情况在 1500～2000 元范围调整，所需资金则由中央财政和省级财政按 8∶2 的比例分担。

二　甘肃省基础教育资源布局存在的问题

（一）"控辍保学"与巩固"两基"成果形势依然严峻

甘肃义务教育的普及是在相对薄弱的基础上实现的，是一种非常规的发展结果,具有发展的不稳定性。随着甘肃省城镇化率的稳步提高,城乡人口分布结构呈现新特点,城乡学校的学生人口也将产生波动。统计显示,甘肃与西部地区一样,小学在校生总规模下降,城市学校在校生规模增加,农村学校在校生人数减少。但是,值得关注的是,甘肃农村小学在校生规模下降的比例远超过西部平均水平。这种变动,将对现有的城乡学校布局结构产生较大影响,使得大城市超员的"超级校""超级班"与不少农村小学废弃或空置的校舍形成更加鲜明的对比。同时,"小学进镇,初中进城"使得学校离家远成为学生辍学的一个重要原因。这些问题若不能从根本上得到解决,"控辍保学"与巩固"两基"成果将成为空谈。

表2 2014年甘肃城乡小学在校生人数统计

地区	2014年			比上年增长(%)		
	全国	城市	农村	全国	城市	农村
全国	94510651	29432481	65078170	0.97	6.14	-1.21
西部	27606184	6159557	21446627	-0.36	5.55	-1.94
甘肃	1802371	382960	1419411	-3.84	1.76	-4.80

资料来源:全国和西部数据根据中国统计年鉴整理,甘肃数据来自于2014年全省教育事业统计数据及2009~2015年对照表。

义务教育阶段的寄宿制学校建设,是实现义务教育普及的重要措施之一。2014年,甘肃全省义务教育阶段寄宿生总规模达792415人(含校外寄宿)。虽比2013年减少57401人,下降6.75%,但寄宿生占在校生比例仍高达28.57%。在寄宿学生中,农村中小学寄宿学生明显多于城市,寄宿生占全部在校学生数的比例分别达到16.88%(小学)和59.63%(初中)。酒泉市、陇南市和甘南州普通小学寄宿生占在校生的比例超过25%,甘南州最高,达到67.71%。

(二)义务教育均衡推进任务艰巨

从推进义务教育均衡发展的进度来看,截至2015年4月,全国已经有28个省份的757个县(市区)通过国家义务教育均衡发展督导评估认定①，占全国县（市区）总数的26%，而甘肃仅有11个县（市区）通过评估，占全省县（市区）总数的12.79%，推进速度不到全国平均水平的一半。与周边省份对比看，同期，陕西省有21个县（市区）通过国家义务教育均衡发展督导评估认定，占县（市区）总数的19.63%；新疆有17个县（市区）通过国家义务教育均衡发展督导评估认定，占县（市区）总数的17.89%；宁夏有8个县（市区）通过国家义务教育均衡发展督导评估认定，占县（市区）总数的36.36%。继2014年的上海市后，2015年又有北京、天津、江苏、浙江4省（市）所有县级单位全部通过国家督导评估认定。广东、湖北、福建三省通过认定的县（市区）比例均超过80%，而到2015年底，甘肃只有29个县（市区）通过国家义务教育均衡发展督导评估认定，占全省总量的33.33%。2016年9月10日，甘肃又有15个县市区通过了国家义务教育均衡发展评估认定②。

甘肃省近年来出台的《甘肃省义务教育学校办学基本标准（试行）》和《甘肃省义务教育学校标准化建设规划（2012～2020年）》，以及国家农村义务教育薄弱学校改造计划等政策与文件，使得甘肃义务教育办学条件得到较大改善。但是，从全省情况看，区域发展不平衡仍然是教育均衡的一大障碍。从生均校舍建筑面积看（见表3），小学阶段，甘南州居14市州的首位，比排名倒数第一的天水市高出5.25平方米；初中阶段，排名第一的张掖市比排名倒数第一的天水市高出9.6平方米，是天水市的2倍多。从生均图书册数指标看，小学生均图书最高的是甘南州，为27本，最低的是陇南市和临夏州，是17本，初中生均图书最高的是张掖市，最低的是陇南市，张掖市是陇南市的2倍多，差距明显。再看生师比，甘肃义务教育阶段不论小学还是初中，生师比都存在偏低的状况，而农村小学中的代课教师数量则又是偏高的，甚至有增长的趋势。这些因素都是影响义务教育均衡而优质发

---

① 教育部：《我国已有28个省份的757个县通过全国义务教育均衡发展督导评估》，新华网，http://news.xinhuanet.com/2015-04/30/c_1115149969.htm。
② 人民网：《甘肃15个县区通过国家义务教育均衡发展评估认定》，http://gs.people.com.cn/n2/2016/0910/c183348-28982872.html。

展的关键,在推进均衡与优质发展的过程中,进一步加强设施建设、进一步优化教师队伍结构,同样是一个困难的问题。

表3 甘肃省各市州2015年教育均衡发展情况

地区	生均校舍建筑面积(m^2)		生均图书(册)		生师比	
	小学	初中	小学	初中	小学	初中
兰州市	6.55	9.52	21	29	14.77	11.31
嘉峪关市	7.10	8.87	21	28	17.77	13.11
金昌市	6.76	10.46	21	32	15.05	12.39
白银市	8.96	14.09	25	38	9.64	8.68
天水市	6.28	8.11	20	27	13.86	12.22
武威市	7.82	12.75	21	33	10.63	10.46
张掖市	10.65	17.71	21	39	12.22	11.15
平凉市	8.56	11.03	20	28	12.12	11.49
酒泉市	8.24	11.08	21	28	14.05	12.05
庆阳市	8.28	12.68	19	31	12.14	9.93
定西市	7.21	10.11	20	25	11.84	9.70
陇南市	7.35	10.56	17	18	13.51	11.51
临夏州	6.45	12.50	17	31	16.61	10.28
甘南州	11.53	10.22	27	24	10.03	11.12

资料来源:甘肃省教育厅发展规划处,2015年全省教育事业统计数据及2009—2015年对照表,2016年2月。

(三)民族教育发展短板尚未补齐

甘肃省的省情是多民族聚居,优先发展民族地区教育一直是全省教育工作的重点。近年来,甘肃省一直从政策、资金、项目、师资培养与培训等方面予以倾斜,大力促进民族地区教育快速发展。2013年,省教育厅出台了支持甘南和临夏教育跨越发展行动计划,切实解决这两个少数民族自治州教育发展面临的特殊困难和问题,努力推动两州教育跨越发展。同时,积极推动少数民族县基础教育发展,着力探索少数民族教育发展的创新之路。但是,少数民族地区学生辍学率偏高、巩固率不稳定、生师比偏低等问题依然突出。以生师比为例（见图6），2015年，甘肃21个民族县的生师比只有小学阶段略高于全省平均水平，初中和高中阶段均低于全省平均水平，甘肃的生师比相较于全国本来就偏低，21个民族县又低于全省，与全国差距就更大了，补齐民族教育发展短板依然任重而道远。

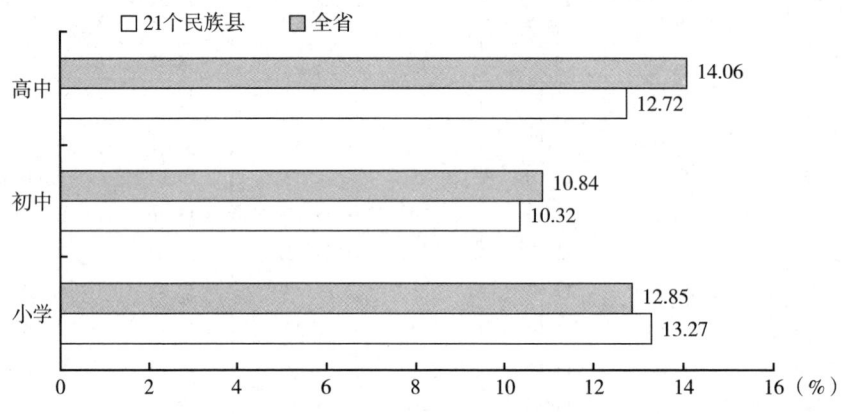

图6　甘肃省2015年民族县和全省生师比情况

资料来源：甘肃省教育厅发展规划处，2014年和2015年全省教育事业统计数据及2009~2015年对照表。

（四）高中阶段协调发展尚需继续努力

尽管甘肃全省高中阶段教育毛入学率2015年已经超过了全国平均水平，但是，与全国一样，甘肃高中阶段教育的普及，是在按照国家普职比大体相当的要求与中等职业教育免费政策的双重背景下，依靠扩大中等教育规模而实现的。高中阶段教育的普职比表面上维持在5.5∶4.5之间，但实际上学生及其家长对普通高中教育的需求明显大于中等职业教育，巩固高中阶段教育普及问题依然存在。同时，普通高中专职教师编制紧张、进入困难、结构性短缺和教师队伍士气不高、职业倦怠交织在一起，使得普通高中课程改革的推进，尤其是高考制度的改革面临挑战。

目前，甘肃省普通高中教育的办学条件在全国，甚至在西部地区都属于偏低的。以县为主的普通高中教育发展体制，在经济不发达的县（市区）

都遇到困难。在保义务教育和促义务教育均衡发展的背景下,这些县(市区)的普通高中教育在发展上并没有清晰的政策支持,尤其是经费投入,基本上都是依靠学费、择校费或者银行贷款等方式获得发展和维持运行,这些问题让普通高中发展缓慢(见图7)。此外,随着高等教育的大众化与社会经济的急剧转型,人们对创新创业教育的认知不够,习惯于就业式教育思维的农村大学毕业生在就业上面临着更多困难。因在城市找不到工作而返乡大学生人数的增加,在一定程度上导致了新的读书无用论有抬头的迹象,也造成了初中毕业生升学意向下降,从而增加了在民族、边远的农村地区普及高中阶段教育的压力。

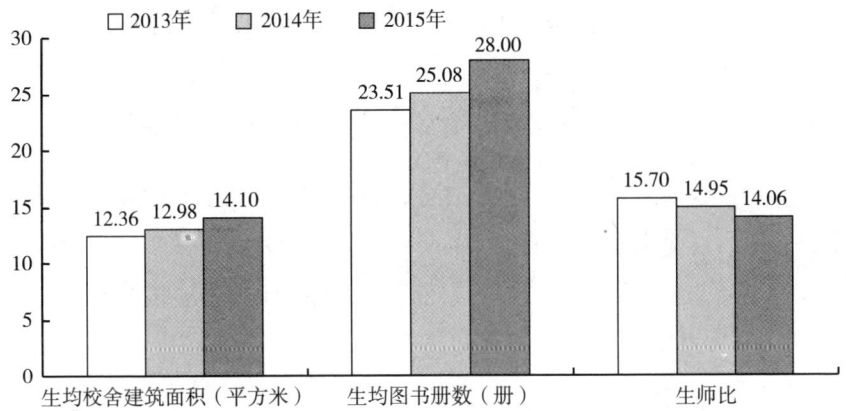

图7 甘肃省2013~2015年普通高中发展情况对比

资料来源:甘肃省教育厅发展规划处,2014年和2015年全省教育事业统计数据及2009~2015年对照表。

(五)学校布局调整与入学需求变化尚未有效对接

甘肃省城镇化率虽然落后于全国平均水平10个百分点以上,但随着经济社会的快速发展,近几年来新型城镇化推进速度明显加快,大量农村进城务工人员携子女涌入城市。与此同时,甘肃大部分地区地广人稀,农村人口居住较为分散,农村学校离家距离比较远,加上办学水平和质量与城区有一定差距，导致大量农村适龄学生跟随进城务工家长涌入城区学校就读，但城市与农村学校的布局调整速度却明显没有跟上入学新形势，使得城市（县城）学校资源紧张的问题凸显，大校额、大班额现象层出不穷。而农村学校生源数量急剧下降，城乡学校资源的分布格局与均衡配置受到冲击。绝大多数县（市区）不同程度地存在主城区、县城、中心镇区中小学占地面积、校舍面积和体育运动场地不足，班额过大等现象。而小规模学校和教学点数量多，分布散，由于在"撤与不撤"间观望，近年来其硬件条件变化不大，较为落后。

三 甘肃省基础教育资源合理布局对策建议

（一）完善现代学校制度建设，创新基础教育办学理念

逐步形成政府宏观管理、学校自主管理、社会广泛参与的办学格局，逐步推进各级政府对学校的分类管理和分别指导，激发中小学学校的改革与创新动力。全面落实"国家教育督导条例"，加强省地县三级教育督导机构建设和各级督学的能力建设，开展规范的教育督导活动。扎实落实教育部《全面推进依法治校实施纲要》，提高中小学学校治理法治化与科学化水平，构建政府、学校、社会之间新型关系。结合学校自身特点和需要，制定本校依法治校的具体办法。

改变单纯的以升学为导向的基础教育办学体系，改变简单的以规模效益为依据的学校布局思想，进一步优化区域内基础教育学校的布局，确保每个学生能够"上好学"。加快推进全省义务教育学校标准化建设，制订完善的省级基础教育阶段学校办学标准，以标准带动每个学校的改革与发展。建立城乡一体化的教师配置与教师流动制度，实现县域内教师的统一调配，实现学校之间、学区之间师资的均衡配置与合理流动。科学调整学校布局，合理配置教育资源，结合城镇化发展规划和人口流动趋势，调整学校规模和布局，合理分流学生。

（二）推动基础教育协调发展，实现义务教育均衡发展

将基础教育发展与和谐小康社会建设相结合，将精准扶贫与教育扶贫密切联系，在公共教育资源配置上，优先面向连片贫困县和插花县，逐步缩小省内的县际差距。在改善硬件条件的同时，突出强调基础教育对当地，尤其是农村地区的文化引领与科技普及的作用。在建设好每所学校的基础上，学习和借鉴其他地区义务教育学校建设经验，探索建设一批义务教育优质示范学校。

探索共同促进义务教育均衡发展新路径，建立城乡基础教育均衡发展的合作、互助、共享的责任体系。采取组建教育集团、学校联盟、名校办分校、强校托管弱校等措施，破解城市义务教育资源短缺造成的上学难、大班额、择校热等问题。[①] 建立学校联盟、探索集团化办学、提倡对口帮扶、实施学区化管理等新方式。积极推动优质教育资源共享机制改革，带动薄弱学校办学实力的整体提升。严格控制城市学校和城镇学校的超大学校规模与超大班级数量，合理布局小规模学校，确保学校规模和班级规模处于全国平均水平。

（三）保障基础教育持续发展，力推立德树人全面实施

组织开展教育行政人员的制度化培训，提高依法治教的能力与水平，增强教育政策决策的科学化水平。全面落实中学、小学校长专业标准，切实落实国家义务教育学校管理标准，创新中小学校长培训实践，使广大中小学校校长成为基础教育领域全面实施素质教育的引领者和实践者。强化师德为先的教师管理与教师发展机制，建立实践导向、问题导向、服务导向的教师继续教育制度。建立更为科学的教师工资绩效制度，探索建立农村中小学教师工资（增长）保障机制。逐步提高教育经费对人员培训能力建设投入的增

---

① 甘肃省教育厅：《甘肃省采取九项重大举措加快推进全省教育改革与发展》，http：//www.gsedu.gov.cn/Article/Article_21563.aspx。

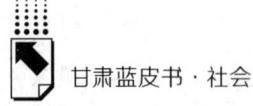

长比例，加强县级教师培训机构的基础设施建设，提升县级教师培训机构的服务能力。优先关注贫困地区和民族地区的校长培训和教师培训。

确保中小学课程改革全面实施，深入推进本省基础教育的改革。鼓励和支持建设适合地方的学校课程体系。强化基础教育领域中的德育体系建设。全面实施基于课程标准的教学与评价，减轻学生学习负担，促进学生的自主学习和创新学习。全面实施学校阳光体育，培养学生的运动精神、运动兴趣、运动技能和运动习惯，培养学生具有终身锻炼的习惯和自觉锻炼的行为。建设中小学美育教育体系和美育教育课程，确保美育课程的正常开设，切实提高中小学学生审美和人文素养，使美育成为学校文化建设、学生全面发展的重要内容。

（四）补齐民族教育发展短板，支持特殊教育发展

全面贯彻《国务院关于加快发展民族教育的决定》，站在国家发展、社会稳定和民族团结的战略高度，高度重视民族地区基础教育发展，在巩固民族地区义务教育入学率的基础上，稳步提高高中教育入学率。对民族地区建档立卡的家庭经济困难学生免除学费和学杂费，逐步实现家庭经济困难学生资助全覆盖。整合地方财政和社会力量，建立校、县（区）、市、省各层级奖学金制度，使优秀学生及其家庭没有后顾之忧。加强民族地区学校的民族特色校本课程开发和义务教育学校标准化建设。加大对民族地区基础教育的对口支持和援助，尤其注重对民族教师的培养，严格实施"控辍保学"，确保儿童入学率和巩固率。

着力提高特殊教育机构基础能力建设，保障每个残疾儿童的入学权利。实施特殊教育机构的标准化建设，在普通中小学中建设无障碍设施。有计划地对残疾儿童进行医学诊断和跟踪评估，建立基于医教合作的残疾儿童综合服务体系，重视特殊教育专业师资的培养和培训，实现教育与医学干预相结合。逐步在普通中小学中配备特殊教育专职教师、巡回指导教师和康复指导教师，努力提高随班就读儿童的学习成效，增强残疾学生继续学习、融入社会、独立生活和工作等方面的能力。

（五）改革评价体系，巩固高中普及率和提升高中质量

以《中国教育监测与评价指标体系》为依据，加强省级政府对地州与县市区教育发展的监测与评价，将工作重心逐步转向以质量为中心。全面落实《教育部关于推进中小学教育质量综合评价改革的意见》，制订省级中小学教育质量综合评价实施计划和行动，制订甘肃省中小学学业质量绿色指标，促进学生品德、学业、身心和兴趣特长等全方位的发展，促进学生参与社会实践活动。完善中小学教师考核与职称晋升制度，重点考察教师教育教学的实际能力与水平，从职业态度、专业素养、实践能力与教学效果等方面全面评价教师。注重学校自身的自我评价，注重社会和家长等多方面人员的参与；结合学校办学条件，围绕学校办学方向，评价学校办学能力与评判学校办学效果，以发展性指导引领学校评价的实施，改变学校之间盲目地简单比较的现象。

不断协调和妥善调整高中阶段普通高中教育与职业高中教育的结构比例，科学引导初中毕业生的分流和升学选择，合理满足学生的选择愿望。全面推进普通高中学校课程改革，建立可供学生自主选择、分层学习的学校课程与教学体系。逐步优化高中学校课程设置，加强研究性学习和拓展性学习，注重培养学生的兴趣和特长，促进学生的个性发展和自主发展。完善普通高中学生考试与评价制度，完善高中学生会考制度，规范高考与招生政策，全面推行高中学生综合素质评价多元化方式，建立基于学生成长档案袋的综合素质评价体系。有序推进普通高中多样化发展，建设和发展特色普通高中学校，改变片面追求升学率和千校一面的现象，形成全省普通高中学校多样化的格局。探索建立普通高中教育与职业高中教育相融合的机制，在普通高中教育中增加职业与技术教育内容，探索普职融合的综合高中模式。

参考文献

孙建海：《合肥市中小学教育资源合理布局研究》，合肥工业大学硕士学位论文，

2014。

尹文专:《统筹城乡建设中的基础教育资源合理配置对策研究》,《重庆科技学院学报(社会科学版)》2012年第18期。

乌仁塔娜:《内蒙古教育资源合理配置问题研究》,《内蒙古教育》2012年第1期。

甘肃省教育厅:《甘肃省基础教育发展十三五规划》。

B.8
甘肃省科技型创业发展形势分析与预测

袁凤香　许尔君　谢艳艳*

摘　要： 科技型创业是推进大众创业万众创新的重要载体，为有效发挥这一载体在带动社会就业、促进社会经济发展方面的重要作用，甘肃省积极规划和实施了科技型创业创新工程，以科研院所、高校为依托，以促进就业、发展经济为动力，积极实施和推进"双创"战略，涌现出了100多家市场化、专业化、集成化、网络化的众创空间，掀起了新一轮创新创业热潮。本报告拟从当前国际、国内科技型创业发展形势的分析出发，立足省情，在对甘肃科技型创业发展现状、存在问题分析的基础上，提出了相应的对策建议，并做了发展预测。

关键词： 科技创业　甘肃省

进入新世纪以来，随着移动互联网的发展，"设计制造领域出现了以用户创新、协同创新为理念的创新生活实验室、制造实验室及众筹、众包、众扶、众智等创新模式，激发了全球性的创客运动"[①]。目前，"以'众创空间'为代表的小微型科技创新正在全球范围掀起新一轮创新创业热潮。以互联网技术为依托的'软件创业'方兴未艾，由新技术驱动、以极客和创

---

* 袁凤香，甘肃省社会科学院副研究员，主要从事科技哲学研究；许尔君，甘肃省社会科学院研究员，主要从事党建等研究；谢艳艳，甘肃省科技情报研究所助理研究员，从事科技发展战略研究。
① 万劲波：《让"创客"创新创业常态化》，《中国科学报》，2015年3月23日。

客为重要参与群体的'新硬件时代'正在开启"①。这将给人类科研和创新活动理念及组织模式带来深刻变革，正在成为推动技术进步和区域经济增长的新引擎。

一 科技型创业的内涵和特征

1. 科技型创业的内涵

科技型创业是指创业者依托清晰的自主知识产权，以技术创新作为核心竞争力，依靠知识作为资本生产力，进行自主研发、设计，开发出具有较高科技含量与较强市场竞争力的产品或服务，从而获得较好的经济和社会效益的创业过程②。

通俗说就是指利用科技知识和技术，把个人的奇思妙想通过协作、开放、共享方式，创造出市场所需的新产品和新服务，实现价值追求的科技创新过程。

2. 科技型创业的特点

（1）高风险。科技型创业的风险主要体现在技术、市场、资金等方面。技术风险是指新开发的产品技术含量低于市场上的同类产品，导致产品失败；市场风险是指市场的动态性、不确定性，影响创业成功；资金风险是指科技型创业需要大量的资金投入，故面临着财务风险。

（2）高技术。初创期的科技型创业以技术的研究开发为主要经营手段，企业的主要功能和作用是创新，是改进现有或创造新的产品、生产过程或服务方式的技术活动。因此，科技型创业一般都有某项创新技术。

（3）高收益。科技型创业企业创造的新产品或新服务一旦投入市场获得成功，由于它的领先技术、品牌创新和高附加值，企业就可以获得超额的垄断利润，创业者、投资者就可以得到数倍于原始投入的巨大收益。

---

① 白春礼：《创造未来的科技发展新趋势》，《人民日报》，2015年7月5日。
② Hsu D. H. Technology – based Entrepreneurship［J］. Handbookof Technology and Innovation Management，2008（3）：367 – 388。

二 科技型创业国内外发展形势分析

(一)国际发展形势

国外科技型(高新技术)创业主要是通过创客及创客空间推动发展的。"创客"一词来源于英文单词"Maker"是指那些喜欢自己动手,把各种新创意转变为新产品的人。创客空间是以技术创新为核心、以市场需求为导向,聚焦多学科跨界,向社会开放的创客聚集、创意汇聚、产品孵化的场所,具有开放、共享、协作、创新的特点。创客空间缘起于西方的 DIY 运动,从最早的"私家车库"到"兴趣俱乐部"再到"创新实验室"。全球第一家真正意义上的创客空间是 1981 年诞生于德国柏林的 Chaos Computer Club(混沌电脑俱乐部)[1]。此后,创客运动迅速在欧美发展,掀起了全球第三次创新创业浪潮。"根据全球创客空间维基站点的统计,截至 2015 年 5 月,全球共有 1899 个创客空间,分布超过 120 个国家。"[2] 这些创客空间,通过为广大创客提供创意交流、产品制造及技术培训平台,有效地推动了科学普及、娱乐游戏与研发创新的融合,促进了开源研发与个性制造的发展,有利于颠覆性技术的出现和新兴产业的培育。

(二)国内发展形势

我国的创客运动虽然发展较晚,但优势明显,它们既借鉴了国外创客空间的优点,又结合了地区发展的特征,内容丰富,模式多样,规模超强,在推动"大众创业、万众创新"国家战略实施中发挥了巨大的引领与示范作用。

1. 从创客空间到众创空间

我国第一个创客空间是李大维在 2010 年上海建立的"新车间",它是

---

[1] 李冰:《全球知名的创客空间(组图)》,《海南日报》,2015 年 3 月 20 日。
[2] 张茱楠:《国际创新创业发展战略新趋势及启示》,《宏观经济管理》2016 年第 1 期。

以物理计算、开源硬件和物联网开发利用为使命的一个非营利组织，是一个为创客交流、分享和共创的开放平台。2011年，北京创客空间、深圳柴火空间、杭州洋葱胶囊创客空间相继成立，随后全国的创客空间如雨后春笋般涌现。众创空间一词在国外并未出现过，2015年2月，是国家科技部在调研北京、深圳创客空间、孵化器基地等科技创业服务机构的基础上，总结提炼出的一个新词，是创客空间中国化的产物。

2. 政府重视

习总书记说："创新是社会进步的灵魂，创业是推动经济社会发展、改善民生的重要途径。"[①] 为深入推动科技创新创业，国家相继出台了《加快科技服务业发展的若干意见》《中国制造2025》《积极推进"互联网+"行动的指导意见》《关于发展众创空间推进大众创新创业的指导意见》《关于加快众创空间发展服务实体经济转型升级的指导意见》等一系列普惠性政策全方位支持创业创新，营造了有利于大众创业、市场主体创新的政策制度环境，使创新创业环境不断得到优化。

3. 发展迅猛

目前，众创空间在我国已形成发展基础，有了一定的规模。截至2015年底，全国各类众创空间达2345家，拥有科技企业孵化器2530家，共4875家[②]，它们与11个国家自主创新示范区和146个国家高新区，形成了完整的创业服务链条和良好的创新生态。在孵企业超过10万家，培育上市和挂牌企业600多家，吸纳就业人数超过180万人[③]。腾讯开放平台发布的《2016创新创业白皮书》显示，目前全国创投机构总量接近3000家，到2016年底中国众创空间数量或超过4000家。

4. 成效逐现

在经济下行压力之下，"双创"工作逆势而上，发展势头良好，成效逐

---

① 习近平：《创新是社会进步的灵魂》，《第一财经日报》，2013年11月9日。
② 资料来源于《2016中国创新创业报告》，2016年9月10日，优客工场、标准排名发布。
③ 万钢：《坚持创新驱动强化科技引领，实现"十三五"良好开局》，在2016年全国科技工作会议上的报告。

步显现。(1) 就业人数明显增长。在双创背景下，中国实现了连续3年来每年新增城镇就业人员1300万以上，目前每天新增1.5万家企业，这些新增企业支撑了就业。例如：腾讯公司通过支持小团队创业，帮助解决了2000多万人的就业问题①。(2) 技术市场交易明显增长。2015年底，国家技术转移示范机构达453家，技术（产权）交易机构30家，技术交易总额达到9835亿元，同比增加约14.7%②。(3) 战略性新兴产业持续增长。据国家发改委发布的消息："2016年上半年，战略性新兴产业主营业务收入同比增长11.6%，较上年同期提高0.6个百分点；利润总额同比增长18.9%，较上年同期提高3.5个百分点"③。

三 甘肃省科技型创业发展现状

科技型创业是推进大众创业万众创新的重要载体，为了有效发挥这一载体在带动社会就业、促进社会经济发展方面的重要作用，甘肃省积极规划和实施了科技型创业创新工程，以科研院所、高校为依托，以促进就业、发展经济为动力，积极实施和推进"双创"战略，涌现出100多家市场化、专业化、集成化、网络化的众创空间，掀起了新 轮创新创业热潮，呈现以下特点及发展趋势。

1. 发展形势良好

顺应"双创"潮流，积极应势而为，呈现良好的发展势头。2015年甘肃省建有省级众创空间61家、国家级众创空间14家，各类科技企业孵化器34个（国家级2个），省级创新创业导师242名、火炬创业导师10名，张掖市被认定为创新创业示范城市。兰白高新区入选科技部首批25家科技服务业试点区域，5家科技企业孵化器获批为国家级孵化器，14家众创空间纳

---

① 《李克强与中外顶级创客刮起"头脑风暴"》，人民网，2016年10月13日。
② 万钢：《坚持创新驱动强化科技引领，实现"十三五"良好开局，在2016年全国科技工作会议上的报告。
③ 林念修：《2016上半年双创呈现"六增长"》，《科技日报》，2016年8月29日。

入国家级科技企业孵化器管理服务体系。目前，入住61家省级众创空间的有大学生创业企业（团队）1249个、留学归国创业企业（团队）53个、科技人员创业270个，吸纳社会就业13044人，其中吸纳应届大学毕业生3543名[①]。2016年拟认定省级众创空间42家。

2. 资源共享能力大幅提升

一是整合资源，提升资源共享能力。首批"大型仪器协作共享平台"向社会开放仪器和设施的单位有23家，开放大型科学仪器设备1183台（套）。在甘所有实验室、工程（技术）研究中心向创客、创业团队及创业企业提供有效开放共享。二是公共创新服务平台上线。"科聚网"和"兰州科技大市场"是由政府主导的大型公共科技创新服务平台，它的上线，实现了科学仪器与设施、科技文献、技术转移、检验检测、创业孵化、研究开发、知识产权、投融资等综合科技服务，为创业者提供了方便快捷的一站式服务。三是成效逐显。截至目前，"科聚网"整合各类文献信息7.2亿条，科技成果8147项，咨询专家9366人，技术交易100.56亿元，服务项目290项。

3. 创新创业环境不断优化

一是政策支持和保障。为了贯彻落实国家"双创"政策，甘肃结合省情，制定出台了系列实施措施，如《甘肃省加快科技服务业发展实施方案》《甘肃省发展众创空间推进大众创新创业实施方案》《关于进一步优化中小微型企业发展环境的意见》《重大科研基础设施和大型科研仪器向社会开放共享的实施意见》等，政策叠加为创新创业者提供了有力的政策支持和保障。二是加强对中小微企业的知识产权保护。设立了国家知识产权局专利局兰州代办处，通过推广在线申请、登记等方式为专利申请人提供便利。积极开展知识产权相关法律法规、典型案例的宣传和培训，增强中小微企业知识产权意识和管理能力，推进科技创新。

---

① 有关甘肃的数据，都来源于甘肃省科技情报所及科技厅门户网站。

4. 典型引领创新创业示范

一是兰白创新改革试验区建设进入快车道。随着《兰白科技创新改革试验区发展规划（2015~2020）年》颁布实施，兰白科技创新改革试验区建设进入快车道。2015年整合财政资金20亿元，设立了兰白科技创新改革试验区技术创新驱动基金，效益良好，"累计帮助229家科技型中小企业获得贷款融资10.09亿元，首批发起设立的4家子基金总规模已达到16亿"①。2016年9月25日，在"兰白科技创新改革试验区与张江国家自主创新示范区科技合作对接暨合作协议签约仪式"上，兰白科技创新改革试验区新增三家股权投资子基金，共计26亿元，其总规模已达50亿元，将进一步为科技型企业拓宽融资渠道，缓解兰白试验区科技型企业融资难的问题。二是张掖市获小微企业创业创新示范城市称号。2015年，张掖市成功入围全国首批15个小微企业创业创新基地示范城市，获得国家3年6亿元的奖励资金支持。目前，启动了10个创业创新示范基地，建设众创空间27家，有6家众创空间被认定为省级众创空间，创业导师达到150名。2015年，张掖市新增高新技术企业7家，全市技术合同交易额13.5亿元，其中小微企业技术合同交易额达到12.2亿元，全市拥有授权专利1383项，其中小微企业授权专利达到692项，全市当年新增各类市场主体12630户，新增注册资本185.5亿元，新增小微企业3448户，增长89.8%；全市小微企业首次突破1万户。

5. 多元化投入体系逐步健全

一是由政府财政出资20亿元作为兰白试验区技术创新驱动基金，支持兰白试验区的建设和运营。二是鼓励种子资金和天使投资基金等进入众创空间和科技企业孵化器，已有20家众创空间设立了种子基金，天使投资16家，32家企业获得A轮投资。三是建立了"政、投、银、企、保"等多方参与的风险分担机制，促进小微企业发展。四是积极探索开展知识产权质押金融服务。2016年科技计划项目中，甘肃省科技厅整合1340万元资金，根据对61家省级众创空间的考核评估结果，分别支持了57家众创空间和80

---

① 孙理：《创新基金为科技型中小企业提供支持》，《兰州日报》，2016年5月18日。

家科技型"双创"小微企业,又积极协调发改委专项资金1540万元,加大了对众创空间的补贴力度,省人社厅集中财政资金7000万元,加大对创业创新基地建设的投入。通过财政资金的引导,各类社会资源积极支持双创,截至2016年4月底,仅61家省级众创空间服务的团队及企业当年就获得投资总额4.09亿元。

6. 众创空间成效逐步凸显

以高等院校为依托的"交大创客之家"众创空间,吸引入驻创新创业团队70个,入驻小微企业数量25家;以企业为代表建立的"兰州创意文化产业园创意产业众创空间"入驻企业近百家,入驻率达到100%,为各类创意文化和科技人才提供就业岗位近1500个;以创业形式通过众筹方式创办的"船说创业咖啡"众创空间,打造了兰州的"青年创业一站式服务平台",形成了完整的"筛选—孵化—加速—毕业"孵化链,吸引入驻创新创业团队和小微企业共57家,带动甘肃省内就业1500多人。

四 甘肃省科技型创新创业发展面临的困境和挑战

1. 科技创新创业投入不足

近年来甘肃对科技的投入虽然逐年有所增加,但与发达省份相比还有一定的差距,特别是三级财政对科技的投入远远不足,不能满足科技事业迅速发展的需要。2015年,甘肃省地方财政科技支出占地方财政支出的比重只为0.83%,居全国的第29位,其中甘肃省本级为1.42%,市州级为1.53%,而县市级仅为0.45%,县市级的政府科技投入力度远远不足。2015年,甘肃省研究与试验发展(R&D)投入占比仅1.22%。政府的这些引导性投入效应也难以对各个层次上的企业发挥作用。此外,甘肃省的科技创业风险投入机制尚未形成,一些企业R&D投入意识还不强,导致多数企业无力进行核心技术和前瞻性技术的战略研究,技术创新活动普遍维持在对一些低端技术的研发上。

2. 高层次创新人才短缺

甘肃省经济社会相对落后，严重影响了科技人才队伍的建设和发展。据中国社会科学院调查统计，近年来甘肃省人才规模综合指标在全国居24位，科学家和工程师人数居21位，科技人员和研发人员居22位[①]。据甘肃省科技情报所资料，2015年甘肃省54%的企业缺乏高层次人才和学术技术带头人，科研与综合技术服务业人均工资比全国平均水平低2.7万元。甘肃省集科研、开发、生产于一体的复合型、创新型、实用技术型人才缺乏。特别是难以打造高层次领军人才、高端技术人才创业的"强磁场"及形成科技创新和科技产业开发的"团队效应"。加之科技人员双向流动机制不健全，人力资本配置尚待优化，人才横向和纵向流动性不高，人才评价激励机制和服务保障体系不完善，人才脱颖而出的创新环境营造不够，均严重制约了甘肃省科技创业的步伐。

3. 科技资源配置失衡

近年来，甘肃的科技发展总体水平虽已达到西部平均水平之上，一些主要目标的实现程度达到了94.06%，但从总体上分析，甘肃科技创新发展还存在突出矛盾，市场在资源配置中的决定性作用较弱，科技资源的配置相对失衡，人才、资本、技术、知识自由流动的动能较差，全社会创新活力和创造效率较低，科技发展整体水平依然滞后。特别是区域间的科技资源配置率和聚集度存在较大差距。相比之下，兰白试验区的创新资源集中度较高，承载着甘肃省90%的科研机构、42%的大中型工业企业、75%的高校以及77%的科技人才。有34.6%的R&D活动单位、53.8%的R&D人员集中在兰州。而一些工业企业开展研发活动比较少，研发机构和科技型领军企业数量还较少，自主科技创新的能力较弱。科技资源配置失衡加大了"区域间科技落差"，导致科技发展的"马太效应"，即好的越好，差的越差。

4. 政策缺乏具体实施细则

甘肃省在支持科技发展方面的政策还是比较前瞻的，但是在实际指导科

---

① 卢吉平、刘婉琼：《甘肃省为高层次创新人才创造良好工作和创业环境》，《甘肃日报》，2010年3月18日。

技发展方面的作用没能完全发挥出来,究其原因,主要是一些政策缺乏配套措施,即缺乏实施细则支撑,导致政策无法有效实施或实施效果不佳,有的甚至不能落地,出现"只开花不结果"的尴尬局面,致使好的顶层设计、良好思路成了"政策汇编";有的政策在细化上不够,导致创新效果受到一定的制约;有些只是有大政策而无小细则,致使较为科学现实的政策和条例无法在企业、科研单位实施推进,从而沦为一纸空文;有的部分政策缺乏可操性的配套实施细则,致使政策落实难以到位;有的政策覆盖面比较窄或者政策优惠力度偏小;还有的是实施细则的目标与配套政策的目标不一致,实施细则与配套政策规定的作用范围不一致,进而影响了政策的执行效果。

五 针对困境和挑战应采取的相应措施

1. 拓宽融资渠道,加大科技创新创业投入

一是发挥财政资金杠杆作用。发展科技型创业,前期运行资金量较大,需要政府的支持和帮助。要充分发挥市场的主体作用和政府的主导作用,利用财政资金的放大和带动作用,通过财政资金补助,降低创业成本,撬动社会资金和金融资本投入科技型创业创新活动。二是加大政府对新产品的采购力度。通过制定政府采购新产品管理办法,运用首购、订购等政策,结合政府购买服务的方式,建立政府购买新产品和新服务的政策体系。通过政府购买方式,支持科技创新服务平台开展项目路演、创业培训等服务,助力科技创新企业发展。三是拓宽科技融资渠道。要通过"政、银、保、企"多方合作平台,在平等、自愿、诚实、信用的基础上,建立起以政府科技产业政策为主导、以多方共建的风险补偿基金为后盾、以银行贷款投入为基础、以贷款保证保险为保障的合作小额贷款体系,解决科技小微企业的融资难问题。四是积极推进众筹互联网融资平台建设。要充分利用互联网快速便捷的优势,逐步建立起具有公信力的众筹互联网融资平台,拓宽募集资金渠道,助力科技创新企业发展。

2. 建设科技型创新创业人才队伍

一是积极支持科技人员离岗创业。鼓励全省高校、科研院所和国有企事业单位的专业技术人员离岗创业。创业期间，5年内可保留其原有身份和职称，档案工资正常晋升。二是支持高端人才引领创新。通过"走出去，引进来"的方式培养高端领军人才。"走出去"就是把具有一定科技专业知识的人员送到先进地区去培训学习，学习先进的技术、管理经验和理念，学成归来引领创新。"引进来"就是把海内外高层次科技人才（团队）引来甘肃创业，重点支持具有广阔市场前景和可观预期效益的重大科技创新创业项目，培养聚集一大批具有科技创新创业示范引领作用的人才。三是搭建创新创业平台，发现培养人才。通过举办创客成果展，对优秀的创客群体和个人除表彰和奖励外，还要把他们纳入属地相关科研人才及创新团队的培育计划中，进行培养。通过组织创新创业大赛，发现、培养科技创新人才。

3. 加快科技示范基地建设

一是深入实施"六个一百"企业技术创新培育工程。重点扶持一批科技"小巨人"企业做大做强，加快大学科技园、留学人员创业园、文化创意产业园、兰州新区科技创新城等科技企业孵化器建设，认定一批科技型企业和省级科技企业孵化器。二是充分发挥兰州科技大市场的带动作用。加强与北京大学土壤修复和DDS烟道除尘项目合作、与中科大农作物转基因和太阳能项目合作。三是组织实施甘肃省大众创业万众创新"百千万工程"，新认定一批省级众创空间、创新创业导师、创新创业示范城市，开展"创业导师陇原行"系列活动。

4. 加强科技创新法制化建设

一是落实《促进科技成果转化条例》，加快科研事业单位科技成果处置和收益分配权改革，提高科研人员成果转化收益比例，加大科研人员股权激励力度。针对技术市场、创业孵化、信息服务、知识产权、科技咨询等方面，加快制订一批促进成果转移转化的配套法规政策。二是深化知识产权法制建设与保障。严格落实《知识产权保护法》和《甘肃省专利保护条例》，修订和完善《甘肃省专利保护条例》，健全激励知识产权创造应用和惩治侵权的知识产权保护法律法规。三是加强专利行政执法、市场监管和法律援助，健全省、市、县三级部门行政执法体系。

六 甘肃科技型创新创业发展形势预测

随着创新驱动发展战略的深入实施，"双创"已成为实施创新驱动发展战略的重要载体，推进改革的重要举措，培育发展新动能的重要动力。甘肃作为西部内陆欠发达省份，必将紧随全国创新创业的大好形势，在未来相当长的一段时间内，将保持持续向好的势头，也将会为创业投资发展带来很多的市场机遇。投资规模仍居高位，但会趋于理性化，对人工智能、虚拟现实等技术创新项目的投资将更受青睐，"天使投资＋合伙人制＋股权众筹"将成为主流创业模式。

从政策层面看，各级政府对"双创"的政策支持力度有增无减，将会使创业环境不断得到全面优化，创业成本越来越低。

从市场层面看，新能源、新材料、智能制造、生物技术、信息技术、节能环保等战略性新兴产业将得到迅猛发展和普及应用。

参考文献

《甘肃省"十三五"科技创新规划》，甘政办发〔2016〕166号，2016年9月30日。
《甘肃省加快科技服务业发展实施方案》，甘政办发〔2015〕143号，2015年9月30日。
《甘肃省发展众创空间推进大众创新创业实施方案》，甘政办发〔2015〕79号，2015年5月29日。

B.9
甘肃省就业形势分析与预测

刘徽翰*

摘　要： 在新形势下，甘肃就业形势保持了总体稳定的局面。一些新的就业增长点已经形成，创业成为就业的重要组成部分。返乡农民工逐年增多，返乡农民工创业为经济发展、吸纳就业起到了积极作用。但与此同时，影响就业的长期性、结构性问题依然存在，为此，仍然要大力发展经济，创造新的就业岗位，提升劳动力人力资本，提供更加精准化的就业服务，特别是技能培训和创业知识培训，更好地服务就业和创业。

关键词： 甘肃　农民工　返乡创业　就业形势

就业是民生之本，更是关乎社会稳定的重要问题。在中国经济下行趋势日益明显的背景下，一些长期积累的结构性、系统性社会问题逐渐凸显出来。在此形势下，就业不仅是保持经济正常增长和持续发展的重要保证，也是维护社会稳定和优化社会结构的重要力量。近年来，为了应对经济下行压力，中国政府运用各种财政金融调控手段稳定经济增长，同时千方百计保证就业稳定。"2016年上半年，中国经济依然保持了6.7%的增长率，今年前5个月，我国城镇新增就业577万人，失业率仍处在较低水平。"[①]

---

* 刘徽翰，甘肃省社会科学院哲学社会学研究所助理研究员，主要研究方向为社会问题、社会学理论。

① 《2016年上半年就业形势保持稳定》，中华人民共和国国务院新闻办公室网站，http://www.scio.gov.cn/32344/32345/33969/34785/34792/Document/1482898/1482898.htm。

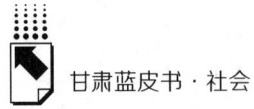

甘肃作为内陆欠发达省份,发展经济、改善民生、维护稳定的任务历来较为艰巨。面对持续加大的经济下行压力,甘肃省委省政府科学决策、综合施策,运用多种政策手段,促进经济稳健增长,各部门、各市州也加大工作力度,推进各项工作落实。近几年,甘肃每年新增城镇就业人数都超过40万人,输转城乡富余劳动力500万人以上。

除了传统就业形式以外,创业也越来越成为众多劳动者的就业选择。自20世纪90年代起,从中央到地方就一直鼓励支持创业,将其作为就业工作的一个重要组成部分。为了应对经济新常态下的经济下行压力,落实经济结构调整战略,适时推出了"大众创业、万众创新"的双创活动。各级政府通过各种政策引导、资金支持,营造有利的创业环境,吸引各类创业主体,特别是个体和小微创业主体,并希望通过激发全民创业活力,来增加更多的就业岗位。作为"大众创业、万众创新"活动的重要组成部分,农民工返乡创业是近年来备受关注和政府重点扶持的就业工程。作为一个劳动力输转大省,甘肃每年输转城乡富余劳动力都达500万以上。随着农村劳动力输入地经济下行压力持续增大,企业开工率下降,加之省内各地农业生产规模化、现代化程度不断提高,精准扶贫工作不断深入,就业创业机会日益增多,越来越多的外出务工人员选择回到家乡就业、创业。近几年来,甘肃每年都有4万~5万名外出务工人员返乡创业。农民工返乡创业,不仅仅创造了自己的事业,也为更多的人提供了就业岗位,为地方经济发展创造了效益,带来了新的动力。

一 全省就业工作稳步开展,就业形势总体稳定

近年来,甘肃省深入贯彻落实国家的各项就业政策,出台多项促进就业和创业的政策措施,以全省"为民办实事"就业系列项目、基层服务项目和事业单位公开招聘为主导,积极吸纳高校毕业生就业;以各级各类劳动力为抓手,促进城乡劳动力就业;以开发公益性岗位为依托,帮助城镇失业人员再就业;

以国家返乡创业试点为契机，推动农民工等返乡人员就业创业，逐步形成了全民参与就业、社会支持就业的良好局面。全省各地就业工作稳步开展，就业形势总体稳定。

一是全省经济运行呈现稳中有升、稳中有进、稳中有好的发展态势，就业形势总体稳定。2016年上半年，全省实现生产总值2720.99亿元，同比增长7.8%。与此同时，甘肃就业形势总体稳定。截至6月底，全省城镇新增就业人数30.95万人，同比增长4.6%；输转城乡富余劳动力472.6万人。[①] 两项指标均高于上年同期水平。

二是积极推动各项创业活动，创业主体持续增加。近几年，甘肃省积极贯彻落实国家有关促进就业创业的政策措施，连续出台了《甘肃省人民政府办公厅关于支持农民工等人员返乡创业的实施意见》《甘肃省推动全民创业促进就业若干政策规定的通知》《甘肃省大力推进大众创业万众创新实施方案》等多项促进就业创业的政策文件。这些政策措施的制定和出台，增强了市场信心，激发了各类创业主体的创业热情，降低了创业成本，带动了经济发展和就业增长。到2016年6月底，"全省新增市场主体55.9万户，新增注册资金8405亿元，新增从业人员164.7万人，累计发放'三证合一'营业执照16.69万份；全省市场主体总量达到132.97万户，注册资金达到2万亿元，从业人员达到384.94万人。其中全省非公经济市场主体达到130.36万户，占市场主体总数的97.56%，全省私营企业和个体工商户2016年新增从业人员38.65万人，同比增长9.7%"[②]。同时，民间资本对于创业主体的支持力度不断增大，截至目前，"甘肃认定的61家省级众创空间用半年时间吸引民间资本近2.4亿元，吸纳就业超过1万人，入驻创新创业团队超过1000个"[③]。此外，农民工返乡创业持平稳增长态势。近几年来，甘肃每年都有4万~5万名外出务工人员返

---

① 甘肃省统计局：《2016年上半年全省经济运行情况》，http://www.gstj.gov.cn/www/HdClsContentDisp.asp?Id=32385。
② 杜昱欣、呼双鹏：《12月1日起甘肃将整合个体工商户营业执照和税务登记证》，人民网甘肃频道，http://gs.people.com.cn/n2/2016/0804/c183348-28782152.html。
③ 秦娜：《民间资本强力助推甘肃省众创空间发展》，《甘肃日报》，2016年6月6日。

乡创业。"2015年甘肃省新增返乡创业4.8万人,直接带动农村劳动力就业22万人。"①

三是大学生就业率稳步提高,就业情况向好。大学生历来是就业的重点群体,也是就业工作的重点对象。2016年,甘肃省参加就业的高校毕业生数量突破了20万人,"据今年5月份统计,2016年甘肃省大学生就业率比2015年提高了14个百分点,整体情况好于去年"②。这一方面是因为当期小微企业、民营企业用人的需求量很大,用工机制灵活并且待遇较好,从而吸纳了大量毕业生就业。另一方面也是由于部分高校毕业生积极转变就业观念"先就业后择业",主动适应新的经济社会发展形势,提升了高校毕业生当期就业率。此外,2016年甘肃继续统筹实施"选聘大学生村官工作"计划、高校毕业生从事"三支一扶"计划、"农村义务教育阶段学校教师特设岗位"计划、"大学生志愿服务西部"计划等四个基层服务项目。2016年新增一项引导10000名贫困大学生(来自贫困家庭和就业困难家庭)到各类企业服务,其中3000名学生到公建民营村级幼儿园服务。这些政策类就业项目的持续实施,不仅加强了基层政府的公共服务能力,更为本省高校毕业生就业打下了稳固的基础。

四是产业结构调整引发就业岗位及区域性变化。在当前产业转型升级的过程中,通过服务为产品创造高附加值的转型趋势日益明显。虽然传统制造业的用工量持续减少,但快递物流、电子商务、文化创意产业等新行业、新业态的大量涌现,为大量劳动力提供了新的就业岗位。

二 当前甘肃就业主体的构成合理,劳动力市场格局基本稳定

截至目前,甘肃的就业形势与往年相比,仍然保持了总体稳定的格局。

---

① 邱小平:《积极促进农村贫困人口转移就业》,《行政管理改革》2016年第7期。
② 《今年甘肃省大学生就业整体情况好于去年》,每日甘肃网－西部商报,2016年5月19日。

一是就业主体的构成基本稳定,其中大学生、农民工、就业困难群体(低技能、贫困家庭、社会资本不足)占到了新增就业人员的大多数。二是劳动力需求最多的主体仍然为各类企业,其中私营企业仍然是吸纳新增就业人员最多的市场主体。三是就业人口的群体特征,比如性别比例、年龄结构、学历层次依然延续往年趋势,即男性多于女性,男性就业较女性相对充分,市场需求仍然集中在34岁以下人口,学历层次需求最多为高中,其次为大专。下面,我们结合2016年第二季度甘肃省人力资源市场职业供求状况来具体分析。

(一)供求总体人数

2016年第二季度,全省12个地级市通过人力资源市场共招聘各类人员12.40万人,进入市场的求职者为12.56万人,求人倍率为0.99①,总体上呈现供过于求的局面(见表1)。

表1 供求总体人数

项目	需求人数(人)	求职人数(人)	求人倍率(倍)
本期有效数	124034	125635	0.99

资料来源:甘肃就业网,http://www.gssjyw.com。

(二)产业、行业劳动力需求状况

从产业结构上来看,2016年第二季度第一、第二、第三产业需求人数所占比重分别为9.52%、29.20%、61.27%(见表2)。目前第三产业依然是全省吸纳劳动力的主体,同时也是各类人员就业和再就业的主渠道。

---

① 求人倍率=需求人数/求职人数,表明人力资源市场中每个岗位需求所对应的求职人数。如0.8表示10个求职者竞争8个岗位。

表2 按产业分组的需求人数

产业类型	需求人数(人)	需求比重(%)
第一产业	11812	9.52
第二产业	36223	29.20
第三产业	75999	61.27
合 计	139734	100.00

资料来源：甘肃就业网，http://www.gssjyw.com。

2016年第二季度，从行业需求看，人员需求数量大的行业仍然是制造业、建筑业、住宿和餐饮业、农林牧渔业、批发和零售业等这些传统的生活类服务行业。这五个行业的需求人数占到了总需求的55.59%，其用人需求比重分别为11.61%、12.24%、13.18%、9.52%和9.04%（见表3）。由此可见，这五个行业是本季度就业需求增加的重要领域，同时也可能是职业标准要求最少、门槛最低的行业。

表3 按行业分组的需求人数

行业类型	需求人数(人)	需求比重(%)
农、林、牧、渔业	11812	9.52
采矿业	3378	2.72
制造业	14397	11.61
电力、燃气及水的生产和供应业	4036	3.25
建筑业	15180	12.24
交通运输、仓储和邮政业	6978	5.63
信息传输、计算机服务和软件业	6765	5.45
批发和零售业	11214	9.04
住宿和餐饮业	16344	13.18
金融业	4073	3.28
房地产业	3975	3.20
租赁和商务服务	5024	4.05
科学研究、技术服务和地质勘查业	696	0.56
水利、环境和公共设施管理业	2614	2.11
居民服务和其他服务业	7623	6.15
教育	3510	2.83

续表

行业类型	需求人数(人)	需求比重(%)
卫生、社会保障和社会福利业	2013	1.62
文化、体育和娱乐业	2685	2.16
公共管理与社会组织	1717	1.38
国际组织	0	0
合　计	139734	100.00

资料来源:甘肃就业网,http://www.gssjyw.com。

(三)用人单位需求状况

从用人单位看,企业用人占主体地位,所占比重达90.64%。其中内资企业用人需求占76.89%,以私营企业和有限责任公司的用人需求较大,比重分别为19.08%、19.84%。国有、集体企业的用人需求比重为7.93%;港、澳、台商投资企业的用人需求比重仅为0.09%。机关、事业单位的用人需求比重仅为3.96%(见表4)。这一方面说明甘肃经济的外向性和开放性仍有待有提高,另一方面也表明在当前社会流动性减弱、社会分层日益清晰的大背景下,职业已经成为社会分层最主要的表现形式。

表4　按用人单位性质划分的需求人数

单位性质	需求人数(人)	需求比重(%)
(1)企业	112423	90.64
其中:①内资企业	86445	76.89
其中:国有企业	3902	3.47
集体企业	5016	4.46
股份合作企业	4732	4.21
联营企业	2710	2.41
有限责任公司	22304	19.84
股份有限公司	15203	13.52
私营企业	21445	19.08
其他企业	11133	9.90
②港、澳、台商投资企业	105	0.09
③外商投资企业	146	0.13

续表

单位性质	需求人数(人)	需求比重(%)
④个体经营	25727	22.88
(2)事业	3083	2.49
(3)机关	1821	1.47
(4)其他	6707	5.41
合计	124034	100.00

资料来源:甘肃就业网,http://www.gssjyw.com。

(四)职业供求状况

从各类职业的需求状况来看,商业和服务业人员、生产运输设备操作工是用人需求的主体,所占比重分别为23.99%、23.02%,二者合计占全部用人需求的47.01%。从求职情况看,求职人员相对集中的也是商业和服务业人员、生产运输设备操作工,所占比重分别为20.28%、15.98%,二者合计占总求职人数的36.26%(见表5)。这种需求状况与前几年的情况未发生明显变化,但是进入市场的就业人口和需求主体数量都有所下降。

表5 按职业分组的供求人数

职业分组	需求人数	需求比重(%)	求职人数(人)	求职比(%)	求人倍率(倍)
单位负责人	8176	6.59	6808	5.42	1.12
专业技术人员	18488	14.91	22518	17.92	0.78
办事人员和有关人员	14952	12.05	13935	11.09	1.01
商业和服务业人员	29761	23.99	25482	20.28	1.09
农林牧渔水利生产人员	9857	7.95	7949	6.33	1.16
生产运输设备操作工	28547	23.02	20082	15.98	1.31
其他	14253	11.49	21518	17.13	0.64
无要求	—	—	7343	5.84	—
合计	124034	100.00	125635	100.00	—

资料来源:甘肃就业网,http://www.gssjyw.com。

（五）求职人员构成状况

在所有求职人员中，在业、在学、退休求职人员很少，但失业人员（包括新成长失业青年、就业转失业人员、其他失业人员）所占比重达68.58%，其中新成长失业青年41828人，占33.29%，而这个群体之中，高校应届毕业生占比超过了54%，就业转失业人员的比例也值得重视，这表明过去乃至现在相当一部分就业人员的就业稳定性不高（见表6）。

表6 按求职人员类别分组的求职人数

求职人员类别	求职人数（人）	求职比重（%）
新成长失业青年	41828	33.29
就业转失业人员	16353	13.02
其他失业人员	27981	22.27
在业人员	4561	3.63
下岗职工	6251	4.98
退休人员	3114	2.48
在学人员	3862	3.07
本市农村人员	15961	12.70
外埠人员	5724	4.56
合计	111825	100.00

资料来源：甘肃就业网，http://www.gssjyw.com。

（六）招聘、应聘条件状况

1.性别

从需求方即用人单位对劳动者的需求看，87.2%的用人需求对求职者的性别有明确要求；其中，对男性的需求比重为49.88%，对女性的需求比重为37.31%。从供给方即求职者的性别结构看，男性的求职人数多于女性，占56.32%。从供求状况对比看，男性的求人倍率为1.00，女性的求人倍率为0.97（见表7）。无论是需求人数还是求职人数，男性都超过了女性，但是从求人倍率而言，男性仍然高于女性，换句话说，男性在劳动力市场上相对女性仍然具有性别优势。

表 7 按性别分组的供求人数

性别	需求人数(人)	需求比重(%)	求职人数(人)	求职比重(%)	求人倍率(倍)
男	61873	49.88	70752	56.32	1.00
女	46281	37.31	54883	43.68	0.97
无要求	15880	12.80	—	—	—
合 计	124034	100.00	125635	100.00	—

资料来源：甘肃就业网，http：//www.gssjyw.com。

2. 年龄

从用人单位对求职人员年龄的要求来看，93.98%的用人需求对劳动者的年龄都有所要求。16~34岁的劳动力需求构成了单位用人需求的主体，占到总需求的62.25%（见表8）。

表 8 按年龄分组的供求人数

年龄	需求人数(人)	需求比重(%)	求职人数(人)	求职比重(%)	求人倍率(倍)
16~24岁	27413	22.12	29025	23.10	1.00
25~34岁	49733	40.13	47336	37.68	1.11
35~44岁	29058	23.45	34522	27.48	0.90
45岁以上	10266	8.28	14752	11.74	0.76
无要求	7564	6.02	—	—	—
合 计	124034	100.00	125635	100.00	—

资料来源：甘肃就业网，http：//www.gssjyw.com。

3. 文化程度

从用人单位对求职人员文化程度要求来看，91.63%的用人需求对求职者文化程度有要求，其中高中的用人需求占总体需求的37.49%，初中及以下的用人需求占总体需求的17.80%，而大专及以上文化程度的需求达到了36.34%，本科生和研究生的求职人数与上年同期相比，呈现明显增长态势，这表明甘肃劳动力市场的"文凭取向"正变得愈加明显。

表9 按文化程度分组的供求人数

文化程度	需求人数(人)	需求比(%)	求职人数(人)	求职比重(%)	求人倍率(倍)
初中及以下	22080	17.80	29965	23.85	0.82
高中(职高、技校、中专)	46497	37.49	43626	34.72	1.15
大专	24378	19.65	28120	22.38	0.95
大学	19545	15.76	21628	17.21	0.99
硕士以上	1151	0.93	2296	1.83	0.58
无要求	10383	8.37	—	—	—
合计	124034	100.00	125635	100.00	—

资料来源：甘肃就业网，http://www.gssjyw.com。

4. 技术等级或职称

从用人需求对技术等级要求来看，对技术等级有明确要求的占总需求人数的54.52%，主要集中在职业资格五级、职业资格四级和初级专业技术职务这些中低技能资质（见表10）。由此可见，目前甘肃劳动力市场的求职者技术等级和职业资格普遍较低，求职者对于提高职业资格和技术能力的现实压力不够，供求双方的"技术含量"仍然处在初级阶段，创新驱动的结构转型任重而道远。

表10 按技术等级分组的供求人数

技术等级	需求人数(人)	需求比重(%)	求职人数(人)	求职比重(%)	求人倍率(倍)
职业资格五级(初级技能)	16968	14.50	16349	13.16	1.47
职业资格四级(中级技能)	8670	7.41	7654	6.16	1.56
职业资格三级(高级技能)	6547	5.59	5111	4.11	1.71
职业资格二级(技师)	4613	3.94	3564	3.83	1.40
职业资格一级(高级技师)	2497	2.13	3564	2.87	1.13
初级专业技术职务	14036	11.99	12659	10.19	1.54
中级专业技术职务	7286	6.22	5983	4.82	1.65
高级专业技术职务	3202	2.74	2185	1.76	1.89
无技术等级或职称	—	—	65955	53.10	0.43
无要求	53242	45.48	—	—	—
合计	117061	100.00	124215	100.00	—

资料来源：甘肃就业网，http://www.gssjyw.com。

三 甘肃省就业压力仍然较大，就业形势不容乐观

（一）就业压力增大，就业形势不容乐观

虽然2016年上半年甘肃省就业形势总体稳定，在某些指标方面有所增长，但总体就业压力仍然较大，就业形势不容乐观。一是甘肃大部地区还是以传统农业经济为主，经济总量小，市场化、产业化、规模化程度不高，靠天吃饭的情况依然比较突出。现有和新增的非公经济主体和创业主体，规模普遍较小，经营情况不稳定、成长性和可持续性较弱，吸纳就业和保持稳定就业的能力不足。近年来，高校毕业生数量连年增长，就业渠道单一、就业岗位不足，导致未就业高校毕业生逐年呈累加扩大之势。同时，由于农村劳动力素质整体偏低、就业技能较为单一，经济增长能够带来的新增就业岗位十分有限。二是随着"三去一降一补"经济结构调整的逐步深化，受国内经济增速下滑、市场需求不足、实体经济经营难度加大等宏观因素影响，省内部分企业，特别是钢铁、煤炭、重工企业进行产业结构调整升级，化解产能过剩压力较大，经营出现低迷状态，用工需求相对减少，高新技术企业产值虽有所增加，但吸纳就业人口的弹性不大。三是新增的市场主体集中在服务业，尤其是生活类服务业。这些市场主体的发展严重依赖城市经济发展程度和居民消费能力以及城镇化发展水平，在大城市、地级市中心城区比较集中，在小城市和县城乡镇经营就比较困难。

（二）劳动力素质仍然偏低，市场人才供求不平衡

随着经济发展和企业转型升级，市场主体需求日益向智力型、知识型、管理型、技能型转变。甘肃省经济社会发展水平较低，很多新行业、新业态发展程度不足，贫困人口多，劳动力人口受教育水平普遍较低。重点就业行业为建筑业和服务业，近几年受经济下行压力影响，这些行业用工需求持续减少，客观上给劳动力就业带来了较大困难。

（三）高校毕业生就业形势异常严峻，就业难度增大

近年来，大学毕业生业就业形势日益严峻，就业压力越来越大，且呈现越来越难的趋势。一是目前大学生就业矛盾依旧突出，主要源于大学毕业生数量供需失衡。一方面是高校大幅扩招导致近几年毕业的大学生人数逐年持续攀升，另一方面受经济下行压力增大的影响，企业对大学生的需求持续减少。二是事业编制紧缺与高校毕业生就业的矛盾非常突出。随着经济社会发展程度越来越高，社会分工精细化程度也越来越高，面向社会公众的公共服务需求越来越多，尤其是社会保障、医疗卫生、科技教育等行业急需大量专业人才，但受体制、历史等多方面的限制，这些行业"很多事没人干"，而每年大量的高校毕业生又"很多人没事干"。社会需求和学校人才培养之间存在滞后、脱节等结构性矛盾。三是高校毕业生就业观念与现实用人需求存在一定距离。甘肃作为欠发达地区经济发展缓慢，各类资源整体上较为稀缺，本地毕业生自主创业难度大，高校毕业生对政府和社会的依赖性强。虽然毕业生就业观念比过去有了较大转变，但仍然与现实用人需求存在一定距离，"等靠要"的思想观念还不同程度存在，"不想找工作、不好好干工作"的现象屡有发生。部分毕业生对到企业就业普遍缺乏兴趣，认为只有机关事业单位的工作才算真正的"工作"。在经济形势普遍低迷的大背景下，体制内的岗位对高校毕业生的吸引力越来越大，而由此带来的竞争也愈加激烈。四是毕业生潜在就业人数不断增多。首先是应届毕业生当期就业率不充分，很多应届高校毕业生通过签订就业协议自主就业后，在毕业一年内改派回生源地。其次往届生沉淀较多，每年都有部分高校往届毕业生与应届生一起进入就业市场，对应届生形成了"挤出"压力，从而使得更多的应届生无法实现当期就业。再次是应届高校毕业生升学考研人数增加，形成了延迟就业现象。部分毕业生为延缓就业压力，增强就业竞争实力，选择升学考研，但毕业之后市场需求状况又发生了新的变化，导致就业挤压情况严重，就业压力增大。五是就业专项资金缺口大，地方财政配套不足。由于地方财政资金短缺，省内部分地区公益性岗位开发扩容难度增

大，职业培训补贴、职业技能鉴定补贴、社会保险补贴和就业见习补贴等就业扶持政策落实不到位，统筹推进城乡就业特别是高校毕业生的就业任务十分繁重，压力较大。

（四）返乡农民工逐年增多，农民工就业稳定性差

近年来，甘肃返乡农民工逐年增多。一是由于发达地区受经济下行和政策调控影响，部分企业倒闭、关停，出口生产企业订单减少，开工率不足；另外城市生活成本较高，农民工落户条件较为苛刻，因此很多被解雇的农民工选择返回家乡择业。二是受惠农支农政策影响，从事农业生产的前景较好，收入也比以往有所提高，面对就业压力，许多农民工选择返乡从事农业生产。三是部分农民工在外打工期间，学习掌握了一些先进的管理经验和先进技术、积累了一定规模的经济和社会资本，同时又由于家乡推出了吸引本地人创业的优惠政策，所以返回家乡进行二次创业。

但同时，大量农民工返乡也存在一定问题。一是当前返乡的农民工大部分年龄偏大，缺少技术特长，再就业难度相当大，需要政府及时引导，加大就业支持。二是就近年来众多农民工返乡创业的情况来看，这些创业实体（生产合作社、公司、企业）普遍存在规模小、劳动强度大、技术含量不高等缺点，融资困难、人才短缺、用地受限、发展前景不明等问题较为突出。三是返乡农民工在部分程度上又给地方社会发展带来了新的问题，比如子女入学、再就业、技术培训、社会融入、治安管理等。

目前，无论是全国还是甘肃，"80后、90后"新生代农民工已经成为农民工的主体。新生代农民工与老一代农民工相比，在受教育程度、就业期望值、消费水平等方面均较高，而在敬业程度、工作耐受力、职业持久性等方面较弱，部分农民工跳槽率高。还有一部分新生代农民工受教育程度低、缺乏技能，观念落后，跟不上当前产业结构优化升级的步伐，难以适应新的市场变化和要求，只能继续从事劳动密集型行业。整体而言，新生代农民工的就业稳定性差。

四 对策建议

(一)全力推动经济增长,继续稳定和扩大就业岗位

甘肃要充分利用各种政策红利,把握历史机遇,加速经济结构调整和转型进程,充分发挥扩大投资和项目建设带动就业作用,全力巩固原有就业岗位,大力开发新的就业岗位,实现经济增长与扩大就业良性互动。建立健全项目吸纳就业动态监测、失业动态重点监测报告、农民工返乡情况监测等制度,及时掌握人力资源市场供需情况,完善企业裁员备案制度,巩固和扩大就业岗位规模。

(二)深入推动大众创业带动就业

继续深入落实各项鼓励推动大众创业的政策措施,结合供给侧结构性改革,积极拓宽创业培训领域,培育电子商务、文化旅游、新兴服务业、现代金融业、医疗健康养生等新型创业业态。把基础设施建设、创业政策落实、创业平台建设和环境优化等结合起来,提高创业扶持精准度和成功率。

(三)加强定向职业技能培训,提高就业成功率和职业稳定性

根据需求方要求信息开展定向和精准式的职业技能培训。积极搭建校企合作平台,开展针对性强的"订单式"技能培训工作,充分发挥各类职业技术学院的培训示范试点作用,大力开发行业用工需求旺盛的专业基础技能培训专项服务活动,树立一些培训后直接上岗的培训品牌,吸引求职者参加培训掌握技能实现就业,提高求职人员适应工作岗位的能力,有效提高就业成功率和职业稳定性。

(四)多措并举促进返乡创业

首先各地要结合返乡农民工的创业特点、需求和本地经济发展特色,开

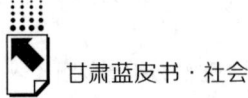

发有针对性的培训项目。其次适度放宽资金政策。创业启动资金短缺是制约农民工返乡创业的首要因素,政府应通过落实国家和省内有关政策,结合地方实际需求,鼓励和引导金融机构和民间资本支持推动农民工返乡创业。通过设立政府创业基金、社会创业基金扩大创业资金池。此外,还要做好宣传工作,引导社会舆论,营造创业、兴业的良好氛围。通过报纸、电视、网络等渠道,大力宣传鼓励创业的方针政策,宣传返乡创业的成功经验,激发外出务工人员的创业热情,形成社会各界关心、支持返乡人员创业的良好局面。

参考文献

李含琳:《中国西部农民工返乡创业的现状和对策》,《天水行政学院学报(哲学社会科学版)》2008年第6期。

丁竹君:《金融支持农民工返乡创业的现实思考》,《财会研究》2010年第21期。

易传和、谭璐、蔡婕萍:《农民工返乡创业收益因素研究》,《财务与金融》2012年第4期。

党佳娜:《西部返乡农民工创业能力评价》,西北农林科技大学硕士学位论文,2012。

赵剑鸣:《静宁县返乡农民工现状调查分析》,《甘肃农业》2015年第24期。

刘养卉:《返乡农民工再就业的路径选择——以甘肃省为例》,《生产力研究》2009年第21期。

墨媛媛、王振华、唐远雄:《甘肃省农民工创业群体特征分析》,《人口与经济》2012年第1期。

谭永生:《农民工返乡创业就业的现状、问题及建议》,《中国经济导刊》2011年第5期。

邱小平:《积极促进农村贫困人口转移就业》,《行政管理改革》2016年第7期。

B.10
甘肃省城乡普惠性幼儿园发展状况分析

吴绍珍 马亚萍*

摘　要： 建设普惠性幼儿园是党和国家为了促进学前教育普及，解决当前"入园难""入园贵"问题的有效途径，也是我国学前教育改革的必然要求和大趋势。甘肃省超前谋划、主动作为，城乡普惠性幼儿园规模发展迅速，毛入园率持续上升，经费投入大幅增长，教师数量迅速增加，保教质量逐步提升。但仍存在资金投入严重不足、优质公办幼儿园超规模、城乡普惠性幼儿园覆盖面小、教师数量短缺等方面的问题。依据存在的困境，本文提出了普惠性幼儿园发展建议，旨在推动甘肃省城乡普惠性幼儿园健康协调发展。

关键词： 甘肃省　普惠性幼儿园

普惠性幼儿园是当前学前教育发展的大趋势和顺应时代发展的必然选择。建设好普惠性幼儿园是我国学前教育发展的目标之一。普惠性幼儿园主要指覆盖城乡、面向大众、收费和布局合理、办学规范、质量有保障的公益性幼

---

* 吴绍珍，甘肃社会科学院哲学社会学研究所副研究员，主要研究方向为马克思主义中国化和社会学；马亚萍，甘肃省社会科学院西北少数民族女性与社会性别研究中心主任，甘肃统战理论研究基地特邀研究员，主要研究方向为民族社会学、中国伊斯兰教与穆斯林女性。

儿园，具有公平性、公益性、优惠性和有质量保证的特点。它包括部门、企事业单位、集体举办的公办幼儿园和市、县级人民政府依据相关法规和政策认定的普惠性民办幼儿园。甘肃省高度重视，积极贯彻国家相关法规和政策，抢抓机遇，统筹各方力量，强力贯彻落实好《甘肃省第二期学前教育三年行动计划（2014～2016年）》，公办幼儿园和普惠性民办幼儿园数量逐步提高，基本构建了以公办幼儿园和普惠性民办幼儿园为主体的普惠性学前教育公共服务体系，有力推动甘肃省普惠性幼儿园快速协调发展，但仍然存在较为突出的问题。因此，如何破解甘肃省普惠性幼儿园发展中的难题，促进学前教育公平、提高学前教育质量是摆在我们面前的一项重要而紧迫的任务。本文以甘肃省城乡公办幼儿园和普惠性民办幼儿园为主要研究对象，对定西市、陇南市、兰州市等地州市的乡村街道、安居小区、厂矿企业和异地搬迁安置点幼儿园进行了调研，并结合查阅文献资料，在深入了解和准确把握甘肃省普惠性幼儿园发展成就和存在的问题基础上，探寻甘肃省城乡普惠性幼儿园健康持续发展的策略，以期促进甘肃省学前教育事业更好更快发展。

一 甘肃省城乡普惠性幼儿园发展成效显著

甘肃省委、省政府高度重视学前教育工作，坚持把加强普惠性幼儿园建设纳入全省经济社会发展的总体规划中，置于工作的突出位置，抓住发展机遇期，多措并举，促进甘肃省城乡普惠性幼儿园快速发展。

（一）普惠性幼儿园规模发展迅速，毛入园率持续上升

甘肃省各级政府坚持问题导向，区分轻重缓急，实施重点突破，着力解决幼儿园存在的突出问题，学前教育规模得到了迅速发展，在园人数、毛入园率持续上升。2013年幼儿园总数比上年幼儿园总数增加429所，在园人数比上年增加69477人，学前三年毛入园率比上年提高了8.63个百分点（见表1）。2014年，新建、改扩建316所幼儿园，创建30所优质示范幼儿园，新增幼儿入园学位9万个，幼儿园总数比上年幼儿园总数增加330所，

公办园增加272所，民办幼儿园增加58所；在园（班）幼儿人数比上年增加70327人；学前教育毛入学率比上年提高3.85个百分点（见表1、图1）。2015年，在58个集中连片贫困县常住人口2000人以上的行政村新建幼儿园939所，甘南藏区新建幼儿园113所。创建40所优质示范幼儿园，新增幼儿入园学位12万个，幼儿园总数较上年增加500所，公办园比上年增加476所，民办园较上年增加24所（见图1）；在园（班）幼儿人数，较上年增加81005人；学前教育毛入学率比2013年提高了5.85个百分点，比2014年提高了2个百分点，比2015年省政府工作报告提出的55%的毛入学率增加了17个百分点（见表1），甘肃省提前6年完成教育规划纲要确定的战略目标，达到全国平均水平，超额完成省委省政府确定的年度任务，实现86个县乡镇中心幼儿园全覆盖。2016年，全省幼儿园总数6436所，认定和扶持一批普惠性民办幼儿园，创建40所优质示范幼儿园，优质示范幼儿园占比达到10%，比2011年新增幼儿园3979所，比上年新增幼儿园2465所；在园幼儿人数比上年增加151568人；学前教育毛入园率较2011年增加33个百分点，较上年增加3个百分点（见表1），实现第二期学前教育三年行动计划的总体目标，甘肃省被国家确定为学前教育改革发展实验区。由此可见，甘肃省城乡普惠性幼儿园资源逐年扩大，86个县（市、区）乡镇中心幼儿园全面覆盖，初步形成县、乡、村学前教育公共资源服务体系，学前教育入学率不断提高，"入园难"的问题得到有效缓解。

表1 2011~2016年甘肃省幼儿园各项教育数据

年份	幼儿园数(所)	幼儿人数(人)	毛入学率(%)
2011	2457	432181	42.00
2012	2712	480323	57.52
2013	3141	549800	66.15
2014	3471	620127	70
2015	3971	701132	72
2016	6436	852700	75

资料来源：甘肃省教育厅：《甘肃省2012年教育事业统计简报》（2013年1月27日），《教育统计分析报告（2015年第1期）》（2015年2月6日），《教育统计分析报告（2016年第1期）》（2016年4月29日）。

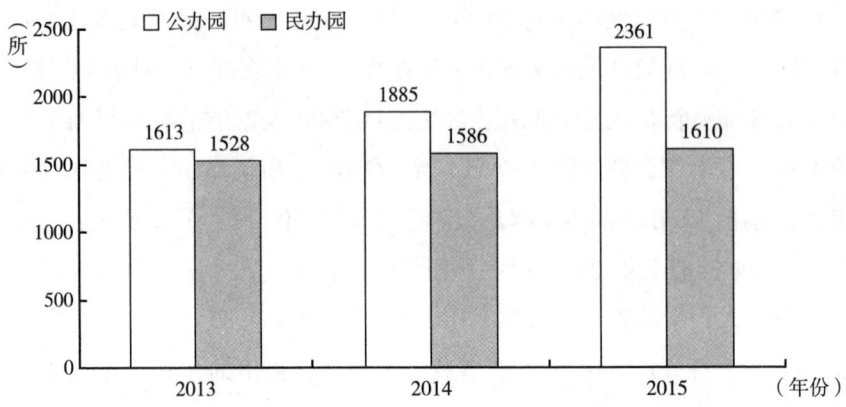

图1 甘肃省2013~2015年公办幼儿园、民办幼儿园数量

(二)城乡普惠性幼儿园经费投入大幅增长

甘肃省各级财政逐年加大对学前教育的投入,政府投入学前教育经费量增长幅度明显。目前,甘肃省确定的城市公办幼儿园生均公用经费标准是1400元/年,农村公办幼儿园生均公用经费标准1200元/年,其中:财政拨款标准为城市500元/年,农村400元/年。甘肃省从2016年起学前教育的全部经费由财政支出,所有公办园和民办园的幼儿财政按生均1000元/年给予补贴,全省接受免费学前教育适龄儿童约70万,这一普惠性政策意味着从2016年起甘肃省成为全国第一个率先实行学前教育全免费的省份。甘肃省在城乡普惠性幼儿园发展进程中,在基建投资和设备购置两方面的投资额度较大,并逐年显著增长。2014年,甘肃省教育厅"积极协调争取财政资金5.612亿元,给予每所新建幼儿园200万元、改扩建幼儿园80万元一次性补助,支持和保障幼儿园建设所需资金"[①]。2015年,"甘肃省多方整合筹集资金16亿元,按照每班20万元的标准,在58个集中连片贫困县2000人以上有需求的行政村依托小学建成幼儿园939所,在甘南州、天祝县等藏

---

① 蔡阳宗:《让每一个孩子赢在起跑线上——甘肃省推进学前教育发展情况综述》,《甘肃教育》2015年第4期。

区建成'双语'幼儿园113所,极大地缓解了贫困地区幼儿'无园可入'的难题"①。2015年,甘肃省支出财政资金3328万元,采取以奖代补等方式,扶持普惠性民办幼儿园发展。2016年,省级财政列支3192.44万元,落实资金3185.3万元,开展全省普惠性民办幼儿园奖补工作,降低了民办园收费标准,有效提升了民办园保教质量。2015年以来,甘肃省打破常规提高贫困地区农村幼儿教师工资待遇,每月发放不低于300元的生活补助。截至2016年9月,全省各级财政用于园所建设、设施配备、师资培训和幼儿资助的累计投入达57.95亿元,甘肃省走出了一条经济欠发达省份大力推进普惠性幼儿园创新之路。

(三)教师数量迅速增加,生师比呈下降趋势

甘肃省各级政府在全国率先制定了乡村教师支持行动计划和公办幼儿园编制标准,为有效补足配齐学前教育教师队伍提供了制度保障。甘肃省通过事业单位招考、巡回支教、社会招聘、中小学教师转岗等方式,2012年以来累计补充幼教师资9550名,2014年、2015年、2016年三年都招录幼儿教师5000名,2014年全省专任教师较上年增加5477人,2015年全省专任教师较上年增加4245人。2015年,全省生师比较上年下降0.65;2016年生师比较上年下降3.05(见表2)。实施了"国培""省培"计划,幼儿教师队伍整体素质有了明显提升,2012年培训园长教师3万多名;2014年培训幼儿园园长400名、幼儿园教师8000名,各市(州)完成本地园长和教师培训任务的40%,大专及以上学历教师占82%;2015年,培训幼儿园园长600名和幼儿教师3000名,各市(州)完成本地园长和教师培训任务的80%,85%的专任教师达到大专及以上学历;2016年,培训幼儿园园长600名和幼儿教师3000名,各市(州)全面完成本地100%的园长和教师全员培训任务,专任教师达到大专及以上学历的占88%。以上数据显示甘肃省

---

① 省教育厅:《甘肃省深化学前教育改革助推精准脱贫的调查》,省教育厅网站,2016年8月15日。

幼儿教师数量迅速增加，专业素质明显提高，生师比总体上呈下降态势，全省幼儿教师短缺、素质不高的问题得到进一步解决。

表2　2011~2015年甘肃省幼儿园入园幼儿人数、专任教师数据比较

年份	幼儿人数（人）	幼儿数比上年增加（人）	专任教师（人）	教师比上年增加（人）	生师比	较上年下降数
2012	480323	48142	17086	2007	28.11:1	-0.68
2013	549800	69477	20620	3534	26.66:1	-1.45
2014	620127	70327	26097	5477	23.76:1	-2.94
2015	701132	81005	30342	4245	23.11:1	-0.65
2016	852700	151568	42500	12158	20.06:1	-3.05

资料来源：甘肃省教育厅：《甘肃省2012年教育事业统计简报》（2013年1月27日），《教育统计分析报告（2015年第1期）》（2015年2月6日），《教育统计分析报告（2016年第1期）》（2016年4月29日）。

（四）城乡普惠性幼儿园保教质量不断提升

提升保教质量是城乡普惠性幼儿园工作的重点，优质的保教质量不仅促进幼儿身心健康的发展，更是学前教育可持续发展的保证。为提高保教质量，各地政府部门不断创新发展思路，以行政村幼儿园和民办幼儿园为重点，组织专门力量对保育教育工作进行专项督导，引导各级各类幼儿园树立正确的办园方向和科学的教育质量观，建立健全幼儿园门卫值班、出入登记、应急防范安全管理制度，积极开展师生安全知识教育，在幼儿园醒目位置悬挂了校园综治公示牌，配发安全手册，为在园幼儿的人身安全提供了有力的保障。积极开展教师培训，教研业务指导，城乡幼儿园手拉手、对口帮扶，以送教上门、下乡支教、进园观摩、展示特色教学活动、经验交流等举措，对农村园、民办园进行全面帮扶指导，发挥示范园的辐射作用，城乡普惠性幼儿园保教质量不断提升。如：静宁县在县城的省一类幼儿园设立分园，建立总园带新园、强园带弱园机制，促进了城区新建园办园水平的快速提升；建立学前教育片区管理制度，实施"555"帮扶计划（5所城区幼儿园各帮扶5所乡镇中心幼儿园、乡镇中心幼儿园各帮扶5所村级幼儿园），

还定期开展公办、民办幼儿园教师交流任教、联动教研活动,有效引导和支持民办幼儿园向普惠性、规范化方向发展。甘肃省保育院率先与定西市安定区华川小学附设幼儿园签订了为期三年的一对一结帮扶协议,自2015年秋季学期始,华川小学附设幼儿园与甘肃省保育院同步开展一体化保教活动,避免了"小学化"倾向,有效提升华川小学附设幼儿园保教质量。

二 甘肃省城乡普惠性幼儿园发展中存在的问题

虽然甘肃省城乡普惠性幼儿园发展取得了阶段性成果,但从整体情况来看,甘肃省城乡普惠性幼儿园发展还存在许多问题,仍然是国民教育体系中的薄弱环节,与经济社会发展的现状不相适应,远远不能满足广大人民群众的需求。

(一)资金投入严重不足,经费来源不稳定

甘肃省经济发展薄弱,财政自给能力差,加之政府对学前教育事业的历史性欠账,需要资金量大,各级地方财政投入资金无法从根本上解决和满足学前教育事业的发展所需。甘肃省各地公办幼儿园经费在财政预算中尚未单独列入,公办幼儿园只能保障教职工工资,日常办公、园舍维修、设备添置、教师培训没有专项经费,部分幼儿园教学场地不规范、缺少幼儿园教具和大型的室外活动器材,办园条件较差。在调查中主管幼儿教育的几位领导和公办幼儿园的几位园长表示:现在幼儿园一年得到的财政补助比过去几年得到的总和还要多,但客观地讲政府对学前教育的投入还远远不能满足普惠园进一步提高办学质量的要求。甘肃省保育园硬件和软件条件与教育部所规定的一类幼儿园评估标准存在较大差距,达不到规定的各项保教指标需求和保障能力。定西市安定区大部分乡镇中心所在地依托学前教育三年行动计划一期项目的实施,新建和改扩建了幼儿园,但符家川、秤钩、内官营锦屏等3所幼儿园校舍紧缺,无法满足当地适龄儿童就近入园的需求。此外,影响普惠性民办幼儿园发展的最大因素是没有稳定持续的资金来源。一位普惠性

民办幼儿园园长说:"幼儿园场地租金、教师工资、幼儿园一切开支都在逐年增加,有限的财政补贴,不能支持幼儿园正常运转,幼儿园面临生存压力。"毋庸置疑,各级政府对学前教育的经费投入有限、建设资金短缺成为制约甘肃省城乡普惠性幼儿园整体推进的一大屏障。

(二)优质公办幼儿园超规模、大班额现象普遍存在

学前教育是整个教育事业的起始阶段,优质的学前教育有利于幼儿良好行为习惯和个性的形成,促进幼儿身心全面健康地发展。家长们都愿意把孩子送入优质的公办幼儿园,为此公办幼儿园超规模、大班额情况十分突出,尤其优质公办幼儿园入园压力更是明显。定西市安定区城区现有公办幼儿园5所,公办幼儿园平均班额48人,"大班额"现象严重。镇原县城幼儿园有教学班24个,幼儿总数995人,平均每班41人。通渭县幼儿园、通渭县第二幼儿园是城区幼儿园,办学理念超前,办园行为规范,但受建筑面积所限,县幼儿园小班有幼儿42人/班,中班有幼儿42人/班,大班有幼儿39人/班;县第二幼儿园小班有幼儿54人/班,中班有幼儿52人/班,大班有幼儿51人/班(见表3),这些幼儿园都不符合国家规定的幼儿园办学规模最大12个班、幼儿总数360人、大班35人、中班30人、小班25人的标准。在座谈中,教育局领导和几位园长都提出加大城市公办幼儿园的建设,缓解城区幼儿入园压力。甘肃省普惠性幼儿园的数量远远不能满足广大群众日益增长的"入好园"的强烈需求。

表3　2016年春季通渭县幼儿园、通渭县第二幼儿园入园幼儿人数

单位 (通渭县)	小班		中班		大班	
	班数(个)	幼儿数(人)	班数(个)	幼儿数(人)	班数(个)	幼儿数(人)
县幼儿园	5	210	11	462	11	431
县第二幼儿园	3	160	5	259	6	304

资料来源:通渭县教育局提供。

(三)城乡普惠性幼儿园覆盖面小

甘肃省"上公办幼儿园难,上民办幼儿园贵,上优质公办园难上加难"

的社会现状依旧存在。2013年底,全省公办幼儿园占幼儿园总数的51.35%,2014年底公办园占幼儿园总数的54.31%,2015年底全省公办园占幼儿园总数的59.46%(见图1)。全省公办幼儿园数量超过了总数的一半。从办学条件、教学资源投入、保教质量而言,大部分民办幼儿园远远赶不上公办幼儿园,民众更愿意把孩子送到公办幼儿园。相对于群众的需求来讲,公办幼儿园和普惠性民办幼儿园数量少,比例偏低。普惠性教育资源供需矛盾突出,"入园难""入园贵"问题依然困扰着家长,图2反映了甘肃省学前教育发展的真实情况。资料显示:"随着农村人口不断流入城市,城市及城乡接合部学前教育资源短缺的问题逐渐凸显。兰州市全市现有456所幼儿园,公办园仅占28%,169家托护所不具备办园条件。入园压力连年递增,公办幼儿园更是'一位难求'。在城乡接合部,适龄儿童入园难尤为突出。"①"兰州市七里河区现有人口50万(含流动人口),但幼儿园只有81所(公办园仅有2所),比实际需求缺少1倍。"② 在调查中76.5%的幼儿家长反映上幼儿园很方便,58.9%的家长反映孩子入好园难、入公办幼儿园更难,他们强烈要求加大公办幼儿园的建设。可见,价廉质高幼儿教育增长的刚性需求无法得到满足,甘肃省现有公办幼儿园很难承载普惠性功能,普惠性幼儿园离普通大众还很远。

(四)教师数量短缺、专业水平不高

目前,甘肃省幼教队伍是教师队伍体系中最薄弱部分,教师数量短缺,教师专业素质和能力普遍较低,教育水平不高。由于幼儿教师培养尚未有一个健全的补充机制,参照小学编制确定公办幼儿园教职工比例,远远低于国家规定的编制标准,幼儿教师缺编;村级幼儿园及中小学附设的学前班未核定教师编制,教师多为小学教师转岗,幼儿园教师数量短缺,专业水平和综合素养较低,保教质量难以保证。尤其随着幼儿园改扩建项目的进一步推

---

① 《兰州政协委建议:多建普惠性幼儿园》,《西部商报》,2016年3月24日。
② 张小虎:《"十三五"期间甘肃规划幼儿园数量》,《兰州晨报》,2016年1月20日,第A05版。

图 2　入园难，入园贵

图片来源：《甘肃将立法破解学前教育难题》，中国长安网－法制日报，2013 年 1 月 18 日。

进，学前教育资源不断扩充，在园幼儿人数的不断增加，幼儿园教师缺乏已成为甘肃省学前教育事业发展的最大瓶颈。2015 年，全省师生比 1∶23.11，2016 年师生比 1∶20.06（见表 2），这远远不符合《甘肃省公办幼儿园编制标准（试行）》中县级及以上公办幼儿园师生比为 1∶10、乡镇及以下公办幼儿园师生比为 1∶12 的标准。定西市截至 2015 年底，全市在园幼儿数 70176 人，按国家标准每班"两教一保"要求，班师比达到 1∶3，全市应有公办教师 7017 人，需补充 4618 人。"临夏县在园幼儿 9500 人，幼儿园教师仅 284 人，尚需补充教师 750 人。临夏州实验幼儿园 2014 年转岗来园的 28 名教师中，有的是学畜牧专业的，有的是学桥梁专业的，而学前教育专业毕业的只有 1 人。同时，多数幼儿园转岗教师能力素质难以适应幼儿教育的需求，特别是农村幼儿园教师绝大多数是非幼教专业毕业的转岗教师，现有的知识技能仅来自于 3~5 天的短期培训，并由此导致幼儿园教学不同程度地效仿了小学的教育、管理模式，存在'小学化'倾向。"[①] 有一部分教工的

[①] 张小虎：《按居住地人口基数规划幼儿园数量》，《兰州晨报》，2016 年 1 月 20 日，第 A05 版。

政治思想和职业道德素养较低，特别是教师的主人翁意识和社会责任感的教育需进一步加强。从很多"虐童事件"中我们可以清楚地看到，教师道德素质的提升是教师培养的重要内容。此外，师资力量低的问题是阻碍目前普惠性民办幼儿园发展的重大问题。在调查中问及原因时：排在第一位的是工资低，占58.5%，排第二位的是地位低，占的11.3%（见图3）。幼儿教师队伍职业声望低、工资待遇不高、社会福利无法保障等原因，使得普惠性民办幼儿园教师队伍流动性大、不稳定。

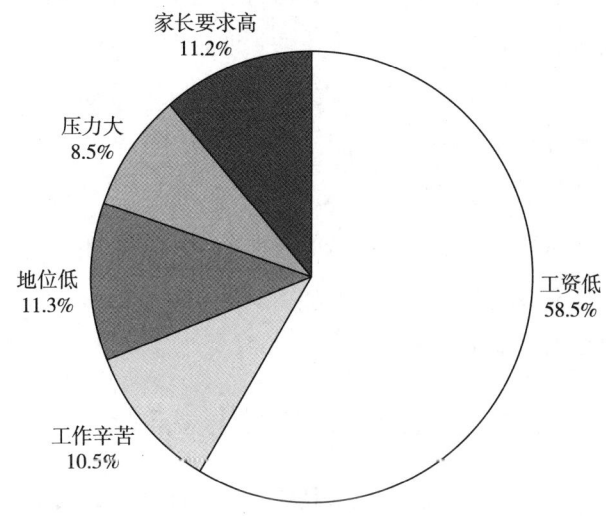

图3　普惠性民办幼儿园教师工作不稳定的原因

（五）城乡普惠性幼儿园发展不均衡

在发展过程中，城乡学前教育发展不平衡，城乡幼儿园在物力资源、人力资源和财力资源等方面均有较大差距。一是财政分配不公。政府财政支出多集中在公办园中的示范园、城镇园和新建园，而对于农村园、民办园等政府投入却较少。这种投入结构使城市公办幼儿园愈加抢手，社会需求大于供给的现象不断升级。农村幼儿园投入教育经费由乡镇的一级政府承担主要责任，县级以上政府投入极少，乡镇一级政府的财政资金微弱，政府没有足够的资金用于幼儿园建设。"全省58个贫困县共有12491个行政村,截至目前仅有幼儿园2569所。"① 二是乡村幼儿教师与城市幼儿园相比少之又少。城市幼儿的教师资源基本能满足教学需求,教育设备丰富齐全,入园幼儿人数较多,而农村幼儿教师严重不足,入园人数较少。三是幼儿园配置也不一样。在调查中发现现在通过小学教室改造或新建的农村幼儿园,仅仅有幼儿的活动室,其他园内的软件设施和硬件设施相当缺乏,有些入园孩子离村幼儿园四五公里,因幼儿园没有食堂、没有午休室,家长一天接送4次,一些家长嫌远要么不送孩子去幼儿园、要么为孩子上幼儿园在附近租房子住,这给离幼儿园远的家长和孩子带来诸多不便。四是在城市大量进城务工人员的孩子入园问题得不到保障,致使这部分孩子不能和城市孩子享有同等待遇的入园机会。五是城乡幼儿的教育起点存在不平衡性。农村学前教育基础落后,部分农村没有单独的幼儿园,仅设一学年的小学"附属"园,园内相当缺乏软件设施和硬件设施,大部分的农村孩子没有条件和机会享受优质的幼儿园教育。甘肃省城乡幼儿园的不均衡发展造成乡镇村入园率不高,在园幼儿受教育程度和效果不公平。

(六)办园行为不够规范,存在安全隐患问题

一是少数幼儿园安全责任意识不到位,幼儿园安全制度不健全,内部安全管理工作不到位,突发事件应急预案尚不健全。结合幼儿园实际开展紧急疏散、演练活动开展不够。二是有些公办幼儿园无力改善陈旧老化设施设备,如大型活动组合器械、蹦跳床、滑滑梯、荡秋千、攀登架等玩具年久失修,存在安全隐患。三是城区公办幼儿园人数多,一些园超过1000人,班额过大,活动场地过小,安全消防通道不畅,门前交通拥挤,紧急疏散幼儿非常困难,给保教管理带来了诸多的挑战和考验,给科学保教和教育质量提高增加难度,安全工作无缝隙管理无法实现。四是消防设施落后、陈旧,消防器材不足,消防通道不符合要求。五是食品安全令人担忧。部分幼儿园食

---

① 《甘肃:今年将在58个贫困县行政村建939所幼儿园》,甘肃教育网,2015年5月31日。

堂设施陈旧，炊事员更换频繁，个别炊事员无证上岗，有"三无"食品存在，食堂卫生安全较差。

三 甘肃省城乡普惠性幼儿园发展的对策

普惠性幼儿园建设是造福子孙后代的一项重大民生工程，甘肃省要把构建覆盖城乡、布局合理、均衡发展、质量保证、监管完备的普惠性幼儿园建设作为头等大事抓好抓实，使普惠性幼儿园走上正规化、科学化的轨道，推动学前教育向更高质量更加公平方向发展。

（一）加大对城乡普惠性幼儿园财政经费的投入

普惠性幼儿园的建设离不开经费投入的物质保障。促进城乡普惠性幼儿园快速发展各级政府要切实做好对学前教育发展的统筹规划，严格执行学前教育经费保障政策，落实将学前教育经费列入公共财政预算、学前教育财政性经费在财政性教育经费中所占合理比例的要求，提升政府投入的总体水平，确保制度性投入不断增加，为普惠性幼儿园发展提供稳定的财政支持，保障公办幼儿园正常开展各项活动。积极引导地方政府为学前教育设立专项配套资金，用于本地区城乡公办幼儿园建设、普惠性民办幼儿园奖补、教师业务水平培训、保教设施和玩（教）具、校舍维修、优质资源创建及实验区建设。省级财政经费投入要向贫困农村、民族地区学前教育倾斜，积极争取国家实施推进农村幼儿园建设项目，按照"保基本、广覆盖、多形式"的原则，支持农村幼儿园建设，特别是新建、改扩建的一批安全、适用的幼儿园，使无公办幼儿园的地区尽快实现全覆盖。各地健全学前教育资助制度，中央和省级各级财政要继续加大对贫困地区、民族地区家庭经济困难儿童、残疾儿童和孤儿的资助，确保家庭困难儿童、残疾儿童和孤儿接受普惠性幼儿园教育。同时，鼓励和调动社会资本参与到普惠性幼儿园建设中来，对于非营利性机构办园的企业政府要给予财政税收优惠和资金奖励，同时对办园规范、质量合格、收费合理的非营利民办幼儿园给予补贴，引导和支持民办幼儿园提供低收费、高质量、面向大众的普惠性学前教育服务,从而实现"保基本、广覆盖"的学前教育普及目标。建立和完善资金计划年度报告制度、资金管理制度、工程监理和评估过程审计制度,根据实际情况合理预算幼儿园分配资金比例,加强资金监督管理,严禁挪用、挤占、克扣、截留幼儿园建设经费,确保提高资金使用效益。

(二)继续扩大城乡普惠性幼儿园覆盖面

各级政府坚持"因需设园,合理分布;规范先行,逐步升级;内涵发展,打造特色"的学前教育发展战略,大力加快城乡普惠性幼儿园发展。第一,强力推进公办幼儿园的发展速度。各级政府结合区域社会发展、出生率和人口流动走向,统筹"十三五"期间普惠性学前教育资源需求总量,科学规划幼儿园布局,加大政府投入,在公办幼儿园不足的城乡地区新建一批公办幼儿园,在边远农村地区、连片贫困地区依托中小学富余教育资源优先改扩建幼儿园,支持和鼓励优质普惠性幼儿园举办分园、联合办园和托管薄弱园等多种形式扩大优质教育资源。提高边远贫困定居点幼儿园的配置标准,除了设有满足幼儿教学及活动的办公用房和活动用房外还应设有寝室、厨房等生活用房,方便家远孩子的中午吃饭和休息问题,尽量减少家长接送次数,有效释放农村劳动力。严格落实城镇小区配套幼儿园建设,逐步提高普惠性公办幼儿园的数量,有效扩大农村和民族地区公办幼儿园覆盖比例,加快消除现有大班额问题,实现城乡学前教育均衡发展。第二,加快发展普惠性民办幼儿园。遵照"积极鼓励、大力支持、正确引导、依法管理"的方针和"安全、够用和适用"硬件配置最低标准要求,采取政府购买服务、综合奖补、减免租金、派驻公办教师等方式,力争把园位提供、资源配置、教育内容、保教质量等办园条件达到测评标准的民办幼儿园都认定为普惠性幼儿园,普惠性民办幼儿园在审批登记、资格认定、分类定级、督导评估、教师培训、表彰奖励、职称评定等方面与公办园同等对待。第三,坚持制度创新,政府出台发展幼儿教育的优惠政策。在城市和县镇,探索新形势下企事业单位、社会团体、社区投资办普惠性幼儿园，从而扩大优质教育资源覆盖面，推动普惠性幼儿园整体办学水平的提升。

（三）进一步壮大充实幼儿师资力量

针对当前甘肃省幼教师资力量严重不足、专业素质不高的问题，壮大充实幼儿师资力量是各级政府需要面对的紧迫任务。一是各地行政主管部门要会同人事编制部门，按照国家和省级相关规定，按岗按需加快测算、核定和落实幼教编制。通过"特岗计划"录用、招聘、转岗、招募志愿者等多种方式，配全配好专任教师和其他必须配备的工作人员。严把教职工入口关，新进教师必须具备相应任职资格，实行持证上岗。二是提高幼儿教师福利待遇，保障幼儿教师的合法权益，免除教师后顾之忧，提高教师工作的积极性。县级政府及其相关部门应结合公办园教师工资标准，确定非在编教师、集体办幼儿园教师最低工资标准和相关待遇，按时足额发放，以此稳定教师队伍。普惠性民办幼儿园专任教师与在编公办教师在社会福利保障、职称评定、班主任津贴、评选优秀等方面享受同等待遇。三是加大教师的业务素质和师德培训力度，提高培训的针对性、实效性和连贯性。建立健全国培、省培、市培、县培、园培五级幼儿教师培训体系，全盘统筹公办民办教师培训，实施全员参与，重点倾斜农村园转岗教师、非专业人员的培训，形成整体的培养梯度。创建完善的学前教育培训课程资源库，为各类幼儿园提供多方位、多角度、多渠道的业务学习、交流共享的平台，促进教师的快速发展。四是鼓励教师积极参加学历进修和继续教育，引导和帮助教师走专业发展之路。五是创新幼儿教师补充的长效机制，加强师范院校学前教育专业的建设，创新人才培养模式，建立各地区与师范类高校"委托培养"的合作模式，扩大培养面向农村、扎根农村的全科教师型人才，为普惠性幼儿园壮大教师后备力量。

（四）全面提升城乡普惠性幼儿园的保教质量

幼儿园教育出现大班额现象的主要原因是家长对幼儿园保教质量的追

求,普惠性幼儿园有质量的发展是经济社会发展的必然需求。提升保教质量是普惠性幼儿园工作的核心任务,普惠性幼儿园的普及必须做到提高入园率和提升教育质量二者并重。各级政府教育部门应充分认识到学前教育广覆盖与提高质量的关系及意义,依照幼儿身心发展规律和学前教育规律,牢固树立科学的育儿观、教育观和质量观,提高科学管理水平,坚持以游戏作为幼儿的基本教育形式,注重体育活动、智力开发和常规教育,在生活、游戏、体育锻炼之中对幼儿进行思想品德教育的渗透,为幼儿创设敢想善思的课堂情境,在良好的学习情境中培育孩子的求知欲和创造性,防止和纠正"小学化"倾向,自觉抵制拔苗助长、违反儿童身心健康的错误观念和做法。建立优质园帮扶薄弱园发展的长效机制,进一步落实开展省、市级示范园与乡镇中心园、村幼儿园的挂钩结对帮扶制度,广泛组织省级、市级经验丰富的城市幼儿园园长、优秀骨干教师到乡镇村幼儿园蹲点指导、巡回支教,农村幼儿园可以选派幼儿教师去城区、乡镇幼儿园学习、培训,共同举办多层次教学研讨、教学技能技巧辅导、教育教学观摩示范学习等活动,将优秀的教育理念和经验传授给农村幼儿园教师,从而全面提高普惠性幼儿园的保教质量。

(五)加强城乡普惠性幼儿园的精细化管理

精细化管理是提高普惠性幼儿园保教质量的基本保障。普惠性幼儿园有质量的发展必须加强精细化管理。一是抓实抓好安全管理。建立健全包括用餐、卫生、活动、交通、药物、消防、幼儿接送和就寝等方面的安全防护和检查制度,加强安全意识教育,定期开展应急安全演练,确保紧急情况下教职工和幼儿能够安全地撤离。落实幼儿园巡逻值班、防火防灾、幼儿健康体检等各项工作,对活动场地、校舍、大型教玩具、消防器材等设施定期检查维修更新,防止事故的发生。严格执行食品安全法规,餐饮消毒,食品留样,配齐防蝇防鼠设备,规范食品采购。严格幼儿接送车辆管理,杜绝接送车辆超员违规现象。二是各级地方政府加强对幼儿园入园招生的监管,提倡农村幼儿按户籍就近入园,城市幼儿园划片招生。三是加强各市县乡镇村政府履行学前教育工作督导职责，完善普惠性幼儿园常规性的、全覆盖的监督与评价制度，组织督导团队定期或不定期对各市县乡镇村普惠性幼儿园办学条件、办学行为、师资队伍、保教质量等方面进行专项检查，以评促建、以评促改，规范幼儿园办园行为。严格执行考核和问责机制，保证普惠性幼儿园发展的各项措施取得实效。四是发挥社会监督的作用，市、县、镇、村充分利用网络、报纸、公共教育和其他社会媒体渠道向社会公布办园资质、招生计划、幼儿园名单、教学活动等幼儿园相关信息，提高开放程度，主动接受家长、社会监督，发现问题及时解决，从而更好地办好每一所幼儿园，最大限度地满足幼儿园儿童接受优质的保教服务，力争实现甘肃省城乡普惠性幼儿园均衡发展。

B.11
关于兰州市城关区居家养老服务模式的评价性研究

许振明[*]

摘　要： 随着老龄化尤其是城市人口老龄化的不断加快，家庭核心化、家庭空巢化、城市空心化等汹涌而来，传统家庭养老面临严重挑战，机构养老发展缓慢，居家养老服务供需矛盾十分突出。为了破解养老困局，发展居家养老服务产业，兰州市城关区进行了积极的探索，突破创新居家养老服务模式，以虚拟养老院为抓手，整合各类养老服务产业，推动居家养老服务发展，积累了很多有益的经验，取得了初步的成效。

关键词： 城关区　居家养老服务　兰州市

目前，我国主要存在三种养老模式，分别是家庭养老、机构养老和居家养老。居家养老主要指老年人在家中居住但养老服务由社会来提供的一种社会化养老模式。居家养老是家庭养老模式的重要补充与更新，也是机构养老的一种外延，是建立养老服务体系的一项主要内容，它必将成为今后老年人养老的一种新趋势。

在国人眼中，能够子孙满堂，儿女行孝，便是最理想的养老状态。然而

---

[*] 许振明，甘肃靖远人，甘肃省社会科学院副研究员，研究方向为社会发展。

随着老龄化尤其是城市人口老龄化的不断加快，家庭核心化、家庭空巢化、城市空心化等汹涌而来，传统家庭养老面临严重挑战，机构养老发展缓慢，居家养老服务供需矛盾十分突出。为了破解养老困局，发展养老服务产业，兰州市城关区进行了积极的探索，突破创新居家养老服务模式，以虚拟养老院为抓手，整合各类养老服务业，推动社会化养老服务模式发展，积累了很多有益的经验，取得了初步成效。

一 城关区居家养老服务的基本情况和基本模式

作为兰州的中心城区，城关区现辖25个[①]街道办事处、154个社区以及18个村委会，有常住人口130.11万人[②]，其中城市人口98.7万人，60岁以上的城市老年人口有18.8万人[③]，占全区城市总人口的19%，老龄化程度较高，且老年人口每年以4%的速度增长，仅靠传统的家庭养老已经难以适应老龄化社会的发展要求。为了突破养老服务的瓶颈问题，创新居家养老服务模式，城关区于2009年12月设立了西部城市首家虚拟养老院，即在居家养老的基础上，以现代网络和通信平台为支撑，通过政府引导、企业加盟、专业人员服务与社会志愿者服务相结合的方式，为全区老年人开展为老服务，被称为"没有围墙的养老院"。截至2015年底，虚拟养老院已吸引126家[④]企业加盟养老服务，建成社区医养融合服务中心6个，虚拟养老餐厅65家，已有24万[⑤]老年人得到了为老服务，2.7万名[⑥]老人长期得到各类贴心服务，可为居家老人提供包括餐食、日常生活照顾、医疗服务、康复保健、家政服务、家电维修等11大类230多

---

① 《2015年兰州统计年鉴》，兰州市统计局官网，2016年3月1日。
② 《2015年兰州统计年鉴》，兰州市统计局官网，2016年3月1日。
③ 《2015年兰州统计年鉴》，兰州市统计局官网，2016年3月1日。
④ 《兰州市城关区虚拟养老院新址启用》，新华网—甘肃频道，2015年11月27日。
⑤ 《兰州市人民政府工作报告2016》，中国兰州网，2016年3月21日。
⑥ 《兰州市城关区虚拟养老院新址启用》，新华网—甘肃频道，2015年11月27日。

项①服务,在此基础上初步形成了以虚拟养老院为载体的居家养老服务新模式。

二 城关区居家养老服务的基本内容评价

(一)城关区虚拟养老院服务的对象是全区老年人

政府作为虚拟养老院的出资人,不直接提供服务,而是出资购买服务,并与加盟企业或非营利机构达成合约,由他们向老年人提供服务。最后,由政府通过一定的方式对服务进行评价,评价合格进行付费,从而保证居家养老服务的质量。兰州市城关区通过整合居家养老服务资源,以虚拟养老院为载体,有重点、分层次,实行社会救助与基本养老服务、非基本养老服务相结合的原则,将养老服务面向全区所有老年人。同时,重点依据老年人的家庭、经济、身体等状况以及服务需求的不同,将老人划分为ABC②三类,进行有针对性的服务:A类为无劳动能力、无法定赡养人、无经济来源的"三无"老人和生活困难、子女不在身边的困难"空巢"老人,政府不但为他们免费安装"一键通"电话,而且每月给予180~700元不等的服务补贴,还可享受每年500元③的免费门诊医疗;B类为重点优抚对象、90岁以上高龄老人、市级以上劳模、有突出贡献的老专家、部分离退休的省市人大代表、政协委员等,政府给予每月50元④的服务补贴;C类服务对象为经济收入或生活条件较好的老年人,自己出钱购买虚拟养老院的服务,服务价格比市场价优惠20%⑤,市场价补差由财政承担。兰州市ABC三类老年人进入虚拟养老院,享受养老服务流程见图1。

---

① 《兰州市城关区虚拟养老院新址启用》,新华网—甘肃频道,2015年11月27日。
② 《兰州市虚拟养老院情况介绍》,光明网,2014年11月28日。
③ 《兰州市虚拟养老院情况介绍》,光明网,2014年11月28日。
④ 《兰州市虚拟养老院情况介绍》,光明网,2014年11月28日。
⑤ 《兰州市虚拟养老院情况介绍》,光明网,2014年11月28日。

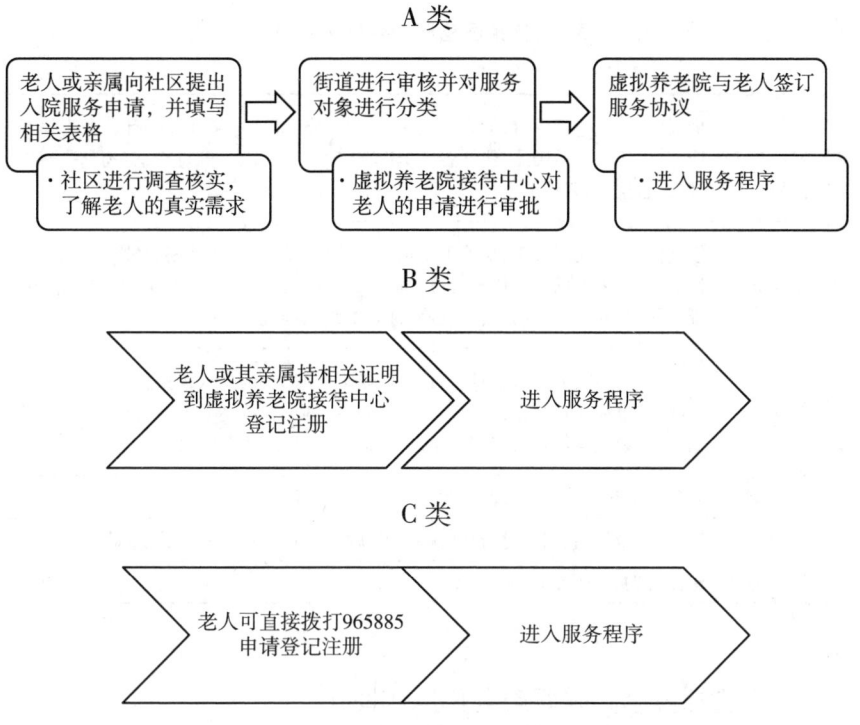

图1　三类老人进入虚拟养老院流程示意

（二）虚拟养老院以老年人的需求为主要服务方向

虚拟养老院结合老年人日常生活需求和他们的身体特点，可以为老人提供的服务包括：生活照料、家政便民、精神文化娱乐、心理慰藉、医疗保健、法律服务等六大类150①多项服务（见表1），所有的服务项目基本上满足了老年人的生存需求、发展需求、情感需求等。同时，虚拟养老院还利用节假日，开展形式多样、丰富多彩的老年人文化娱乐活动，不仅丰富了老年人的精神生活，也营造了全社会关注老年人、支持老龄事业的良好氛围。

---

① 《兰州市虚拟养老院情况介绍》，光明网，2014年11月28日。

表1 虚拟养老院为老服务项目

单位：项

类别	服务项目
生活照料类	烧饭做菜、上门理发、帮助老人洗澡、清洗衣服、清洗被子、陪同就医、翻身擦身喂饭喂药、代购生活用品、代缴各类费用、快餐服务、洗头、倒垃圾、煎药、剃须洁面、挑水、劈柴、修剪指甲
家政便民类	家庭保洁、修换门换锁、疏通下水道、用电线路检查、更换插座、维修给水管道、更换水龙头、清洗抽油烟机、清洗灯具灯罩、室内墙面粉刷、清洗换气扇、阀门安装与维修、灯具安装、暖气管漏水维修、钟表维修、更换水表
精神文化娱乐类	节日生日祝贺、上门送节日生日礼物、陪老人聊天、为老人读报读书、陪老人上街购物、陪老人参观博物馆（展览馆、书画展、各类比赛等）、组织老人参加健身活动、组织老人参加合法正规的培训班和文化娱乐团队、老人交友
心理慰藉类	心理咨询热线、心理咨询、心理治疗、老年人咨询
医疗保健类	测血压、量体温、测血糖、打针输液、看病陪护、日（夜）家庭陪护、查体陪护
法律服务类	法律咨询、法律援助

（三）虚拟养老院采取市场化运作模式

城关区虚拟养老院完全采用市场化的运作模式，分为以下几个步骤：首先，由企业在虚拟养老院的服务平台上进行服务申请，再由政府对加盟企业进行资格审查，审查合格，准予加盟。其次，加盟企业先进行服务，待服务完成后月底由区财政进行统一结算。最后，老年人可以通过电话和网络进行服务预约，指挥中心接到老人的服务请求后，向企业下达服务指令，企业在接到指令的30分钟内派员工上门服务。

通过几年的运行，虚拟养老院得到了全区老年人的认可与欢迎。已经吸纳加盟企业126家[①]，建成虚拟养老餐厅65家，虚拟养老院定点社区卫生服务机构21家，为老服务人员达到1100名[②]，服务网点遍布全区24个街道，基本实现了全区老年人居家养老服务的全覆盖。同时，虚拟养老院还招

---

① 兰州市城关区民政局：《虚拟养老院统计资料》，2016年8月。
② 兰州市城关区民政局：《虚拟养老院统计资料》，2016年8月。

募了2000[①]多名志愿者，重点向"三无"老人、困难空巢老人开展"一帮一"结对志愿服务。

（四）虚拟养老院执行民政主管老龄办实施的管理模式

在虚拟养老院的管理上，城关区实行民政局主管、区老龄办具体负责的工作模式。虚拟养老院主要由呼叫指挥中心、加盟企业管理中心和接待中心三部分构成。呼叫指挥中心直接接收老年人的服务需求，然后将需求指令下达到加盟企业，并对企业服务老人的情况进行全程监督管理。加盟企业管理中心依据需求向老年人提供居家养老服务，并负责对加盟企业进行管理监督。接待中心的任务是记录老人的相关信息，帮助老年人尽快熟悉虚拟养老院的服务程序和服务内容，并将老人的主要服务需求记录在案，为今后进行有针对性的服务提供依据。

三 城关区居家养老服务的基本评价

城关区虚拟养老院自2009年开通运行以来，不断完善功能配置，提升养老服务的水平和档次，得到了全区老年人的支持和肯定，取得了一定的成效。

（一）政府推动，市场运作，充分发挥了社会组织的作用

在成立之初，虚拟养老院就确定了政府推动、市场化运作的根本办院模式，相继出台了多项优惠政策，鼓励企业加盟养老服务业，并将加盟企业全部注册为民办非企业单位，既与政府脱离关系，又可以尽可能地享受税收减免政策，对于加盟企业的员工工资，按照公益性岗位进行补贴，减轻企业负担，扶持企业快速成长。对于加盟企业，执行统一的准入标准和行业标准，以地域来确定服务半径，同一地域优先选择服务质量好、服务价格低的企业

---

① 兰州市城关区民政局：《虚拟养老院统计资料》，2016年8月。

加盟。这样做的好处就是给了加盟企业充分服务的自主权，企业可以在服务半径内对老年人的服务要求进行优化组合，也可以在服务范围内吸引有一定实力的小企业作为下级加盟企业来共同服务，这样就延伸了养老服务产业的链条；同时，政府根据接待中心和呼叫中心反馈的服务意见，评定企业的服务档次，优胜劣汰，扩大或者缩小企业的服务范围，鼓励企业进行优化整合，防止恶性竞争。通过不断地摸索创新，城关虚拟养老院基本实现了全区老人的居家养老服务全覆盖。

（二）组建机构，健全网络，专业化服务水平显著提升

虚拟养老院在建设成立时，没有现成的经验可以借鉴，也没有成熟的建设模式可供参考，只能边摸索边建设，通过不断努力，逐渐探索出了人性化的服务理念和专业化的服务管理，建立了服务老年人的快速反应机制、专业服务机制和管理监督机制，实现了全方位、专业化、高质量的养老服务，取得了不错的经济社会效益。而这些成果的取得，最终还是依赖于虚拟养老院"三大中心"，即金色晚年服务中心、接待中心、呼叫指挥中心的建设。金色晚年服务中心作为服务中心，是虚拟养老院的主体，既是各类企业的招募加盟中心，也是监督管理中心。接待中心的主要工作就是免费为各类老人服好务，并为老人提供包括心理咨询、法律咨询和法律援助等在内的志愿服务。呼叫指挥中心直接面对老人的服务要求，并将老人的需求向加盟企业下达指令，由企业进行服务，在服务完成后进行监督评价，并按评价结果进行付费。三大中心的建设保证了对老人的服务进行全程受理、全程监督、全程评价，以老人的满意度作为考核加盟企业和付费的标准，确保了服务的高质量。城关民政局的统计显示，到2015年底，虚拟养老院共接待咨询24万[①]人次，注册服务老人4万人，注册志愿服务者1243人，累计服务2.2万人次，回访满意率达到99%[②]。

[①] 兰州市城关区民政局：《虚拟养老院统计资料》，2016年8月。
[②] 兰州市城关区民政局：《虚拟养老院统计资料》，2016年8月。

（三）统一标准，分类服务，满足老人不同层次的养老需求

截至目前，城关区虚拟养老院的养老服务项目共涉及生活照料类、家政便民类、精神文化娱乐类、心理慰藉类、医疗保健类、法律服务类等六大项 150 个小项目，基本覆盖了老年人日常生活所需的所有项目，并按照企业服务规范，对所有服务项目制定了服务标准，做到有章可依，有据可查。同时，虚拟养老院根据每位老人的身体情况、家庭情况、经济情况等，结合社会救助与适度普惠，将全区 60 岁以上男性老人、50 岁以上女性老人全部纳入养老服务的范围，并将他们分为 A、B、C 三个档次提供个性化、有区别的养老服务。A 类老人为无偿提供服务类，指的是无劳动能力、无经济来源、无法定赡养人的"三无"老人和子女不在身边的困难"空巢"老人，政府为 A 类老人每月提供 180 元的服务补贴和免费安装"一键通"电话。B 类老人为低偿服务类，服务对象包括 90 岁以上高龄老人、重点优抚对象以及市级以上劳模、有突出贡献的老专家、部分离退休的省市人大代表、政协委员、"三八红旗手"、"见义勇为"称号获得者等对社会做出过贡献的老人，每月为其提供 50 元的服务补贴。C 类为自己出资购买养老服务的普通老人，但他们获得的服务价格要比市场优惠 20% 左右，差额由政府补齐。目前看来，统一标准，分类服务，既满足了老人们的多层次养老需求，又使企业获得了一定的服务利润，保证了企业的良性循环，充分体现了适度普惠与社会救助相结合的原则。

四 虚拟养老院养老服务的社会成效评价

虚拟养老院是通过政府搭建信息平台，将民政部门、加盟企业、老年人有机联系起来的一种创新养老模式。民政部门实施分类补助，老人根据需求进行埋单，企业提供专业服务，老人足不出户实现社会化养老。虚拟养老院与实体养老相比有以下五个方面的优势。

（一）虚拟养老建院投资少，建设工期短

城关区虚拟养老院政府开始仅用3个月，投资了300万元启动建设资金，就完成了"三无"和困难空巢老人电话安装、设备采购以及养老服务指挥中心的装修、软件研制，建成了300平方米的服务指挥中心并投入使用。从投入使用至今，有近万名老年人要求提供服务。这意味着政府投资300多万元建成的虚拟养老院目前基本解决了10000名老人的吃、住、行、购物、医疗等多项服务需求。而在兰州市目前情况下，建设一个1000张床位的养老院，投资至少上亿元，这还不包括征地费用等，相比之下，建设虚拟养老院，极大地减轻了社会和财政负担。

（二）虚拟养老院的运营成本低，社会效益高

从虚拟养老院的运行情况来看，每位入住老人的入住费用是相当低的，最低的仅有20元，一般来说300元就足够老人们的服务所需，即便是失能半失能老人每月也最多需要800元的服务费用。同时，城关区还对家庭困难老人和独居、高龄、失能老人有相应的养老补贴，补贴的金额每年可以达到2500元，这部分老人凭这些补贴就可以实现居家养老。而根据我们的调查，兰州市的民办养老院每月的服务费基本在2000元左右，这对于靠退休金生活的老人来说，是根本不敢奢求的。对于没有退休金或城乡低收入老年人来说，是根本负担不起的。比较起来，虚拟养老院不仅很好地解决了老人们的居家养老问题，而且节约了养老费用，降低了社会成本。可以说，是花小钱，办大事。

（三）虚拟养老是居家养老，更符合中国人的传统观念

在国人的传统观念中，家庭就应该是一个养老的地方，在家里养老更有安全感。如果去养老院养老，就感觉自己被家里所抛弃，成了家庭的累赘和负担，成为一个没有用的人。虚拟养老院则很好地兼顾了居家养老和社会养老的优势，老人可以不用迈出家门，通过虚拟养老院的一键通服务电话告知

自己的服务需求，就会有专业的服务公司进行点对点的优质服务，真正实现居家养老的社会化服务。同时，和普通养老院比起来，虚拟养老院是以老人的个性需求为出发点的，有政府的有效监督和管理做保障，这在普通养老院很难做到。

（四）虚拟养老院推动了居家养老服务产业的发展

通过前面的分析我们可以知道，虚拟养老院通过政府搭建服务信息平台，把民政部门、居家老人、服务企业有机组织起来进行居家养老服务的社会化运作。通过这个平台，老年人与服务企业进行了服务对接，各类企业通过对老人进行服务，优胜劣汰，实现了企业的发展壮大。同时，各类社会组织也在服务老人的过程中实现了自身的发展，并且培育壮大了一批与居家养老服务相关的社会服务组织，比如餐饮业、家政服务业、医疗服务业、文化娱乐业等，各类服务组织在服务中不仅获得了收益，还在服务中扩大了就业，加快了养老服务业的发展，初步形成了较为完善的产业服务链条。

（五）虚拟养老实现了居家养老服务与志愿爱心服务的有机融合

过去，城关区的志愿者只是在节假日为社会提供一些服务。现在，通过组建社区志愿者和义工联盟，将志愿无偿服务与养老有偿低偿服务相结合，既体现了志愿者的爱心，又助力了养老服务。目前，城关区已经发展了2000多名为老服务志愿者，其中有539人与空巢老年人建立了"一帮一"的长期结对服务，有1000多人与500多名"三无"等失能老人建立了"二帮一"的长期结对服务，受到了老年人的拥护和欢迎，也壮大了社会养老服务的力量。

五 虚拟养老院居家养老服务在运行中存在的问题

从服务和管理来说，还不够全面精细。虚拟养老院在近几年的发展中虽然取得了不错的成绩，但还是处于发展的初级阶段，从服务和管理来说，主要表现在不够精细全面。第一，养老服务的项目仍然不够广。目前加盟的企业主要以餐饮服务、家政服务为主，并且很多企业规模偏小、服务人员不足、服务不够规范。对老人急需的一些服务项目，如医疗保健、心理辅导等还不能正常开展，急需医养结合项目。第二，服务质量有待提升。参与居家养老服务的企业，有一部分是中小微企业，这些企业人员流动快，人员素质参差不齐，难以抓服务质量和管理监督。第三，养老服务的覆盖面还不够宽。根据城关区民政局的统计，虽然虚拟养老院的服务对象是全区的所有老年人，但很多老年人只是在服务中心进行了注册，而真正长期享受养老服务的老年人还不到全区老年人口的20%[1]，C类老人享受服务的比例更低。

从实际运行来看，还缺少政策的扶持和监管。第一，运行成本逐年加大，缺少相应的优惠政策。城关区虚拟养老院自2009年12月建立以来，其服务规模逐渐扩大，服务人次从2010年11.94万人次[2]增加大2011年的28.38万人次，其运营成本也从2010年的645.01万元增长到2011年的1107.92万元[3]，增长71.7%，随着服务对象的增长，政府在虚拟养老工作中的财政支出压力会日趋增大。根据测算，到2016年末长期享受服务的老人将达到15万人[4]，届时政府当年将投入资金3000万元以上。但作为一个新生事物，政府还没有出台相应的扶持政策对相关费用进行减免，增加了虚拟养老院的运行成本。二是产业缺少政策扶持，虚拟养老院发展受影响。目前我国为了促进养老产业的发展，各级政府对传统养老院发展在税收、用水、用电和用地等方面都有优惠政策，但由于虚拟养老院是个新生事物，国家目前还没有这方面的优惠政策，这对虚拟养老院的发展带来一定影响。

---

[1] 兰州市城关区民政局：《虚拟养老院统计资料》，2016年8月。
[2] 《兰州市虚拟养老院情况介绍》，光明网，2014年11月28日。
[3] 《兰州市虚拟养老院情况介绍》，光明网，2014年11月28日。
[4] 兰州市城关区民政局：《虚拟养老院统计资料》，2016年8月。

六 加快虚拟养老院建设，推进居家养老服务发展的建议

（一）强化政府在虚拟养老院建设中的服务引导作用

毫无疑问，建设虚拟养老院，发展居家养老服务业，是一项具有里程碑意义的社会工作，是政府意志和社会价值观的具体体现，但这并不意味着政府要大包大揽把所有事情都包办下来，而是要通过其服务型功能，发挥引导作用，吸引各类社会力量发展居家养老服务。首先，要在政策层面构筑有利于居家养老服务发展的支撑体系。政府作为行政服务的主体，要制定和实施一批包括金融支持、土地供应、税费优惠、奖励补贴等在内的政策，为推进虚拟养老院建设、发展养老服务业提供政策保障。其次，要进一步加强虚拟养老院的组织运行体系建设。要在现有区、街道、社区三级居家养老服务组织体系的基础上，进一步明确领导主体、服务主体和监督主体，明确权责，明确分工，并实行政企分开、管办分开、政府与中介组织分开的原则。再次，要强化居家养老服务的信息平台建设。信息平台是居家养老服务的中枢神经，通过这个平台，可以更好地将企业、市场、老年人和政府有机地串联起来，更好地为居家养老服务。又次，加快完善居家养老服务的质量监督评价体系。质量监督评价体系有助于实行规范服务、规范管理，可以对居家养老服务的全过程实行量化控制管理。最后，大力宣传居家养老服务，在全社会形成发展居家养老服务的良好氛围。

（二）积极发展社区老年护理机构，大力推进医养结合

现有虚拟养老院的服务功能主要包括：家政服务、餐饮服务、文化娱乐、心理慰藉、医疗保健、法律服务等六大类。实际从运行情况来看，家政服务和餐饮服务居多，而医疗保健服务较少，但老年人的身体状况恰恰需要更多的医疗保健服务。因此，发展老年社区护理结构，推进医养结合，有现实需要性。要依据老年人常见疾病和老年人的体质特点，推进社区老年医疗

康复护理结构的建设，为社区老人就近提供治疗、护理、康复、保健等服务。将社区老年康复护理机构纳入虚拟养老院服务体系，为老年人及时提供医疗服务，实现医养结合，真正把老有所养、老有所医落到实处。

（三）整合现有资源，开拓新服务项目

第一，充分发挥现有资源的优势，提升居家养老服务的水平。虚拟养老院、居家养老服务是一个大的系统工程，需要政府部门、企业、老人以及社会各界的通力合作才能做好。需要对各方面的资源进行重新整合，也需要对社区现有的养老服务资源进行提升，提高居家养老服务的功能和水平。第二，开拓新的服务项目。在前期整合的基础上，聘请专业的调查人员，对老年人的养老需求进行细致入微的调查分析，利用现代信息技术手段，制定普遍化和个性化的服务清单，查遗补缺，创造性地满足老年人多层次、个性化的养老需求。

（四）建设一支高素质的居家养老服务队伍

虚拟养老院建设、居家养老服务的快速发展，都离不开一支高素质的服务队伍。首先，要提高服务人员的专业素质。要对居家养老服务人员进行定期培训，加大岗前培训、学习的力度，不断提升他们的专业技能、服务能力、道德水平。其次，要确立一支相对固定的服务队伍。要提高准入门槛，择优录取，在居家养老服务的主要领域，确立一些相对固定的、服务水平优良的服务队伍。最后，大力吸收志愿者加入居家养老服务的行列。

参考文献

《2015年兰州统计年鉴》，兰州市统计局官网，2016年3月1日。
《兰州市城关区虚拟养老院新址启用》，新华网－甘肃频道，2015年11月27日。
《兰州市人民政府工作报告2016》，中国兰州网，2016年3月21日。
《兰州市虚拟养老院情况介绍》，光明网，2014年11月28日。
兰州市城关区民政局：《虚拟养老院统计资料》，2016年8月。

B.12
甘肃影响农民工市民化的因素分析

张广裕*

摘　要： 结合人口迁移一般理论，根据中国实际和甘肃省情，确定了影响甘肃农业转移人口市民化的4个主要因素：经济因素、个人素质、社会制度和文化心理，进一步将这4个因素分解成13个具体指标，应用统计数据和问卷调查数据，分析了与甘肃农业转移人口市民化的关系。在此基础上，提出了进一步促进甘肃农业转移人口市民化的措施：科学制定城乡一体化发展规划体系；加快户籍政策的落实；强化各级政府职责，承担农业转移人口市民化所需的主要公共成本；不断提升农业转移人口劳动技能与文化适应能力；加强新生代农业转移人口的人文关怀；用市场运作、政府主导的方式推进农业转移人口市民化，减少各类风险。

关键词： 农业转移人口　市民化　甘肃省

进入21世纪，在中国特色城镇化和统筹城乡发展的大背景下，国内学者对农业转移人口市民化的障碍及影响因素作了大量研究。王桂新等（2010）以上海市为例，研究了农业转移人口市民化的影响因素及意愿，认为主要受在城市的居留时间、婚姻、经济特征、社会、区域环境和个人等

---

* 张广裕，甘肃天祝人，博士，副研究员，研究方向为人口、资源与环境经济学。

影响。张永丽、谢盈盈（2012）以马斯洛的需求层次理论（Maslow's hierarchy of needs）为基础，对农业转移人口市民化需要的满足条件进行分析，并通过定量研究，认为收入、劳动合同、人力资本、社会关系、就业稳定性等是影响农业转移人口市民化的主要因素。孙战文、杨学成（2013）对农业转移人口市民化进行了动态研究，将农业转移人口市民化进程分为四个阶段，利用山东省调查数据，分析了不同阶段影响因素的差异性，并提出了不同的推进农业转移人口市民化的阶段性措施。张笑秋（2015）从心理学和人类行为理论的视角，研究了情感、动机、风险偏好、公平感等心理因素对农业转移人口市民化的影响，对产生的正向、负向和不确定三种结果进行分类分析。

农业转移人口主要是指户籍在农村，而常年或部分时间在城市从事非农生产的人口。二元经济结构和城乡二元社会体制造成以户籍制度和就业制度为主要特征的城乡差别和就业差别。农业转移人口在身份认同、就业与工资收入、社会保障等方面与城镇居民存在很大差别。通过户籍制度改革与就业制度改革，不断提高户籍人口城市化率，对推进甘肃新型城镇化建设、解决"三农"问题具有重要意义。目前，甘肃省统计局没有关于农业转移人口数量的准确统计数目。2014年，甘肃省住建厅统计的户籍城镇人口是7530733人，常住城镇人口是9665996人。文中用来统计分析的资料部分来源于《甘肃省经济社会发展统计公报》，部分来源于问卷调查。由于时间和经费问题，共发放问卷300份，收回有效问卷237份，调查地点为兰州市、武威市、天祝县华藏寺镇。

一 农业转移人口市民化影响因素

综合考虑中国国情和甘肃省情，本文认为影响甘肃农业转移人口市民化的因素综合为以下四个方面：一是经济因素（经济新常态下，城镇吸纳就业能力减弱；经济增速放缓，农民市民化的城镇公共支出压力大；农村惠农政策使城镇化进程放缓；中小城镇经济发展水平较低，人口集聚能力弱等等);二是个人因素(城乡分割的户籍制度使农业转移人口及随迁家属未能享受基本公共服务,缺少归属感和情感寄托,农业转移人口受教育程度较低,就业能力不足,多方面难以融入城市社会;再加上传统观念对土地的依赖,担心入户城镇后的社会保障问题等);三是制度因素(户籍制度,社会保障制度,土地制度,保障房制度等);四是文化心理因素。并将这四方面的因素细化为13个具体指标。

表1 影响农业转移人口市民化的主要因素

一级因素	二级因素	一级因素	二级因素
经济形势	经济增长	社会制度	户籍制度
	产业结构		土地制度
	就业形势		社会保障
个人因素	经济状况(住房)	文化心理	社会交往
	教育程度		文化认同
	社会关系		意愿
	工资收入		

二 甘肃农业转移人口市民化影响因素分析

(一)影响甘肃农业转移人口市民化单因素分析

1. 经济因素对农业转移人口市民化的影响

早在17世纪,英国经济学家威廉·配第在他的名著《政治算术》中就指出:制造业比农业,进而商业比制造业能够得到更多的收入。在经济发展中,这种不同产业之间的相对收入上的差异会促使劳动力向能够获得更高收入的部门移动。20世纪50年代,科林·克拉克就此问题作了进一步研究,得出如下结论:随着人均国民收入的提高,劳动力首先由第一产业向第二产业移动,当人均国民收入进一步提高时,劳动力便向第三产业移动。劳动力在产业间的分布,第一产业将减少,第二产业、第三产业将增加。这就是所谓的"配第－克拉克定理"①。配第－克拉克定理的微观基础是，农业技术的进步意味着农产品供给大幅度增加，而人们对农产品的需求是有限的，也就是说农产品需求缺乏弹性。所以，从长期来看，农业发展相对于其他产业的发展而言，处于停滞或衰退就是一个正常的现象。农业人口向其他产业转移也是经济发展的必然过程。

世界银行1990年的统计数据表明，一个国家的经济发展水平同城市化呈正相关关系。因此，一个国家只有总体经济发展水平提高了，其城市化水平才能提高。尽管有些国家大城市人口剧增，但一方面整个国家城市化水平不高，另一方面这些大城市的发展质量也较低。但是，城市化水平与经济增长速度的关系很弱。经常出现经济增长速度很慢，但城市人口增长很快的情况。如扎伊尔，1960～1982年人均产值递增速度为－0.3%，但城市人口却每年递增6.5%。同时，也存在经济增长速度快而城市人口增长慢的情况，如葡萄牙，与扎伊尔同期人均产值年递增速度为4.8%，城市人口年递增仅为2.2%②。

近年来，甘肃财政收入总量不断扩大，增速提高，为解决甘肃农业转移人口市民化提供了物质基础。但同时也存在很多问题，甘肃经济发展落后，地区生产总值与其他省区相比，总量较少，而且甘肃农村贫困人口规模较大、农业人口较多、城镇化率低、城镇基础设施差等等，都制约着农业转移人口城镇化的顺利实施。

从表2可以看出，卡方检验显著（P<0.05），经济增长、产业结构变化、失业率对农业转移人口市民化的影响呈正相关，经济增长率越高，越有利于农业转移人口市民化。因为经济发展了，才有可能加大城镇基础设施建设，才能有大量的资金用来构建社会保障体系。同时，经济的发展也意味着农业转移人口有更多的工资收入，为他们在城市能够更好地生活提供便利。第一产业增加值比重低，意味着二产、三产增加值高，非农部门有更多的就

---

① 安虎森、郝寿义主编《区域经济学》，经济科学出版社，1999，第201～201页。
② 郑杭生主编《社会学概论新修》，中国人民大学出版社，2003，第338～339页。

业岗位或更高的工资。这都有利于农业转移人口在城镇就业和转化为城镇居民。低失业率意味着高就业率，如果在城市找不到工作，农业转移人口就会失去市民化的基础。

表2 经济因素对农业转移人口市民化的影响

经济因素	指标(%)	变量取值	未市民化(%)	已市民化(%)	样本数和检验
经济增长率	10.8	1	29.3	23.3	N = 237
	8.9	2	28.5	23.8	$X^2 = 12.654$
	8.1	3	28.4	23.3	$P = 0.02 < 0.05$
第一产业增加值比重	14.0	1	24.3	25.7	N = 237
	13.2	2	23.8	25.3	$X^2 = 18.003$
	14.06	3	23.9	26.1	$P = 0.009 < 0.05$
城镇失业率	2.14	1	34.6	37.1	N = 237
	2.19	2	35.7	38.4	$X^2 = 23.03$
	2.35	3	36.2	35.3	$P = 0.012 < 0.05$

资料来源：根据2013~2015年《甘肃省国民经济和社会发展统计公报》相关数据计算。

2. 个人因素对农业转移人口市民化的影响

城市经济的发展对劳动者提出了更高的要求，一个有技术和受过良好教育的人比那些没有技术和文化水平低的人，更加容易转变为城镇居民。一些先赋条件也很重要，如果一个家庭在农村生活时家庭收入就很高，有一定的储蓄，迁移到城市之后，购买了产权房，就能够优先变更为城镇户口，顾虑就会相对少一些。如表3所示，住房对市民化影响非常显著，卡方检验 $P = 0.032 < 0.05$。中国是非常注重亲缘关系的社会，一个村子或一个亲戚在某个城市找到好的就业岗位，就会形成踩路效应，其他朋友或亲戚就会沿着这条路来到城市，找到工作并居住下来。尤其是家族或亲戚中有在城市工作并聚集了一定的财富成为某行业或领域的主管人，其就更能带动其他亲属在城市获得较高收入。收入水平低，每月只挣2000元左右的农业转移人口，其本人几乎不考虑更改户籍变为城镇居民。城镇对他来说只是个打工的地方，所有希望还在农村。

表3 个人因素对农业转移人口市民化的影响

个人因素	指标	变量取值	未市民化(%)	已市民化(%)	样本数和检验
在城市有无住房	有	1	10.1	47.2	N=237 $X^2=22.326$ $P=0.032<0.05$
	无	2	36.2	23.1	
教育程度	大学	1	19.3	26.1	N=237 $X^2=11.432$ $P=0.001<0.05$
	中学	2	25.3	23.3	
	小学	3	43.6	10.3	
有没有当老板的亲戚	有	1	17.9	36.2	N=237 $X^2=32.221$ $P=0.033<0.05$
	无	2	26.3	24.3	
工资收入（元）	2000以下	1	29.3	16.7	N=237 $X^2=19.321$ $P=0.003<0.05$
	2000~4000	2	23.7	27.3	
	4000以上	4	20.3	40.3	

资料来源：根据237份问卷调查数据计算。

3. 社会制度对农业转移人口市民化的影响

农业转移人口市民化不仅要加快推进户籍制度改革，实现农业转移人口身份和职业的转变，更重要的是在劳动就业、公共服务、社会保障、住房保障、城市融入、政治参与、民主权利等多个领域进行制度改革，全面推进农业转移人口市民化，使农业转移人口在公共服务、社会保障和政治权利等方面享受与城市居民同等的待遇，才能最终实现农业转移人口从传统乡村文明向现代化城市文明的整体转变。

2016年1月，公安部召开会议，要求针对以农村学生升学和参军方式进入城镇的人口、在城镇就业和居住5年以上的人口、举家迁徙的农业转移人口等四类群体，逐一研究落户政策。

全家在城市生活5年以上的农业转移人口，从制度层面能优先转为城市居民。一个家庭在城市能生活5年以上，说明有产有业，可以不依赖农村的土地保障。调查数据统计结果也显示，这类家庭市民化率较高。土地流转对农业转移人口市民化的影响巨大，尤其是城镇郊区的农民，从土地流转中获得的报酬往往是一笔很可观的收入，可以用来在城镇购买房产，也可以作为进入新的生产行业的基础保证金。失地农民也

会被城镇化。所以,土地流转政策对农业转移人口市民化的影响非常大。(见表4)

表4 社会制度对农业转移人口市民化的影响

社会制度	指标	变量取值	未市民化(%)	已市民化(%)	样本数和检验
全家在城市生活满5年	是	1	21.3	33.5	N = 237 X^2 = 31.112 $P = 0.04 < 0.05$
	否	2	32.1	26.2	
农村土地是否流转	是	1	13.1	53.2	N = 237 X^2 = 11.321 $P = 0.012 < 0.05$
	否	2	48.2	22.1	
是否交养老保险	是	1	22.9	39.2	N = 237 X^2 = 26.632 $P = 0.011 < 0.05$
	否	2	31.1	21.3	

资料来源:根据237份问卷调查数据计算。

4. 文化心理对农业转移人口市民化的影响

城市生活的发展,经济和社会关系的日益复杂,改变了人们传统的地域观念、家族观念和生活方式,推动了新的组织制度的形成,扩大了人们的社会交往,有助于培养人们的竞争和进取精神,将人们从过去封闭式的地区性生活中解放出来[①]。城镇化本质上是一种社会变迁的反映,也必然影响城市社会发育。城市社会发育过程中,资源配置、社会治理和文化观念三个层面相互贯通、相互制约,构成城镇化与城市社会发育的关系系统。近年来,城镇化发展较快,但农村转移人口文化观念的转变则相对滞后,他们受中国传统文化和区域文化影响较大,人们对关系的依赖强于制度。许多农村转移人口往往重关系轻制度,重积累轻消费,重均等轻竞争,这与现代城市重视交流融合、合作共赢、遵守制度、适度消费和合理竞争等观念要求相冲突,凝聚城市社会发展共识较难。

所以,文化心理也是影响农业转移人口市民化的重要因素。很多人从观

[①] 郑杭生主编《社会学概论新修(第三版)》,中国人民大学出版社,2003,第338~339页。

念上就抵触城市生活和城市文化。年轻人与年龄大的人相比，更能融入城市生活。有很多的农业转移人口不愿意留在城市（见表5）。

表5 文化心理对农业转移人口市民化的影响

文化心理	指标	变量取值	未市民化(%)	已市民化(%)	样本数和检验
交往的城市居民比农业转移人口	多	1	19.7	34.1	N = 237 $X^2 = 31.032$ $P = 0.039 < 0.05$
	少	2	23.6	26.9	
城市比农村	好	1	17.9	29.1	N = 237 $X^2 = 21.221$ $P = 0.029 < 0.05$
	差	2	36.1	24.3	
想不想转成城市户口	想	1	31.8	20.7	N = 237 $X^2 = 21.662$ $P = 0.041 < 0.05$
	不想	2	37.1	13.5	

资料来源：根据237份问卷调查数据计算。

（二）甘肃影响农业转移人口市民化的多因素分析

二元Logistic模型是用来分析定性变量与各个影响之间关系的重要工具之一[①]。其概率分布函数是 $F(t) = \dfrac{1}{1+e^{-t}}$，在重复观测值可以得到的情况下，同样可以采用广义最小二乘法估计二元Logistic选择模型 $Var(e_i) = \dfrac{p_i(1-p_i)}{n_i}$，用样本重复观测得到 p_i 的构成"成败比例" $\dfrac{p_i}{1-p_i}$，取对数并进行Taylor展开，有 $\ln\dfrac{p_i}{1-p_i} \approx \ln\dfrac{p_i}{1-p_i} + \dfrac{e_i}{p_i(1-p_i)}$。更一般地，将logistic模型表示为：$\ln(\dfrac{p_i}{1-p_i}) = \alpha + \sum\limits_{k}^{n}\beta_k x_{ki} + \mu$。其中 p_i 为农业转移人口市民化的概率，$1-p_i$ 为农业转移人口非市民化的概率；i 为样本的编号；k 为影响因素编号；n 表示影响因素的个数；β_k 为影响农业转移人口市民化条件的各影响因素的待估参数；x_{ki} 为农业转移人口市民化的影响因素；μ 是误差项。将

---

① 李子奈、潘文卿编著《计量经济学》，高等教育出版社，2000，第307~308页。

农业转移人口的市民化水平作为因变量,对影响其市民化水平的因素进行多元回归,采用 Logistic 统计模型下的逐步回归法,将经济因素、个人素质、社会制度、文化心理四个因素逐步纳入模型之中进行分析。统计结果表明,四个模型均通过了 F 统计检验,整个回归模型的 R^2 达到了 0.321、0.223、0.101、0.291(见表6),表明此次回归结果取得了良好的拟合效果,并且在一定程度上说明经济因素、个人素质、社会制度、文化心理四个因素对农业转移人口市民化水平有着重要的影响。从回归系数和显著性水平数据来看,经济因素、个人素质、社会制度和文化心理对甘肃农业转移人口市民化影响是显著的,也符合单因素分析的判断。

表6 二元 Logistic 回归结果

		模型1		模型2		模型3		模型4	
		系数	P值	系数	P值	系数	P值	系数	P值
经济因素	经济增长	0.223	0.038	0.432	0.032	0.721	0.012	0.647	0.043
	产业结构	0.478	0.018	0.434	0.012	0.128	0.075	0.763	0.004
	失业率	-3.284	0.025	0.228	0.028	0.384	0.064	0.328	0.064
个人因素	住房			0.728	0.043	0.729	0.247	0.879	0.083
	教育			-0.232	0.267	0.328	0.039	0.637	0.002
	亲属			0.983	0.002	-0.826	0.021	0.762	0.003
	工资			0.227	0.032	0.258	0.001	0.674	0.008
社会制度	居住时间					0.637	0.003	0.439	0.043
	土地流转					0.332	0.032	0.032	0.032
	养老金					0.674	0.051	0.321	0.021
文化心理	社会交往							0.669	0.062
	城乡比较							0.873	0.009
	留城意愿							0.525	0.027
常数		0.412	0.021	-0.324	0.003	-9.332	0.002	-6.763	0.002
样本数		237		237		237		237	
R^2		0.321		0.223		0.101		0.291	
sig.		0.001		0.000		0.000		0.000	
指数		71%		76%		79%		81%	

资料来源:根据2013~2015年《甘肃省国民经济和社会发展统计公报》相关数据和237份问卷调查数据计算。

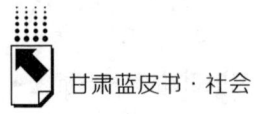

三 进一步促进甘肃农业转移人口市民化的措施

（一）科学制定城乡一体化发展规划体系

党的十八大报告提出，加快完善城乡发展一体化体制机制，着力在城乡规划、基础设施、公共服务等方面推进一体化，促进城乡要素平等交换和公共资源均衡配置，形成以工促农、以城带乡、工农互惠、城乡一体的新型工农、城乡关系。科学合理的城乡一体发展规划作为统筹城乡发展的基础，是城乡一体化科学发展的蓝图和决策依据。科学规划，构建甘肃新型城镇化体系，以自然条件、地理区位、经济社会发展状况、人口与资源分布规律为依据，深入贯彻创新、绿色、共享、协调与开放发展理念，科学制定城镇化发展规划。确保城镇化发展规划具有前瞻性、合理性和可行性，用以引领和调控当地城镇化建设与发展。不断优化国土空间开发格局，划定生态保护红线，建设绿色、低碳、地区文化特色突出的新型城镇。分析甘肃城市和农村在经济与产业发展、收入与消费水平、就业与社会保障、建设与设施服务水平等方面的差异；根据存在的问题，编制有利于促进农业转移人口市民化的城乡统筹发展规划；建立有助于新型城镇化与新农村建设统筹推进的区域支撑系统。

（二）加快户籍政策的落实

2014年6月，中共中央政治局召开会议，审议通过了《关于进一步推进户籍制度改革的意见》，提出要优先解决好进城时间长、就业能力强、可以适应城镇和市场竞争环境的人，使他们及其家庭在城镇扎根落户，有序引导人口流向。2016年1月，公安部召开会议，部署全国公安机关推进户籍制度改革，加快提高户籍人口城镇化率。会议要求，要针对以农村学生升学和参军方式进入城镇的人口、在城镇就业和居住5年以上人口和举家迁徙的农业转移人口等4类群体，逐一研究落户政策。2014年11月，出台了《甘肃省政府关于进一步推进户籍制度改革的实施意见》,就解决农业转移人口落户、建立居住证制度、统一城乡户口登记,形成系统规范的制度。立足甘肃省城镇发展现状和水平,根据城镇的发展潜力和综合承载能力,实施差别化落户政策,形成农业转移人口落户城镇的制度体系。以合法稳定住所(含租赁)为前置条件,全面放开建制镇、中小城市落户限制;有序放开天水、酒泉、武威、嘉峪关等大城市落户限制;合理控制兰州市人口规模,采取积分制等方式设置阶梯式落户通道调控落户规模和节奏。大中城市应优化解决已长期定居、稳定就业、举家迁徙的外来人口落户问题。完善农业转移人口技能鉴定和职称评定体系,优先满足紧缺的高素质农业转移技术人才及其随迁家属的落户需求。鼓励已脱离农业生产的农村居民入户城镇,鼓励失地农村居民入户城镇,推进农村集中居住地居民就地转换为城镇居民。

(三)强化各级政府职责,承担农业转移人口市民化所需的主要公共成本

厘清各级政府在农业转移人口市民化过程中的责任与权限,构建合理的财政分担体系。由于我国财政转移支付制度不是以常住人口而是以户籍人口为标准,也没有农业转移人口迁入地和迁出地之间协调统筹政策,农业转移人口市民化的成本就落到迁入地政府的身上,这就加大了迁入地政府的财政负担,迁入地政府缺乏推动农业转移人口市民化的积极性。所以,省政府应该制定统筹农业转移人口迁入地和迁出地之间的相关政策,建立以常住人口为标准的财政转移支付制度,并设立农业转移人口市民化专项资金增强各级市政府与小城镇的公共服务供给能力。各级城市政府和建制镇根据自身的经济发展状况和具体条件制定差别化的农业转移人口落户制度、公共服务供给标准,建设与经济发展和人口规模相适应的基础设施和市政公共设施,承担起推进农业转移人口市民化的主要责任。省政府在农业转移人口劳动与就业、社会保障、子女义务教育、基础设施建设、保障性住房等方面制定政策以确保农业转移人口能进得了城、落得了脚,并与各级市政府和建制镇按一定的比例共同承担农业转移人口市民化的成本。省政府应根据甘肃经济发展

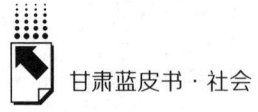

水平和财政状况,以及各级市政府和建制镇的具体情况,尽快确定分担比例,以进一步明确各级政府的责任。

(四)不断提升农业转移人口劳动技能与文化适应能力

农业人口向非农行业、农村人口向城市转移的一般途径是高考,每年大量的农村户籍人口通过高考离开农村,接受高等教育后,在城市和非农行业就业。而没有考上大学,只接受了初等教育和中等教育的农村人口只能滞留在农村从事农业生产或在城市从事非农产业的生产。其中一部分长期在城市就业,但无法获得城市户籍,因而无法享受到城市人口在住房、社会保障方面的权益。也正是因为所受教育水平低,农业转移人口在城市只能从事建筑、餐饮、保洁等低技术含量的工作,相应的工资收入水平也无法提高。各级政府应该举办各种类型的农业转移人口职业技术培训班,通过岗前培训、实践培训、夜校等方式,提高农业转移人口的劳动技能。同时,利用各种媒体,通过电视、网络、报纸等形式,传播各种劳动知识,让农业转移人口从各种渠道获取劳动知识并降低学习成本。农业生产和工业、服务业生产有很大的区别,农业劳动者长期在农业生产中形成的一些劳动习惯,与非农产业的生产不相适应。所以,在加强农业转移人口劳动技能提升的同时,还要通过各种教育形式,提升农业转移人口的文化适应能力,增强法制意识、合作意识、竞争意识、劳动纪律意识和自我保护意识,以更好地融入和适应城市社会环境。

(五)加强新生代农业转移人口的人文关怀

新生代农业转移人口主要是指在城市出生或在农村出生但是城市长大的新一代农业转移人口。改革开放政策实施以来,农村富余劳动力不断地离开农村到城市就业。随着我国工业化和城镇化的加速发展,越来越多的农村富余劳动力流向了城市。从最初的在城市打工,到举家迁移到城市。最初的打工者群体,他们既能从事农业生产,也能从事城市非农产业的生产。也就是说,他们既能在城市生产和生活,也能在农村生产和生活。由于在农村收入低,生活水平差,这些最初的打工群体,来到城市后,他们对自己的权益和社会地位没有更高的期望。相反,他们有一种获得感。而新生代农业转移人口,在城市长大,既不熟悉农村又不会农业生产,但又不能完全地融入城市。他们心理更加敏感,容易产生隔离感和被歧视感。所以,政府在制定就业政策时,要重视新生代农业转移人口的需求;在各类社会文化活动中,积极吸收或邀请新生代农业转移人口参与。通过各种社会组织和社会团体开展活动,加强对新生代农业转移人口的人文关怀。

(六)用市场运作、政府主导的方式推进农业转移人口市民化,减少各类风险

在推进甘肃农业转移人口市民化进程中,要坚持市场在资源配置中的决定性作用,同时发挥省委、省政府在宏观调控、规划制定、资金分配、政策制定、制度创新、协同推进等方面的重要作用,处理好市场与地方政府的关系,广泛借鉴其他省区,尤其是重庆、四川等地统筹城乡发展方面的经验和做法,建立市场运作、政府主导、产业支撑、社会参与和企业推动的农业转移人口市民化成本分担机制。省委、省政府尽快编制《甘肃省农业转移人口市民化总体规划》和设立推进甘肃农业转移人口市民化专项资金,并确定路线图。有目的、有计划、有步骤地稳步推进甘肃农业转移人口市民化进程,化解矛盾,减少和防范各类风险,尤其是土地城镇化与人口城镇化不能同步发展,而导致的各类纠纷和人口"被市民化"问题。

建立甘肃农业转移人口市民化数据库,根据甘肃农业转移人口的就业意向、收入状况、居住地、家庭情况、民族成分、技能、年龄等特征,进行动态化管理。

参考文献

郑杭生主编《社会学概论新修(第三版)》,中国人民大学出版社,2003,第338~

339页。

刘家强主编《人口经济学新论》,西南财经大学出版社,2006,第104页。

安虎森、郝寿义主编《区域经济学》,经济科学出版社,1999,第201~201页。

马春文、张东辉主编《发展经济学》,高等教育出版社,2005,第165~168页。

李为、伍世代:《农业转移人口市民化公共成本测算及分担——以福建为例》,《东南学术》2015年第3期,154~160页。

B.13
甘肃智库建设与发展现状分析

宋圭武 魏立平*

摘 要： 当今时代，知识社会，信息爆炸，科学技术一统天下，不重视智库建设，发展就是盲人摸象，危险自知。根据中央有关智库建设精神，近年来，在省委、省政府的高度重视下，甘肃智库建设从机构设置，到学术活动开展，到成果转化等，都取得了一系列成就。目前，进一步加强甘肃智库建设，需要采取综合对策推进。

关键词： 甘肃智库 建设对策 机构设置 成果转化

什么是智库，简而言之，就是智慧的集合地，就是领导的参谋部。当今时代，知识社会，信息爆炸，科学技术一统天下，不重视智库建设，发展就是盲人摸象，危险自知。

一 甘肃省智库建设现状

（一）机构建设

1. 甘肃社科院调整和理顺机构

甘肃社科院为了解决研究所和科辅机构设置不适应智库建设的突出问

---

* 宋圭武，甘肃省委党校智库工作站副主任、教授，主要研究方向为发展经济学；魏立平，甘肃省委党校智库工作站主任、副教授，主要研究方向为政治学。

题，调整和加强了应用学科研究机构。将原有经济所、农发所，调整为区域所、资环所、农发所；整合人文科学类，将原有哲学所、社会学所、历史所、文化所，调整为哲学社会学所、西北历史与丝绸之路所、文化所；加强决策咨询与数据化工作，将原有政治所、法学所、信息化所、图书馆、杂志社，调整为马克思主义研究所、决策咨询所、公共政策所、信息网络数据中心、杂志社。

2. 2015年7月成立"安宁智库联盟三方学术合作平台"

"安宁智库联盟三方学术合作平台"是经西北师范大学社科处、甘肃省委党校科研处、甘肃省社会科学院科研处三方协商建设的学术交流平台，通过定期开展多层次、多形式的学术交流活动，为甘肃省委、省政府制定相关政策提供智力支持。甘肃省委党校常务副校长范鹏在启动仪式上指出，智库建设已经成为中国特色社会主义建设的重大举措，成为中国特色社会主义建设民主政治构架中的重要因子，安宁智库联盟三方学术合作平台的建设可以使三方的优势得到发挥，劣势得到规避，不足或者短板迅速得以补充。甘肃省社会科学院院长王福生认为，三方联合建立智库合作机制，通过轮办论坛，创造脑力激荡的平台，对于活跃学术氛围、推动丝绸之路经济带建设的研究，有着十分重要的意义。

3. 甘肃省委党校2016年7月成立智库工作站

聘任魏立平为工作站主任，宋圭武、曹建民为副主任，下设11个专家工作室。聘任李含琳为智库工作站首席专家，袁凯为智库工作站专门工作室首席专家，肖安禄为华夏文明传承创新区专题工作室首席专家，王晋林为甘肃地方党史专题工作室首席专家，康民为从严治党专题工作室首席专家，聂佃忠为县域经济专题工作室首席专家，魏立平为文博会专题工作室首席专家，宋圭武为脱贫攻坚专题工作室首席专家，李景铭为民族与宗教专业工作室首席专家，刘永哲为党建红皮书专业工作室首席专家，曹建民为智库工作站专业工作室首席专家。并在2016年8月26日印发了《智库工作站建设工作方案》。

4. 甘肃行政学院先后成立"三所一部五中心"智库建设架构

围绕突出智库功能，甘肃行政学院先后成立"三所一部五中心"智库建设架构，围绕全省中心工作和阶段性急难重热点问题开展研究，突出政策研究和决策咨询，向省委、省政府和国务院及相关部委积极上报了多项研究成果和政策建议。

5. 沿边九省区社科院组成新型智库战略联盟

2014年，为了进一步推进我国沿边省份改革开放，黑龙江、吉林、辽宁、内蒙古、新疆、西藏、甘肃、广西、云南等沿边九省区的社会科学院共同组建的"中国沿边省区新型智库战略联盟"正式成立。

6. 2015年甘肃省教育厅成立高校5个精准扶贫智库

2015年，甘肃教育厅成立高校5个精准扶贫智库。分别是兰州大学的"社区发展与反贫困研究中心"，西北师范大学的"精准扶贫与区域发展研究中心"，兰州交通大学的"农村治理与扶贫开发研究中心"，兰州理工大学的"甘肃生态建设与环境保护研究中心"，甘肃农业大学的"甘肃特色农业产业扶贫开发研究中心"。

7. 2015年12月，中科院兰州文献情报中心成立"西部资源环境与区域发展智库"和"未来地球计划中国国家委员会信息中心"

8. 中国海南改革发展研究院拟设兰州分院

有中国民间智库第一之称的中国（海南）改革发展研究院拟设兰州分院，分院将力求探索甘肃三农扶贫新路子。

9. 兰州市首家具有地方特色的智库联盟落户安宁

2015年9月6日，国务院国资委中国商业发展中心副主任宋国宏、安宁区人民政府区长雒泽民、甘肃可持续发展研究会相关领导和中经创投等企业负责人为"甘肃众创空间产业联盟"暨"中经众创空间产业孵化器"揭牌。

10. 4名中科院院士受聘为兰州新区智库专家

2014年，4名中国科学院院士沈文庆、沈保根、郭华东、吴硕贤和4名中国科学院研究员吴炳方、王心源、李新武、陈锐获聘为兰州新区智库专家。

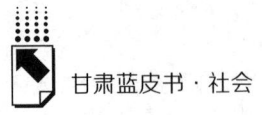

（二）学术活动

1. 2015年7月，"安宁智库联盟三方学术合作平台"建设启动仪式暨"丝绸之路经济带产业融合发展"专家论坛在兰州举行

7月4日下午，由西北师大、甘肃省委党校和省社科院联合主办，西北师大经济学院承办的"安宁智库联盟三方学术合作平台"建设启动仪式暨"丝绸之路经济带产业融合发展"专家论坛在西北师大成功举行。甘肃省委党校常务副校长范鹏教授、西北师大党委书记陈克恭研究员和校长刘仲奎教授、省社科院院长王福生研究员出席并致辞，省社科院副院长朱智文研究员、省委党校副巡视员孙秉文出席，西北师大副校长董晨钟教授主持。

2. 甘肃省委党校智库成果转化渠道《智库建言》正式开通

2015年10月19日，由常务副校长范鹏教授主持，省社科院院长王福生研究员、兰州大学副校长高新才教授等六位专家撰写的以"精准扶贫"为主题的《智库建言》理论特刊第一期在《甘肃日报》第四版刊登，标志着智库建设成果转化渠道正式开通。理论特刊每年十二期，每期讨论一个主题，投稿与约稿相结合。《智库建言》内容主要包括紧扣"四个全面"战略布局，围绕省委、省政府决策相关的重大课题，针对甘肃经济社会发展面临的重大现实问题开展研究，并提供高水准的资政建议，全面展示甘肃省的理论创新和应用对策研究成果，为全面建成小康社会、建设幸福美好新甘肃提供智力支持。

3. 甘肃省委党校召开媒体智库工作对接座谈会

为了深入学习宣传党的十八届五中全会精神，进一步发挥好媒体和智库专家的社会舆论引导作用，2015年11月3日，由甘肃省广播电影电视总台、甘肃省委党校、甘肃省社科院、甘肃社会主义学院、西北师范大学经济学院联合召开的"学习五中全会精神更好引导社会舆论——媒体智库工作对接座谈会"在省委党校召开。省委党校常务副校长范鹏，省广播电影电视总台党委书记、台长康坚，省社科院院长王福生，甘肃社会主义学院常务副院长辛刚国出席座谈会并讲话。会议由省委党校副巡视员孙秉文主持。

4. "甘肃蓝皮书"十周年纪念大会

2016年1月8日,甘肃省社科院编撰出版的"甘肃蓝皮书"十周年纪念大会在兰州举行,同时发布了2016年度经济、社会、文化、舆情、县域、住建、民族、酒泉、商务等九本蓝皮书。自2006年1月8日开始编撰发布"甘肃蓝皮书"至今,已经连续出版十年。

5. 2016年丝绸之路经济带合作发展智库论坛在兰州举行

2016年7月7日,2016年丝绸之路经济带合作发展智库论坛在兰州举行。本次论坛由兰州市社会科学院主办,中国国际贸易学会、中国城市经济学会等权威机构的领导专家学者及有关部门负责人共150余人参加。论坛开幕式由兰州市副市长曹丕玉主持,原外经贸部副部长、进出口银行行长周可仁等8位来自北京和兰州本地的领导专家学者分别发言。

6. 第八届西部五省区社科院院长联席会议在甘肃省社科院举办

2016年7月13日,由西藏、四川、云南、甘肃、青海社科院共同主办,甘肃省社会科学院承办的"藏羌彝民族走廊文化产业发展学术研讨会暨第八届西部五省区社科院院长联席会议"在兰州举办。

7. 甘肃兰州安宁智库联盟文博会专题座谈会在甘肃省委党校召开

为贯彻省委王三运书记关于省委党校、省社科院、西北师大等省内高校科研院所要联合开展文博会研究的指示精神,为高质量可持续举办丝绸之路(敦煌)国际文化博览会提供决策咨询和学理支撑,2016年7月14日,安宁智库联盟3+1学术合作平台召开专题座谈会。省委党校常务副校长范鹏教授主持并讲话,西北师大党委书记陈克恭研究员、甘肃省社科院院长王福生研究员、甘肃省社会主义学院常务副院长辛刚国研究员、西北师大副校长田澍教授、省委党校副校长李润强教授、甘肃省社科院副院长朱智文研究员、甘肃省社会主义学院副院长张有明教授及上述单位的专家学者出席并发言。

8. 2016年8月3日,甘肃安宁智库联盟2016上半年甘肃经济形势研判会在甘肃省委党校举行

会议由甘肃省委党校常务副校长范鹏教授主持,甘肃行政学院党委书记兼常务副院长刘进军教授、甘肃社科院副院长朱智文研究员、甘肃社科院农发所所长王建兵研究员、兰州大学经济学院副院长汪晓文教授、西北师范大学经管学院院长杨立勋教授、甘肃省统计局陈雪霞处长、甘肃省委党校经济社会发展研究所所长张建君教授和经济学教研部副教授马应超出席并发言。同时，会议还收到兰州大学副校长高新才、李含琳、王成勇、吴晓军等专家的书面发言建议。会议对2016年以来的甘肃经济形势做出综合判断并提出建议。

（三）社会影响

1. 安宁智库联盟作为智库建设新亮点被《光明日报》2015年智库大事记报道

在甘肃省委党校常务副校长范鹏教授的倡议和组织下，2015年7月甘肃成立安宁智库联盟三方学术合作平台。此举被《光明日报》2015年智库大事记作为智库建设新亮点进行了报道。

2. 甘肃省委党校智库活动入选"中国智库月度大事记"

《光明日报》2016年11月2日发布了"2016年10月中国智库大事记"，其中介绍了10月23日由甘肃省委党校和甘肃日报社主办的"加强甘肃基础工作"智库专家研讨会。

3. 2016年甘肃省委党校和甘肃省社科院入围"智库网络影响力排行榜200强"

清博大数据作为新媒体大数据第一平台，在国内首次推出智库网络影响力指数评价，主要面向民间、党政军、高校、社科院四类智库主体进行线上影响力评估。评估维度主要包括智库的网络关注度、全网推广度和行业影响力。通过采集网络、微信、微博等渠道反映的智库数据并进行结构化处理，再根据WLLTT值对智库成果进行分析、定量评价、打分排队。2016年9月22日，该机构发布了"2016智库网络影响力排行榜200强"。甘肃省入围的是甘肃省委党校和省社科院，总体排名甘肃省委党校为第147名、甘肃省社科院为第177名。

二 关于甘肃智库建设的进一步建议

（一）要坚决消除官本位观念，真正实现以人才为本

智库的本质是"智"，而"智"的载体是人才，所以，重视智库，核心是要重视人才，要真正发挥人才的作用。如何重视人才？重要的前提是要彻底消除官本位观念。首先，全社会需要彻底消除官本位观念，社会每个人都需要树立尊重人才、尊重知识的牢固理念，要让人才真正坐上席。其次，领导自身需要带头消除官本位观念，这很关键。为此，在具体工作中，领导干部要少摆架子，要多虚心请教，要当好学生，不能以为自己一当领导，就什么都懂，处处指手画脚，瞎指挥。再次，在制度设计上，要对一些不合理的等级体制进行改革，要更加突出建设人才作用有效发挥的制度。社会名誉地位等方面的分配原则，要建立在能力和贡献的基础上，而不应以官阶高低为基础进行分配。

（二）领导干部要做会思考的领导者

首先，领导干部要学好哲学，用好哲学，要大力提高哲学素养，大力提升哲学思维品格。其次，领导干部要博览群书。这里既要重视经典著作的研读和精读，也要广泛涉猎自然科学和社会科学的各种知识。在知识结构上，领导干部应是专家和杂家的有机结合。

（三）要构建学者与领导经常性对话的有效机制

让智库不成摆设、不成形象工程，需要建设将智库成果转化到实践决策层面的有效平台。为此，需要大力构建学者与领导经常性对话的有效机制。一是领导干部应多跟学者交朋友。知识分子要做领导干部的净友。历史发展实践也证明，领导干部多与知识分子交朋友，好处多多，不仅对个人发展有好处，对社会发展好处更大。二是要进一步完善决策咨询制度。有关重大决

策,领导干部应首先征求专家学者的建议和意见。在没有征求专家学者意见和建议前,有关决策不应急于付诸实施。三是要定期多次举行各种形式既有领导参加也有学者参加的研讨会,就有关发展中的问题进行充分研讨和论证。领导干部和学者共同举行研讨会,共同研讨问题,对双方都有好处。对领导而言,可以帮助提高自身理论知识水平,对学者而言,可以补充其实践经验知识,最终有助于实现理论与实践的有机结合。目前,我国许多研讨会,是领导干部开领导干部的研讨会,学者开学者的研讨会,各走各的桥,各过各的道,形成理论与实践两张皮,结果是理论成了教条主义,实践成了经验主义,让社会发展大受其害,我们应彻底改变这种情况。

(四)要重视智库系统的道德建设

智库建设,不仅需要重视知识建设,更需要重视道德建设。知识为智库发展提供动力,道德为智库发展把握方向。方向错了,一切皆错。为此,需要进一步完善智库责任追究制度。智库不能只享受国家提供的优厚待遇,也要承担决策咨询失误所造成的成本。建立健全责任追究制度,是提高智库质量的重要保障。另外,要抓好智库人员的日常道德教育,要将道德教育渗透到日常生活和工作中。从道德建设基础看,德育需要从小抓起,学校教育需要更加重视德育,学校应把德育放在教育的首要位置,不能只重视知识教育,而忽视比知识教育更重要的道德培育。另外,在智库人才的选拔上,也要把道德水平放在首位。要把真正德才兼备的人才充实到智库队伍中。对一些有道德缺陷的人才,要限制利用,或尽可能不利用。

(五)智库知识体系建设需要考虑专业或行业智库与综合智库有机结合

一方面,需要大力建设各行业各部门的行业或专业智库体系;另一方面,也需要建设一定规模的综合智库机构。专业或行业智库主要承担专业或行业发展建议,就本行业和本部门问题提供咨询和参考意见;而综合智库则更多提供综合统筹建议,更多从各行业和各部门统筹或全社会角度提出发展建议和意见。从国家层面看，应考虑设立一个由我国顶级自然科学家和顶级社会科学家共同组成的最高智库机构，为国家发展提供统筹建议。目前，我国还没有这样一个智库机构。而中国科学院、中国社会科学院等，属于行业或专业智库系统，不具有统筹智库职能。另外，在专业或行业智库建设上，对社会科学类智库应高度重视，不能只重视自然科学类智库，而忽视社会科学类智库。因为传统上，我们往往重视自然科学建设，而忽视社会科学建设，其实对社会发展而言，社会科学不比自然科学作用小。因为自然科学更多具有工具理性和手段理性，而社会科学更多具有价值理性和目的理性。目的自然比手段更重要。目的错了，手段再先进，一切都是枉然，甚至结果可能更糟。

（六）智库建设需要全社会树立包容观念

包容有助于催生更多更好的思想和建议，从而有助于提高智库的质量，最终对社会发展十分有利。从中国历史看，凡是提倡包容的年代，社会多是繁荣的。另外，需要注意的一点是，我们提倡包容，但并不意味着允许纵容，纵容并不是包容。包容是容许多元化，是提倡思想解放，着眼点是建设，而纵容则是对恶的放纵，着眼点是破坏。

（七）智库要重点研究"本"问题

社会问题大体分为两类："本"问题和"标"问题。"本"问题是影响社会发展的根本性问题，也是深层次问题。"标"问题是表层的问题，是对社会发展不产生重大影响的问题。智库如何提出更有效的建议，需要重点研究"本"问题。针对"本"问题提出的建议和对策，才是治本之策。对社会发展而言，一般有两大类"本"问题。一是精神文明建设问题。二是贫困问题。精神文明建设为什么是"本"问题？因为精神文明和物质文明的关系是一种间接决定关系，是精神文明间接决定物质文明。下面谈谈理由。

首先，是精神文明决定物质文明，而不是相反。第一，我们不能从物质决定精神的命题推导出物质文明决定精神文明的命题。是物质决定精神，还是精神决定物质,这是一个自然科学命题,其正确性最终需要自然科学的发展来证明。由于属于自然科学的命题,都是实证性命题,所以,是物质决定精神,还是精神决定物质,这也是一个实证性命题。而物质文明和精神文明的关系,则不是一个实证性命题,而是一个规范性命题。因为一旦在物质和精神层面上打上文明的烙印,就不可避免带有主观认定的成分。而一旦有主观性介入,命题就具有了规范命题的性质。根据休谟铡刀原理,从实证性命题的结论,是推导不出规范性命题的结论的。所以,我们也就不能从物质和精神的关系命题推导出物质文明和精神文明的关系命题。第二,从实践过程看,物质文明是人作用于自然界的结果,而人在作用于自然界时,人的精神价值取向对其实践行为具有统摄作用。一般情况是,高贵的精神状态,产生高贵的物质状态,粗俗的精神状态,产生粗俗的物质状态。第三,物质文明对精神文明的存在形式只具有决定作用,并不对精神文明的存在实质或价值取向具有决定作用。比如,计算机、互联网等的发展,最终只是改变了精神文明的存在形式,但对其存在实质或价值取向并没有产生决定性的作用,并不是物质文明水平提高了,就决定了精神文明水平的提高。

其次,精神文明决定物质文明不是一种直接决定,而是一种间接决定。第一,人类的文明主要包括三种类型的文明:精神文明、制度文明、物质文明。这里笔者将生态文明等所有物质形态的文明都归入物质文明范畴。第二,从精神文明到物质文明,中间有一个制度文明。精神文明规定了社会的价值取向,制度文明规定了要实现特定价值取向需要接受的制度约束,物质文明是具有特定价值取向的人在特定的制度约束下所产生的物质成果。这里处于一定精神价值取向的人,要将自己的劳动作用于自然界,要变精神文明为物质文明,总是离不开特定的制度约束。第三,制度文明决定了从精神文明到物质文明的转换成本或转换路径。好的制度设计,会极大提高从精神文明到物质文明的转换效率;不好的制度设计,则相反。第四,若把文明比作一棵树,则精神文明、制度文明、物质文明三者之间的关系是,精神文明是树根,制度文明是树干,物质文明是树果。树根通过树干,间接决定树果。

再次,世界各国发展的历史实践也证明,一个国家的民族精神对国家发展是一个重要的长期决定变量（不是短期决定因素）。比如德国、以色列、日本等，其背后所具有的精神性因素对这些国家的发展起到了长期关键的作用。战争可以毁灭一个国家的物质文明，但只要其精神文明不毁灭，物质文明就不会最终被毁灭。纵观世界其他各国发展情况，也是如此。凡是经济发展较好的国家，或具有长期发展优势的国家，其国民的诚信意识、理性意识和敬畏意识也普遍较强。若一个国家的国民普遍不守秩序、不讲诚信，这样的国家是不可能有长期发展优势的，最终也不可能建立起强大的物质文明。

为什么贫困问题也是"本"问题，因为贫困的危害是巨大的。危害性具体表现在多个方面。第一，贫困让贫困者的生产方式成为一种异化形式。在贫困地区，劳动的边际收益十分低下，往往会催生一种个人生产上的懒惰行为。这里懒惰实质是贫困者对自己生产活动一种绝望的逃离，最终这种逃离达到了否定自身生产行为的目的。这里劳动的边际收益低下是贫困者产生生产方式异化的主要根源。第二，贫困让贫困者的生活方式也成为一种异化形式。比如过度节俭，本质是想进一步维持生命的存在，但结果导致生命进一步加速折旧，最终让贫困者自身的存在方式成为自身存在的一种否定。再比如高价婚，本质是想维持婚姻，想通过婚姻获取收益最大化，但最终结果是让婚姻的基础更为脆弱，让婚姻自身也成为否定自身的形式。贫困为什么会导致生活方式异化？根据经济学边际效应递减原理，贫困让内在生命存在的边际价值更低，让外在物质存在的边际价值更高，从而导致外在物质的价值高于内在生命的价值，最终外在物质成了最高目的，而内在生命则成为实现目的的手段。第三，贫困进一步加剧了人与人之间的紧张关系。贫困既让自身的生命价值降低，也让别人的生命价值在自己眼中降低。第四，由于异化，贫困者往往具有双重人格。一方面是柔弱，一方面是残暴，并且在不同的场景会有不同的人格演出。第五，贫困也进一步加剧了人与自然的矛盾。贫困会加剧贫困者通过自然索取财富的动力。有关研究也表明，越贫困地区的人们环保意识越淡薄，进行环境保护的难度越大。第六，贫困对经济增长也十分不利。来自贫困的消费需求和投资需求必然是十分有限的。有关研究表明，基尼系数每降低1个百分点，经济增长率可提高0.2个百分点。另外，由于需求档次低，贫困也不利于经济结构优化升级。第七，贫困也容易滋生腐败行为。贫困所诱致的人格更多是一种物质偏好型人格，一旦这种人格掌握权力，必然更容易为外界利益所诱惑，在制度防范不严密的情况下，往往也更容易成为腐败分子。最终导致贫困地区腐败与贫困互相助推。一方面，贫困助推腐败；另一方面，腐败让贫困地区脱贫更难、效率更低。这种情况也被有关研究所证实。

（八）智库学者要争做一流学者

要成为一流学者，需要具备三种基本品格。第一，应具备广博的知识品格。研究者知识基础是专好，还是博好，不能一概而论。一般不同学科专业研究要求研究者应具有不同的知识基础。有的学科专业要求知识越专越好，比如数学专业，尤其是数论分支，几乎就是象牙塔学问。有的学科专业研究则要求知识越广博越好。对智库学者而言，知识基础应越广博越好，这样对社会经济问题分析会更全面深刻，提出的对策建议会更有实用价值。第二，应具备大爱的道德品格。大爱的道德品格应体现在两方面。一方面，学者的研究目的应是更多构建符合大爱原则的资源配置均衡。符合大爱原则的资源配置均衡应体现两大原则。一是资源配置要符合有利于推进公平原则。因为虽然在局部和短期存在公平与效率冲突的情况，但从长远和全局看，公平与效率本质是统一的，社会有公平，社会才有真正长远的效率。二是资源配置要符合有利于提高福祉原则。另一方面，学者的研究也要求研究者自身有一种大爱和奉献精神。第三，应具备高端的艺术品格。智库研究既是一门科学，也是一门艺术。尤其是在研究成果的表达方面，更需要学者有一种高端的艺术表现手法。比如建言的表现形式应给人以美感，让参阅的人有一种愉悦感和舒适感，而不是枯燥无味或味同嚼蜡。一是表述要简洁准确。陈述语言要尽可能通俗易懂，要尽可能让更多的人读懂你的研究，而不是故弄玄虚，以华丽辞藻掩盖思想空虚，既浪费时间，又浪费纸张。二是论述要深刻全面。表述要求简单，但论述不能简单，论述需要深刻全面。一个学者最终将自己历练成为具有三种品格的一流智库专家，需要通过三个途径的大修炼。第一，要学习、学习、再学习。要活到老，学到老，时时学习，终身学习。要广泛涉猎各种知识。要对知识怀有极大的兴趣。同时也要注意善于利用各种先进的学习方法。第二，要实践、实践、再实践。既需要读万卷书，也需要走万里路。读万卷书是学习，走万里路是实践。纸上得来终觉浅，绝知此事要躬行。实践是更重要的学习。第三，要反省、反省、再反省。反省是一个悟道的过程，是理性之火对实践阅历进行淬炼的过程。没有反省的人生是不值得过的。要成为大家，不仅要每日三省吾身，而且要时时刻刻对自己的学术研究和日常行为进行反省，要在反省中不断提升自己的学术修养和道德人格境界。另外，中国智库学者还要特别注意克服三种不良倾向。一是要坚决克服官本主义倾向。受官本位文化的影响，一些学者将研究看成一种实现个人官职升迁的手段，学而优是为了仕，而不是为了学，不是为了研究问题，而是为了达到个人官职升迁目的，甚至为了达到个人官职升迁目的不惜说假话、套话、虚话，误国误民。二是要坚决克服教条主义倾向。各国有各国的情况，不能盲目照搬别国的理论结论。尤其是政策研究更不能书生意气，一定要和实践紧密结合起来。三是要坚决克服机会主义倾向。

（九）智库建言要坚持五大发展理念

十八届五中全会提出"创新、协调、绿色、开放、共享"五大发展新理念，为中国在新常态背景下发展提供了新动力源泉，智库建言应紧紧围绕五大理念展开。创新是新生动力源泉。对于创新的意义，福特公司创始人亨利·福特说：不创新，就灭亡；《追求卓越》作者托马斯·彼得斯也说：要么创新，要么死亡。创新是一个民族和国家进步的灵魂。没有创新，动力就只有传统存在的旧动力。时间久了，传统存在的旧动力系统可能会面临疲软或不可持续的情况，在这种情况下，创新就尤显必要。持续创新将为发展提供持续新动力。协调是素质动力源泉。社会不是一个无机体，本质也是一个鲜活的有机体，各部分之间必然是互相联系和有机贯通的，同时各部分应有各自合适的比例。若各部分之间关系协调，比例合适，互相配合好，整体必然素质好，有机体有素质，生长必然充满活力。绿色是持久动力源泉。发展坚持绿色理念，体现了一种真正的理性精神，也代表了人类文明发展理念的新境界。你好，也要让自然界好，自然界才有可能为你不断提供动力，为你撑腰，让你茁壮成长。所以，金山银山重要，绿水青山更重要。开放是外部动力源泉。开放为寻找新动力提供了更为广阔的选择空间。在开放的情况下，新资源、新技术、新制度、新文化都会扑面而来，琳琅满目，供你选择。同时，在开放的情况下，社会经济形成的均衡，是更高层次的均衡，有更强的抗击打能力和更高的可适应性。历史发展的实践也反复证明，封闭必然要落后，落后必然要挨打，挨打的时间久了，灭亡也就成为必然。共享是公平动力源泉。共享的本质是公平。在短期内，公平与效率可能有冲突，但在长期内，公平与效率本质是统一的。另外，有公平的社会，必然是稳定的社会。有稳定，秩序就有了保障，发展就有了前提条件。没有稳定，没有秩序，一切发展都是空想。如果用五行学说来看待五大发展理念，创新本质是"火"。因为创新本质是旧的毁灭和新的再造。协调本质是"水"。水润万物而和谐。绿色本质是"木"。有绿色的木才是有生命力的木。开放本质是"金"。因为掘金的过程，本质是突破界限的过程。共享本质是"土"。土是根基，公平就是"土"。根基厚实牢固，发展自然稳固。

B.14
兰州市城市贫困人口生活状况调查

许振明*

摘　要： 贫困是普遍存在的一种社会现象，消除贫困是我们的共同愿望。如何深化我们对城市贫困人口群体的全面认识？本文以城市贫困人口生活状况为出发点，对这一群体基本情况、基本特征、存在问题等进行了深入分析研究，并试图提出解决贫困问题的对策建议，以期对改善城市贫困人口生活状况有所帮助。

关键词： 兰州市　城市贫困人口

从通常意义上来说，贫困有两个方面的含义。一是指资源的匮乏使生活水平低于社会可接受的最低标准。这里所说的资源既包括物质的，也包括文化和社会的。二是指缺乏手段、能力和机会。从这一层面理解，克服贫困就应对贫困人口予以扶助[1]。近年来，随着社会分化的加剧，城市贫困人口的生活状况也面临更多的困难，需要引起更多的重视。

目前，关于兰州市贫困人口的规模还没有一个权威部门给出准确的统计，但无论在学术界还是在政府的实际操作中，都把20%最贫困人口人群确定为贫困人口群体，而在这其中，又把收入最低的10%称为"困难户"，收入最低的5%称为"贫困户"。2015年末，兰州市的城市人口为200.99万[2]，按照这一标准，保守估计，兰州城市贫困人口的规模约为

---

* 许振明，甘肃靖远人，甘肃省社会科学院副研究员，研究方向为社会发展。
[1] 孙光德、董克用：《社会保障概论》（第3版），中国人民大学出版社，2008，第344页。
[2] 甘肃省统计局：《甘肃发展年鉴（2015）》，中国统计出版社，2016。

10万人。

为了真实了解兰州市贫困人口的生活状况,我们设计了《兰州市贫困人口生活状况调查问卷》并分发200份,进行问卷调查和个案访谈,深入进行调查研究,以期对问题有全面、客观的认识。

一 关于兰州市贫困人口的构成

兰州市的贫困人口构成比较复杂,根据我们的调查问卷统计,主要由以下几类人员构成:第一类是城市下岗(失业)人员,下岗人员占31%,失业人员占16%。这在兰州是一个很庞大的群体,主要由早期的产业结构所决定,这一群体已经成为当前社会保障工作的主要对象。第二类主要是长期享受国家救济的"三无"人员,即无劳动能力、无收入来源和无法定抚养人者,占比为8%。第三类是体制内退休较早、收入较低的人员,占5%。这些人在20世纪80~90年代退休,退休工资低,在此后的退休工资调整中,因为工资基数低,所以历年来退休工资变化不大,他们靠微薄的退休工资,勉强维持生活,如遇到退休工资拖欠或身体患病,便会陷入生活困境。第四类是贫困的在职职工,主要是在一些效益不佳的国有、集体企业中或在企业中因为自身的文化、技术水平较低,不能胜任工作者,占12%。第五类是其他人员(28%),主要是有疾病、有工伤的贫困人口城镇居民;早期未参加社会保险的人群;部分城市农民工等。兰州贫困人口的构成见图1。

二 兰州市贫困人口群体形成原因分析

(一)20世纪90年代开始的国有企业市场经济体制改革,产生了今天占贫困人口比例最多的下岗、失业人员

从那一时期以来,大批国有企业关、停、并、转、改,按照现代企

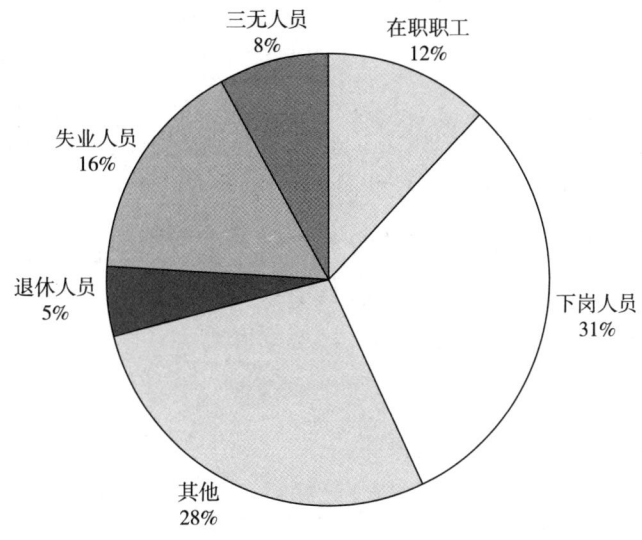

图1 兰州贫困人口构成

业制度的要求,进行市场、产品、资源、人员等的重新定位,以此来提高企业的经济效益。机构精简、人员裁撤、重组资产、股份制改造等一系列措施,造成大量工人一夜之间下岗、失业,涌向社会,自谋出路,而我们的社会又缺乏健全的社会保障体系来迎接他们。尽管下岗、失业职工并非都是贫困人口,但毋庸置疑,下岗或失业是造成他们收入水平下降的直接原因,这些变化使他们的生活境遇急转直下,成为贫困人口。

（二）现代科学文化、技术、信息的快速发展,同样带来了一些贫困人口

以新技术、信息化的快速应用为标志,企业的生产革新日益加快,企业对劳动者的依赖程度逐步减弱,但对劳动者科学文化素质的要求越来越高。知识结构老化、年龄偏大的劳动者,难以满足企业快速发展的要求,对他们而言,收入降低或者失去工作机会,也是在所难免。

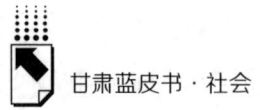

（三）行业差别、地区差异，也是兰州市贫困人口群体产生的重要原因

兰州作为我国最早的一批老工业基地，在新中国成立初期布局了一批关系国家经济社会发展的大型企业，由此也形成了独特的工业体系。而我们的收入取决于现行的初次分配，再分配的比例很小，经济效益好的行业和地区，职工的收入较高。目前来看，兰州市收入较高的行业主要有：电力、化工、网络技术、市场营销等行业。而纺织、建材等行业工资较低。从行业本身来说，一些垄断行业、大企业的收入高于其他行业、企业。

（四）社会保障的"最后的安全网"作用亟待提高

从20世纪90年代以来，兰州市的社会保障制度得到了长足的发展，基本做到了"应保尽保"，贫困人口的基本生活得到切实的保障。由于享受社保有明确的规定，对于一些社保边缘人群来说，因为差一点点，就不能享受社保。这种一刀切的方法虽然看似公平，却不利于贫困人口群体增加收入，改善生活条件。

（五）食品与生活类价格上涨导致贫困人口家庭收入相对下降

近年来，兰州的物价总体水平呈现高位运行的势态，与居民生活息息相关的食品以及生活类用品价格上涨较快，其中2015年粮食较上年上涨1.5%，肉禽上涨3.4%，蔬菜更是较上年上涨5.9%，对贫困家庭的生活影响更为明显。以兰州牛肉面为例，2014年一碗的价钱在5元左右，到2016年则涨到7元一碗，上涨40%。另外兰州市统计局的数据显示，2016年1~7月，兰州市食品烟酒类价格上涨2.8%[①]；衣着类上涨2.3%；生活用品及服务类上涨0.2%；医疗保健类上涨1.0%；居住类上涨0.7%；其他用品和

---

① 《2016年1~7月兰州市经济运行情况分析》，兰州统计局官网，2016年9月5日。

服务类上涨0.5%。食品价格上涨抵消了贫困人口家庭收入增加，使贫困人口家庭收入相对下降。

三 兰州市城市贫困人口的基本特征

（一）贫困人口的结构发生了一定变化，但总体来说变化不大

从图1中我们可以看出，兰州市的贫困人口主要为城市下岗、失业人员，"三无"人员，较早退休的职工及家属，在职职工中的贫困人口等。在改革开放初期，兰州市的贫困人口主要由"三无"人员构成，这一部分人员没有或者缺少创造财富的能力，由此他们基本被政府纳入了救助和优抚安置的范围，从致贫原因来看，他们主要是老、弱、病、残疾等造成，这一群体的贫困人口数量相对来说较为稳定，对社会的负面影响较小。再看兰州市贫困人口中占主体的城市下岗、失业人员，他们伴随着市场经济的推进而产生，有很强的时代特征。他们失去工作和收入是非自主的，并且社会也没有做好准备接纳他们，没有工作机会，也没有来自政府的社会救助和安置。这一部分人员与在职职工的收入和生活境遇差距迅速拉大，能够快速转变观念、迎难而上的，可以脱离这一群体，有一个较好的发展前景，否则只能一沉到底。客观地说，近年来，国家和省市出台了一批关于下岗、失业人员的社会保障和增加收入政策，他们的境遇已经大为改观。另外，构成兰州市贫困人口中的较早退休人员以及在职职工中的低收入者，他们中的一部分本可以生活得好一些，但是一些政策和体制导致他们面临现在这样的困境，希望能通过社会保障政策的调整让他们脱离困境。细看兰州市城市贫困人口的构成，我们发现，贫困人口的构成并没有发生太大的变化，只是他们的位次有一些细微的变化，主要还是经济改革和城市化的快速发展造成的。

（二）城市贫困人口中出现一种低龄化的趋势

根据调查，兰州市的贫困人口中出现一些较为年轻的人口，比如一些刚

参加工作或不能实现初次就业的人群。根据我们的分析,这一方面是目前就业竞争压力大,一部分面临初次就业的人员加入待业的行列中来。另一方面,激烈的工作竞争,也使一部分人员的工作很不稳定,以灵活就业、自主创业和非正规就业者为主。

通过调查走访,我们也发现了一个更深层次的问题,就是贫困的代际传递问题。对于城市贫困家庭的子女来说,贫困时时刻刻都困扰着他们的教育、医疗、就业、婚姻等方方面面。在现实的商品社会中,贫困家庭的购买力低下,这不仅使他们的物质生活出现困难,而且使他们不能平等地拥有教育、医疗、就业等资源,从而使贫困家庭的子女在激烈的社会竞争中先天不足,也使贫困家庭的子女在社会阶层地位的排序中落后于非贫困家庭,这种情况演变到最后,可能产生新的贫困阶层,是社会排斥的具体体现。

(三)部分城市贫困人口的"等、靠、怨"思想较为严重,就业观念有待转变

在调查中,我们切实感受到,在一部分贫困人口中间,还存在着一些不切实际的想法和做法。在这部分人看来,他们今天的境况,完全是由政府和企业造成的,思想僵化,不思改变,认为政府和社会必须为他们负责找工作,提供就业保障。对于政府提供的就业机会,不能正确看待和利用,贪图安逸享受,不能从细小处入手,高不成、低不就,就业观念还停留在计划经济时期的"铁工资""铁饭碗"。对于非正规就业、灵活就业和自主创业来说,他们缺少一技之长,害怕失败,很少敢于尝试,由此形成了比较严重的"等、靠、要"思想,日子也在抱怨中一天天过去,他们的困境也未得到有效地缓解。

(四)贫困人口的群体行为和群体意识已经显现,需要正确引导

在改革开放以前,兰州的贫困人口是一种散居的状态。市场经济改革以来,兰州市贫困人口成行业、成企业、成地区的出现,比如纺织和钢铁行业、兰州三毛厂、兰通厂,以及下岗职工比较集中的兰州七里河区。这些贫

困人口往往具有高度相似的人生经历,共同的生活境遇,又居住在紧密相连的社区,容易形成统一的群体行为和群体意识。加之这一部分人的文化素质较低,从众心理强,他们之间容易形成较强的认同感和归属感。同时,现代信息传媒非常发达,一些网络舆情要是引导不好,容易产生贫困人口的群体性事件,危害整个社会的和谐稳定。

四 兰州市贫困人口的生活现状

(一)基本情况

从贫困家庭的人口构成来看,贫困家庭的人口规模较大。2016年,兰州市城市户均人口数为3.01人[①],而我们此次调查的贫困家庭户均人口数为3.22人,较城市户均人口数高6.97%,说明贫困家庭的经济负担较重。如果按照贫困家庭平均有一人有工作或收入来说,抚养比则高达2.22,即一个劳动力要负担不包括本人在内的两人以上的生活,压力不言而喻。

从贫困家庭的文化程度来看,家庭成员的文化水平普遍较低。根据调查,兰州市贫困家庭成员的平均受教育年限为7.8年,也就是以初中、小学教育为主。不论是在现实中还是在理论界,都有这样一种观点,劳动者的收入与受教育程度成正比,即劳动者的受教育程度越高,则他的收入就会越高,反之收入就越低。劳动者的受教育程度越低,他们陷入贫困的概率就越大;受教育程度越高,他们陷入贫困的概率就越小。根据一项调查,初中以下文化水平的贫困发生概率是大学及以上贫困发生概率的5倍左右。可见,受教育程度对贫困的影响十分大。

从所处的行业来看,贫困人口多处于收入较低的行业。兰州城市贫困人口在就业上多集中于批发、零售、传统制造业等行业,且企业性质以个体私营为主。通过进一步访谈我们发现,这一部分企业产品科技含量不高,多是劳动密集型企业,对员工的学历要求不高,贫困人口可以以较低的门槛进入

---

① 《2016年1~7月兰州市经济运行情况分析》,兰州统计局官网,2016年9月5日。

企业，但同时这些企业也不可能为每个人购买工伤、养老、医疗保险等，因而增加了贫困人口的就业风险，实际上也降低了他们的收入。

（二）城市贫困人口的生活及消费

1. 收入情况

2015年兰州市城市人口人均收入为27088元①，与上年同比增长10.5%。而根据我们的调查，兰州市贫困人口的人均收入仅为6673元，不到城市人均水平的四分之一，如果再拿城市高收入家庭与贫困家庭相比，则收入差距更为悬殊。归根结底，城市贫困人口的收入只能维持基本的生活需求。

2. 消费情况

2015年兰州市城市居民人均消费支出20156元②，与上年同比增长6.9%，而同期贫困家庭的人均消费支出为4981元，两者之比将近4∶1。城市贫困人口的消费方向为生活必需品，消费结构单一，食品消费比重偏大。贫困家庭另外两项大的消费就是教育和医疗费用支出，孩子作为未来的希望，每个家庭都希望他们能获得良好的教育，无关贫富，贫困家庭更是如此。但是，高昂的教育费用却使贫困家庭无力承担，在调查中有近半数的家庭表示教育费用尤其是高等教育费用让他们不能承受。贫困家庭另一个主要支出项目是医疗费用，贫病交加可能是很多贫困家庭的真实写照，相对于较高的医疗费用很多贫困人口的做法就是小病忍、大病拖。我们的调查显示，有36.5%的贫困人口在生病时不能及时得到救治，分析其中的原因不难发现，主要还是医疗费用高，贫困人口不敢贸然就医。

（三）兰州市城市贫困人口的健康状况和精神状态

1. 健康状况

对于贫困人口家庭来说，贫困不仅仅是他们需要克服的主要问题，他们时常也面临一些健康和疾病问题的困扰。在回答诸如"你的家庭现在面临最大的

---

① 《2016年1~7月兰州市经济运行情况分析》，兰州统计局官网，2016年9月5日。
② 《2016年1~7月兰州市经济运行情况分析》，兰州统计局官网，2016年9月5日。

困难是什么"的问题时,有39%的被访者选择了"生病就医",这一方面说明贫困人口家庭的成员健康状况不容乐观,也从侧面说明现在的就医难就医贵的问题。这一部分贫困人口身体状况不佳,患有各种各样的疾病或慢性病,处理不好,很容易陷入"因病致贫,因病返贫"的怪圈。除了健康问题困扰贫困人口的生活外,住房和子女教育等问题也一直困扰着他们(见表1)。

表1 贫困人口困难调查

单位:%

你的家庭现在面临最大的困难	比例	你的家庭现在面临最大的困难	比例
生病就医	39	子女上学	15
住房过于紧张	33	基本生活不能保障	13

资料来源:调查问卷。

2. 精神状态

从前面的分析中我们知道,兰州市贫困人口的一部分来源是市场经济体制改革中的下岗、失业人员,可以说是中国经济转型的副产品。他们有很强的被剥夺感,还有一些对社会的不满。对于自己目前的境遇无能为力,交往圈子也基本限定在有同样遭遇的人。他们既强势争取自己的权益,又自卑、焦虑,不愿主动与社会交流;他们反感有钱人,抱怨社会对他们的不公平;他们对自己缺乏信心,变得经常爱发脾气。总之,在贫困人口群体中间,存在着一定的精神负担问题,需要正确疏导(见表2)。

表2 城市贫困人口精神状态统计

单位:%

精神状态	有强烈感觉	有感觉	稍有感觉	没感觉
感觉自己低人一等	22	40	25	13
对自己缺乏信心	10	35	20	35
觉得生活没意义	13	38	25	24
变得爱发脾气	16	27	30	27
反感有钱人	20	23	34	23
对社会不满	11	40	26	23

资料来源:调查问卷。

（四）城市贫困人口与农村贫困人口的相关比较

通过调查我们发现，城市贫困人口与农村贫困人口的差异主要体现在以下几个方面。首先，在面对风险方面，农村贫困人口要强于城市贫困人口。千百年来，农民依靠着土地生存，土地为他们供应粮食、蔬菜等大部分生活必需品，手中有粮，心里不慌，他们面临的主要是自然风险。而在城市，贫困人口主要面对的是经济风险，因为城市的生产生活资料完全依赖于市场，商品化程度远高于农村，如果没钱，就意味着什么事情都干不成。其次，在应对贫困的紧迫性方面，城市更具有迫切性。在应对和解决贫困问题方面，我们以前总是把农村的贫困问题作为重点来抓，经过多年的努力，农村的贫困问题得到了很大程度的缓解，农村的贫富差别问题已不如以前那么突出和尖锐。城市的贫困问题实际上逐渐才得到重视和关注，在经济社会飞速发展的今天，城市的社会差别、贫富差别显得尤为突出，因此，城市贫困人口问题也更显迫切。最后，从贫困造成的后果来看，城市贫困人口问题要重于农村。城市贫困人口居住相对集中，权利意识也强于农村贫困人口，如果不能正确疏导，造成的后果不仅仅是影响社会的稳定，更可能是对经济发展的冲击。

五 解决兰州市城市贫困人口问题的途径探讨

（一）明确解决城市贫困人口问题的中长期目标并分阶段切实实施

城市贫困人口问题是我国在经济社会发展过程中必然出现的一种社会问题，在将来很长一个阶段将继续存在，解决不好势必影响经济社会发展的良好局面。目前兰州市和全国很多地区一样，虽然有个别部门出台了一些解决贫困人口问题的方案、规划等，但缺乏系统性与全局性，还没有解决城市贫困人口问题的近期、中长期系统性规划与目标。应当按照城市贫困人口问题的长期性、迫切性要求，遵循整个经济社会发展的战略目标以及我国将长期处于社会主义初级的这个基本国情，提出和制定兰州市解决城市贫困人口问题的短期和中长期规划任务，并制定明确的任务分解图，确保城市反贫困政策切切实实得到执行。

（二）确定兰州市城市扶贫的基本战略

通过多年的努力，兰州市乃至甘肃省的农村扶贫战略都已经十分明确，而且在实践中发挥了巨大的作用，解决了大多数农村贫困人口问题。但是在城市扶贫工作中还没有提出系统性的战略，这也是解决城市贫困人口问题的一个短板，需要尽快补齐。结合在调查中的体会，我们觉得在制定城市贫困人口扶贫战略时应该充分注意到以下几个方面：第一，经济社会发展与解决贫困人口问题同步发展。第二，充分体现解决城市贫困人口问题中的政府主导和群众参与。第三，充分体现扶贫战略的福利性、救济性、开发性。通过制定城市扶贫的基本战略，来指导我们在解决城市贫困人口问题上的基本工作，推动城市贫困人口问题的解决。

（三）千方百计扩大就业，为贫困人口再就业创造条件

就业是贫困人口脱贫的基本条件之一，是解决贫困人口问题的最主要手段。政府应当通过宏观政策的引导，支持相关行业的健康快速发展，为城市贫困人口提供更多的就业岗位，让他们有业可就，摆脱贫困。要加大对贫困人口职业培训的资金投入，提高他们的就业能力。通过对市场信息的分析研判，引导培训机构有的放矢地进行职业培训。同时，加强与贫困人口的思想沟通，开辟心理辅导站，鼓励下岗、失业人员转变观念，树立信心，培养正确的劳动观念，学习相关的知识与技术，自主择业或自主创业。对于自谋职业和自主创业的贫困人口，要及时向他们宣讲政府的各项优惠政策，尽可能多地为他们提供各项服务。大力发展社区服务业，让更多的贫困人口以灵活多样的方式实现就业，降低就业成本。支持和鼓励小微企业的发展，创造就业机会，吸纳更多的贫困人口实现就业。

(四)完善现行的社会保障制度

社会保障是"最后的安全网",在当前条件下,要逐步完善与贫困人口相关的包括社会保险、社会救助、社会福利等在内的社会保障制度。第一,在社会福利政策方面,应该加大对贫困人口及子女在住房、医疗、教育、退休金等方面的倾斜力度,使他们的基本权益和基本诉求能够得到保障。第二,扩大社会保障的覆盖面。扩大诸如最低生活保障等的覆盖面,做到"应保尽保"。逐步建立适应各类企业的保障制度,做到制度一致、标准一致、管理一致,消除社会保障的体系差别。第三,加快社会保障的立法进程,使社会保障制度在执行过程中做到有法可行,有法可依。

(五)建立贫困人口的监测管理体系

建立贫困人口的监测管理体系,有助于相关部门及时了解情况并采取相应的调控措施。对于贫困人口中新出现的问题及时解决,也能够帮助有关部门准确掌握贫困人口的变化信息,比如失业率、下岗职工的动态等信息。建立监测管理体系的另一个好处是可以使政府部门的扶贫工作持之以恒,有的放矢,使扶贫工作社会化和制度化。同时,建立监测管理体系还可以使研究机构、公益性的社会组织、中介组织等参与贫困人口的研究、帮扶、管理工作,更好地服务于贫困人口脱困工作。

(六)下功夫平抑物价,保护贫困人口利益

贫困人口对物价的上涨承受力有限,上涨的物价不仅使他们的负担加重,支出增加,更是对有限增加收入的一种抵消。同时,上涨的物价也会加重他们的恐慌心理,如果累积放大,就会产生滚雪球效应,引起社会不必要的慌乱和抢购。抑制物价过快上涨,首要关注与贫困人口生活息息相关的米、面、油、蔬菜及肉禽价格的波动,加强有效监管,做好物资调配工作,依法严厉打击垄断市场、哄抬物价等违法行为。其次,慎重适度控制投资规模,避免不必要的价格传导。最后,对事关民生的

水、电、气等价格的调整,也要充分考虑贫困人口的承受能力,做好他们的优惠政策。

(七)强化执法监督,保障贫困人口的合法权益

一要加强最低工资标准的执法检查力度。对于在任何性质企业工作的贫困人口,只要付出了劳动,企业就要按照国家规定的最低工资标准提供报酬,不能以任何理由拖欠工资。二要加强对企业为贫困人口购买"五险"的执法检查力度。不论企业性质任何、规模大小,也不论贫困人口工作时间长短,企业都要主动为职工购买"五险",切实保障贫困人口的合法权益。三要加强九年义务教育执法检查,保障贫困人口子女的受教育权利。

B.15
甘肃省二孩政策影响下的人力资源发展趋势与分析

马 宁*

摘　要： 十八届五中全会回应社会的期待，全面放开二胎，抓住了解决很多社会问题的症结，保证了未来经济社会发展的活力。甘肃省在二孩政策出台后，幼儿数量并没有出现大幅度增长，人口下降趋势并没有回升，由于政策出台时间短，适龄生育人群对政策反应呈现明显的滞后性。目前和今后阶段，建议甘肃省出台相应的生育鼓励政策，吸引移民政策，从而保证甘肃省适龄劳动人口内需。

关键词： 二孩政策　影响滞后性　生育鼓励　甘肃省

一　实施二孩政策后的甘肃人口生育水平

（一）单独放开后的甘肃生育水平

甘肃于2014年3月26日，在全省范围内实施了一方是独生子女的夫妇可生育两个孩子的政策。在这之前，甘肃已于2002年实施了"双独"可生育两孩政策，并于2005年取消了二孩的生育间隔限制。而且在农村头胎是女孩的

---

* 马宁，甘肃省社会科学院哲学社会学研究所助理研究员，研究方向为人口社会学。

家庭,一直是可以安排再生一个子女的。在少数民族中,甘肃对特有的三个民族东乡族、保安族、裕固族和山区牧区的少数民族,实行的是可以生三个的生育政策。从这些措施看,甘肃早就在一半以上的人群中实施了二孩政策。

在全省范围内,2015年进入婚育期并符合单独两孩政策的单独夫妇,共有48436对,其中城镇有34856对,占总数的71.96%;农村有13580对,占28.04%。但这些人群中,真正选择生育二孩的比例并不高,据2013年的一项抽样调查,全省单独家庭中有68%的表示有生育二孩的意愿,当然有意愿并不表示就一定会决定生育,真正决定怀孕生育的应该不超过50%。单独夫妇主要集中在兰州市,原因是这里党政机关多,以前被政策制约而不能生育二孩的家庭多,自然就成了符合单独两孩政策的主要人群(见表1)。

表1 甘肃省单独夫妇总量及构成

市、州	总计	城镇	农村	市、州	总计	城镇	农村
全 省	48436	34856	13580	平 凉 市	2287	1846	441
兰 州 市	17079	14520	2258	酒 泉 市	2270	2158	112
嘉峪关市	1444	1316	128	庆 阳 市	1316	451	865
金 昌 市	1716	1292	424	定 西 市	5004	2823	2181
白 银 市	3498	3080	418	陇 南 市	1429	618	811
天 水 市	3484	2907	577	临 夏 州	1448	907	541
武 威 市	1209	702	507	甘 南 州	597	411	186
张 掖 市	5656	1825	3831				

资料来源:刘冬云:《甘肃实施单独两孩政策对人口发展形势的影响预测》,《中国少数民族人口》2014年4期。

从分县区的单独夫妇数量排名看,居前十名的分别是:城关区、西固区、甘州区、白银区、秦州区、红古区、陇西区、七里河区、嘉峪关市、肃州区等,说明单独夫妇主要集中在城市社区。由于这个群体主要集中在城镇,而城市人口的文化构成高,人们的生育观念转变快,孩子抚养成本也高,因此这项政策实施以来,未见人口出生率明显回升。

单独开放后,没有得到育龄群众的迅速响应,审批数量也有限。在这项

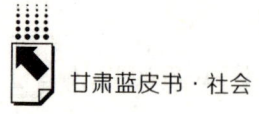

政策实施半年后,全省一共才受理单独夫妇再生育申请3478对,其中城市2948对,农村530对,仅占单独夫妇总数的7.2%。政策公布6个月了,还没有多少人来响应,可见人们生育观念改变之快。作为政府部门来说,认为还存在以下几个方面的原因。

一是部分地方政策宣传不够,一些地方群众知晓率较低,没有形成社会效应。许多群众不知道怎么办,需要提交什么手续,影响了政策的实施,政策宣布一年后,申请人数还不到符合条件人数的百分之十。这就要求加大宣传的力度和范围。

二是部分市、县审批工作进展缓慢、及时率低,一些地方审批时间安排随意性大,与30个工作日限时办结的要求相去甚远。这就需基层单位严格执行限时结办,尽量简化手续方便群众。

三是部分基层计划生育工作人员对政策掌握得还不够精通,不少群众反映办理申报困难,审批材料时间长,还有的地方存在手续复杂,或出现相互推诿、拖延办理等现象,这都需要有关部门加强服务管理,使好的惠民政策尽快及时落地。到2015年底,国家实行了全面放开二孩生育政策,这就是说单独可以生二孩的政策在甘肃共实施了不到两年的时间。

(二)实施二孩政策后全国生育水平的变化

在持续多年的低生育水平的背景下,2013年底国家提出:"一方是独生子女的夫妇可生育两个孩子"的政策,也就是放开了单独生二孩。但到2014年底,全国仅有不足100万对单独夫妇提出了再生育申请,仅为国家预计数的一半,这项政策的实施没有取得预期的提高生育力的目标。这就促使国家在这项政策仅实行一年后,就于2015年底启动了全面放开二孩生育政策。这么快的实施从单独二孩到全面放开二孩政策,足见国家对人口低生育率带来的不利后果的担忧。

人口长期处于低生育水平,带来的最大不利影响就是劳动力年龄人口减少,老年人口增加,被抚养人口增多等。从当前看,许多地方已出现劳动力短缺、企业用工成本增加、农村人口空心化等现象,尤其是人口老龄化的负担加重，据专家预测，到2050年我国将有近5亿人口超过60岁，对此延迟退休年龄的计划正在拟定中，即将出台。

国家自2016年开始实行全面二孩生育政策，这项政策得到了广大群众的支持。根据有关专门机构的测算，在全国范围内，有9000万人左右符合条件生育，其中60%为农村户籍人口。

虽然有这么多人口符合生育条件，还有许多群众有意愿生育二孩，但最后真正落实生育的并不多。估计政策实施后，在最初几年会出现一个生育高峰，每年比过去能多出生200万~400万人口，以后每年比过去多出生100万人左右，生育水平将比现在有一定的提高。

之所以还有一部分人放弃生二孩，主要因素是：一些育龄妇女年龄偏大，担心高龄产子会出现残疾婴儿，而不得不放弃生育；而大部分放弃生育的年轻夫妇则是由于孩子抚养成本高，经济负担重，主动选择放弃生育二孩。

全面放开二孩生育，对我国及时调整人口结构会带来不少利好的效果。首先是改变前些年低生育水平的不利影响，使总和生育率上升，更接近生育更替水平，有利于人口长期均衡发展。其次能缓解人口老龄化的速度，推迟人口老龄化的进展，使我国人口老龄化水平有明显的降低。还可以延迟劳动力人口减少的时间，缓解劳动力资源减少的速度。能使人口性别比失调的局面及时改变，放开二孩后，许多人不再刻意追求生男孩，而溺弃女婴。有两个女儿也是许多家庭可以接受的现实，反而是有了两个男孩成了人们"谈虎色变"的话题，两个男孩就意味着今后孩子成年后要为他们准备两套婚房，这在当今高房价的现实中，将是多么大的负担。

实施全面二孩政策，还会增加家庭的养老功能。一孩化时，一对夫妻要照顾4个老人，生育两个孩子后就不会出现这种局面。在实行这项政策后，到2040年后当大批独生子女父母逐渐进入高龄，处于最需要照顾时，他们当中相当一部分已有2个20多岁的孙辈，可以出力一块协助父母照料基本生活不能自理的祖辈，这就能相对减轻那时社会照料的严重压力。

一对夫妇生育两个孩子，在孩子的成长过程中，即使有一个出现意外，当他们进入老年后，还有一个孩子可以关心和照顾他们，不至于成为失独家庭。

（三）实施二孩政策后的甘肃生育水平

在甘肃全面实行两孩政策后，这一新的生育政策得到了广大群众的拥护和响应，常住人口规模开始呈现持续平稳的增长态势。2016年1~7月，全省共出生14.02万人，其中二孩出生5.87万人，比上年同期增加1万人左右，基本符合预期。根据新修订的《甘肃省人口与计划生育条例》中的规定：夫妻自主安排生育第一个和第二个子女，实行生育登记服务制度。也就是说生育二孩，不需要事先审批，这就大大方便了群众。

全面两孩政策涉及全省约200万对夫妇，综合考虑经济社会发展等因素，未来全省估计会累计多出生约53万人。总的看来，目前全省没有出现扎堆生育的现象，生育水平也没有出现大的波动。据专家预测，全省人口自增率的峰值将出现在2020年，到那时常住人口规模将达到2678万人左右。

由于出生人口的增加，幼儿数量会上升，人口的抚养比也会随之升高。从抚养比变动的趋势看，今后总抚养比变动基本呈现匀速提高的趋势。从总抚养比的构成看，老年人口抚养比快速提高是人口抚养比上升的主要原因。到2033年，总人口抚养比的老少构成会发生从"以少儿抚养比"为主转变为"以老年抚养比"为主的逆转（见表2）。

表2　甘肃人口抚养比变动

单位：%

年度	总抚养比	老年抚养比	少儿抚养比	老年抚养比比重	少儿抚养比比重
2016	35.33	13.58	21.75	38.44	61.56
2017	36.19	14.18	22.01	39.18	60.82
2018	37.17	14.74	22.43	39.66	60.34
2019	38.13	15.34	22.79	40.23	59.77
2020	39.30	15.98	23.32	40.66	59.34
2030	50.73	23.16	27.57	45.65	54.35
2040	64.36	38.27	26.09	59.46	40.54
2050	67.38	40.57	26.81	60.21	39.79

资料来源：西北人口信息中心：《全面两孩政策对甘肃人口发展趋势的影响预测》。

新出生的二孩群体,今后将主要出现在城市人口中,在农村实际上绝大部分群众通过各种渠道,已经生了二孩,只要看看在农村领取了独生子女证人数,就知道已没有多少人还有生育二孩的空间。有些领取独生子女证的家庭,是因为不能再生育才领的证,放开二孩生育,对他们来说没有多大意义。

在城市中,有不少人可以生二孩,而采取了放弃。城市的高抚养成本,是对二孩生育最大的抑制。拿兰州来说,城区的房价每平方米已过万,而群众的人均收入在全国排名是垫底的,在这种情况下,许多年轻人不得不放弃了生二孩的念头。

二 二孩政策对甘肃人力资源水平的影响

(一)二孩政策对劳动力影响的滞后性

一个孩子出生到成长为正常劳动力,起码要 16 年以后,那么 2016 年放开二孩政策后,出生的二孩要成长为劳动力年龄人口,也在 2032 年以后了。现在许多年轻人起码大学毕业后,才开始走上工作岗位,那都是 22 岁后的事,这样推算这批人进入劳动力市场就在 2038 年左右了。

人口因素对经济变量的影响存在迟滞效应,现在出生的孩子对缓解劳动年龄人口不足等问题,需要有一定的时间,这个时间有往后延长的趋势。义务教育纳入了法制范畴,童工现象被进一步制止,高等教育越来越普及,这些都会影响到劳动力市场。因此,目前的二孩政策还不能对劳动力市场起到缓解作用,要等多年后才能见到效果。

二孩政策对劳动力影响的滞后性,还会表现在许多育龄妇女对生育二孩不确定性上,不仅是犹豫不决,而且往往产生放弃的念头,如果有太多的选择不生,同样会在这批劳动力进入市场前,产生影响劳动力持续增长的波动。因此在这个滞后期内,要制定和出台有利于生育二孩政策的社会环境,使滞后期后,劳动力有稳步的增长。

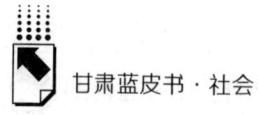

由于劳动力短缺,劳动供给市场会以提高工资收入等措施吸引劳动力就业,这就实际起到鼓励女性就业的作用。会有越来越多的农村女性走出家庭,实现就业,这对于增加家庭收入、提高妇女地位、减轻贫困状况会起到积极作用。但农村女性参与非农业劳动,又会对孩子生育数量有显著的抑制影响,会降低妇女生育二孩的概率。这又不利于劳动力的繁荣与增加劳动力的供给。

为了降低生育二孩对女性流动人口就业可能造成的负面影响,使她们愿意生育二孩,应该积极推动家政服务业的发展,促进子女看护和家务劳动的市场化,减少女性流动人口的孩子照料成本。还要减少流动人口子女入学和就业的壁垒,这将提升女性整体的生育率,使二孩生育比例上升。因此,提高育龄妇女的二孩生育比例,也是克服二孩政策对劳动力影响滞后性的一个重要方面。

自改革开放以来,我国经济一直保持了高速增长,大量的富余农村劳动力涌入了城市,在促进城市经济快速发展的同时,也导致了当前农村劳动力的短缺,以"老弱病残"为主的农村人口结构,致使农村经济增长不前,劳动力的匮乏已经蔓延到了农村。

在新增劳动力进入劳动市场的滞后期后,我国人口的老龄化开始进入高峰期,一部分年轻人将不得不进入抚养和照料老人的行列,这将影响他们进入劳动力大军的步伐,他们只能挑选离家较近、相对不那么紧张的工作,这使他们择业面大大缩小,也使他们成为一个不完全的劳动力。

(二)二孩政策对制止劳动力年龄人口的下降影响有限

由于每年出生人口在下降,即使大多数人选择了生二孩,甘肃劳动力年龄人口的下降趋势仍不可避免。在人们的生育观念已经转变及长期低生育水平的影响下,人口规模的缩小是必然的。不仅全国是这样,甘肃人口也呈现同样的局面。

在二孩政策出台后生育的孩子,进入劳动力大军时为2030年前后,那时全省劳动力人口的总数将比现在少近 200 万，劳动力减少幅度达 11%，这显然是不利于经济发展的。即使到那时延时退休的政策开始实行，以到 64 岁时才退出劳动力市场算，劳动力的减少也要达 85 万，减少幅度为 4.7%。而到 2050 年劳动力年龄人口更将减少 300 多万，这是一个多么严峻的现实（见表 3）。

表 3　甘肃省劳动适龄人口规模变动预测

年度	15～59 岁(万人)			15～64 岁(万人)		
	总计	男性人口	女性人口	总计	男性人口	女性人口
2016	1801.56	914.91	886.65	1934.07	981.90	952.17
2017	1798.89	913.78	885.12	1932.35	981.41	950.94
2018	1798.33	913.47	884.86	1929.60	980.29	949.31
2019	1806.11	917.69	888.42	1927.30	979.55	947.75
2020	1806.95	918.28	888.67	1922.34	977.25	945.09
2030	1609.34	825.28	784.06	1849.79	943.89	905.90
2040	1568.66	811.44	757.21	1714.81	883.66	831.15
2050	1483.52	776.04	707.47	1699.31	879.88	819.43

资料来源：西北人口信息中心：《全面两孩政策对甘肃人口发展趋势的影响预测》。

劳动力的减少，必然导致劳动力成本的增加，企业的用工成本也会提高。而且甘肃为西部贫困省区，人均收入较低，劳动力外流是一个长期存在的现象，这更将加剧劳动力短缺的程度，使社会生产力的发展受到阻碍。

由此看来，放开二孩生育政策，对甘肃来讲，缓解了劳动力年龄人口下降的幅度和推迟了劳动力短缺的时间。现在需要的是，全面放开二孩生育，提高二孩生育的比例，从目的有 60% 左右的一孩夫妇愿意生育二孩，将这一指数提高至 80%～90%，促进甘肃劳动力的可持续发展。

三　应对人力资源水平变化的举措

（一）应适时出台鼓励生育二孩的措施

二孩政策放开后，有意愿再生的人多，而实际选择生育的少。为了进一步提高群众生育二孩的积极性，应该适时出台相应的鼓励政策，如延长产假、奶粉补助、入托补贴等，如果这些措施还不起作用，就可以考虑给予资金奖励，尽管这一办法在西方及台湾实行多年，效果并不明显。

同时要重视及不断完善女性生育保险制度和劳动权益保护，推动社会和工作单位在就业、工资方面对育龄妇女的公平对待，政府要及时出台对于育龄妇女的生育、养育补贴等政策，来缓解因生育造成的对女性的不公平待遇。还需要积极推动家政服务业的发展，促进子女看护和家务劳动的市场化，政府首先应通过新建扩建公办托儿所、幼儿园，增强托儿所、幼儿园的服务与福利功能，解决生育二孩的城镇青年在家庭中面临的突出问题。

对流动人口中的育龄妇女，更应该加以关注，要减少女性流动人口的婴幼儿照料成本，减弱户口壁垒和随迁子女的入学壁垒，这将有利于提升女性整体生育率，提高女性流动人口的社会地位，释放潜在的就业人口，缓解目前我国劳动力短缺的局面，为构建和谐稳定的劳动力市场创造有利条件。

实践证明，人们的生育观念一旦改变，很少能再恢复过来；既然选择不再生了，对所谓的奖励也就不屑一顾。低生育率的国家，还没有再出现生育高峰的前例，我国在长期独生子女政策影响下形成的生育观念，也不会因生育政策的放宽而很快改变。

尽管如此，我们仍要尽其所能地采取措施，促使生育率的上升，以便增加劳动力的供给，并让为此而制定的国家惠民政策能落到实地。实行资金补贴，将不失为一个好的举措，必要时可对愿意生二孩的家庭给予一万元以上的现金奖励政策。鼓励政策也应是多方面的，还可以采取延长带薪产假等方式，这在发达的低生育水平国家已普遍实行。

根据预测，甘肃省育龄妇女总数今后一直处于逐步减少的趋势，今后30余年，育龄妇女总数将从2016年的719.41万人，降至2050年的509.32万人，减少210.09万人，减幅达29.2%。直接影响生育率的育龄妇女出现这么大数量的下降，当然会使出生人口减少，加剧劳动力的短缺现象（见表4）。

表 4　甘肃省育龄妇女规模变动

单位：万人

年份	人口数	年份	人口数
2016	719.41	2020	665.04
2017	710.22	2030	595.12
2018	694.47	2040	561.15
2019	682.01	2050	509.32

资料来源：西北人口信息中心：《全面两孩政策对甘肃人口发展趋势的影响预测》。

与此同时，虽然育龄妇女的人数在减少，但由于放开二孩政策的影响，人口的出生数量会有一定的增长。据计算全面二孩政策实施后，2020年、2030年、2040年、2050年，将比未放开政策下多生育15.97万人、4.76万人、7.43万人和13.21万人。这将大大缓解劳动力急剧下降趋势，但这个预测是在有70%的符合生育政策的家庭生育二孩的基础上做出的。因此，鼓励大家都尽可能地生育二孩，是必不可少的举措。

尽管比未开放时的政策多生了一些人口，但总人口下降的趋势并没有停止。从2030年起，甘肃出生人口将开始显著下降，这一年的出生人口比2020年减少8万多人，减少幅度达23%以上（见表5）。

表 5　甘肃人口出生预测统计

单位：人

年份	总数	男	女	年份	总数	男	女
2016	324967	172572	152395	2020	355888	187292	168595
2017	337602	178812	158789	2030	273807	141769	132038
2018	346859	183285	163574	2040	245718	127014	118704
2019	352633	185943	166690	2050	267409	138226	129183

资料来源：西北人口信息中心：《全面两孩政策对甘肃人口发展趋势的影响预测》。

（二）深入研究二孩生育政策的社会效应

甘肃省十二届人大常委会第22次会议审议通过了《甘肃省人口与计划

生育条例》修正案,标志着一对夫妇可生育两个孩子的政策在甘肃省正式落地实施。2016年是放开二孩生育政策的第一年,今后会有更多的相关问题在实践中凸显出来。

从全国乃至全球的人口发展经验来看,越落后的地区越喜欢多生育,劳动密集型的生产方式越发达的地区越鼓励多生育。二孩政策,对甘肃这样欠发达的省份,非常有吸引力,但经济的落后,使得劳动力的流失非常严重。这就引发了二孩政策对全国的影响与对甘肃的影响,有许多的差异。只有深入研究二孩生育政策的社会效应,才能对甘肃的公共决策提供更加有效的智力支撑。

在甘肃有些贫困地区,多孩家庭不利于孩子的健康成长,会导致因生育造成的返贫,这是不利于社会和谐发展的。同时,光棍村的效应会进一步扩散。中国自1982年开始出现性别失衡,比例逐渐加剧,有关数据显示,"无婚剩男"2020年将接近2400万人,其中超过10%的年轻男性找不到配偶。《甘肃省2015年1%人口抽样调查主要数据公报》显示,2015年11月1日零时,甘肃全省常住人口为2598.09万人,其中,男性人口为1326.07万人,占51.04%;女性人口为1272.02万人,占48.96%。男多女少必将引发排挤效应,高龄男性向低龄女性中择偶,城里男性会找乡下女性,富裕地区的男性会找穷困地区的女性,而剩男将多数集中在贫困阶层、贫困地区。这将导致贫困地区的强奸、性骚扰、性侵犯等犯罪行为增加,间接引发杀人、抢劫等恶性案件。

对甘肃这样的西部贫困省来说,人口问题是个很复杂的问题,既有经济发展的诉求,又有生态的承载能力限制和社会发展的瓶颈影响,需要在实践中不断完善相关政策。

参考文献

张大发:《金桥路漫》,中国国际文化出版社,2009。

苏润余：《中国人口·甘肃分册》，中国财政经济出版社，1988。

吴士起：《跨世纪的中国人口·甘肃卷》，中国统计出版社，1994。

陈波：《世纪之交的中国人口·甘肃卷》，中国统计出版社，2005。

陈波：《迈向小康社会的中国人口·甘肃卷》，中国统计出版社，2015。

《人口与计划生育常用数据手册（2015）》，中国人口出版社，2016。

原新：《从"独生子女"政策到"全面二孩政策"》，《中国少数民族人口》2016年第2期。

顾宝昌：《新时期计划生育工作转型探讨》，《中国少数民族人口》2016年第2期。

中国人口学会：《人口发展与经济新常态·中国人口学会年会论文集（2015）》，中国人口出版社，2016。

杨慧、吕云婷：《二孩对城镇青年平衡工作家庭的影响》，《人口与经济》2016年第2期。

杨昕：《低生育水平国家或地区鼓励生育的社会政策及对我国的启示》，《西北人口》2016年第1期。

马小红：《单独二孩申请遇冷分析》，《华中师范大学学报》2015年第2期。

权威报告·热点资讯·特色资源

皮书数据库
ANNUAL REPORT(YEARBOOK) DATABASE

当代中国与世界发展高端智库平台

所获荣誉

- 2016年，入选"国家'十三五'电子出版物出版规划骨干工程"
- 2015年，荣获"搜索中国正能量 点赞2015""创新中国科技创新奖"
- 2013年，荣获"中国出版政府奖·网络出版物奖"提名奖
- 连续多年荣获中国数字出版博览会"数字出版·优秀品牌"奖

成为会员

通过网址www.pishu.com.cn或使用手机扫描二维码进入皮书数据库网站，进行手机号码验证或邮箱验证即可成为皮书数据库会员（建议通过手机号码快速验证注册）。

会员福利

- 使用手机号码首次注册会员可直接获得100元体验金，不需充值即可购买和查看数据库内容（仅限使用手机号码快速注册）。
- 已注册用户购书后可免费获赠100元皮书数据库充值卡。刮开充值卡涂层获取充值密码，登录并进入"会员中心"—"在线充值"—"充值卡充值"，充值成功后即可购买和查看数据库内容。

卡号：2819721933017110

数据库服务热线：400-008-6695
数据库服务QQ：2475522410
数据库服务邮箱：database@ssap.cn
图书销售热线：010-59367070/7028
图书服务QQ：1265056568
图书服务邮箱：duzhe@ssap.cn

子库介绍
Sub-Database Introduction

中国经济发展数据库

涵盖宏观经济、农业经济、工业经济、产业经济、财政金融、交通旅游、商业贸易、劳动经济、企业经济、房地产经济、城市经济、区域经济等领域，为用户实时了解经济运行态势、把握经济发展规律、洞察经济形势、做出经济决策提供参考和依据。

中国社会发展数据库

全面整合国内外有关中国社会发展的统计数据、深度分析报告、专家解读和热点资讯构建而成的专业学术数据库。涉及宗教、社会、人口、政治、外交、法律、文化、教育、体育、文学艺术、医药卫生、资源环境等多个领域。

中国行业发展数据库

以中国国民经济行业分类为依据，跟踪分析国民经济各行业市场运行状况和政策导向，提供行业发展最前沿的资讯，为用户投资、从业及各种经济决策提供理论基础和实践指导。内容涵盖农业，能源与矿产业，交通运输业，制造业，金融业，房地产业，租赁和商务服务业，科学研究，环境和公共设施管理，居民服务业，教育，卫生和社会保障，文化、体育和娱乐业等100余个行业。

中国区域发展数据库

对特定区域内的经济、社会、文化、法治、资源环境等领域的现状与发展情况进行分析和预测。涵盖中部、西部、东北、西北等地区，长三角、珠三角、黄三角、京津冀、环渤海、合肥经济圈、长株潭城市群、关中一天水经济区、海峡经济区等区域经济体和城市圈，北京、上海、浙江、河南、陕西等34个省份及中国台湾地区。

中国文化传媒数据库

包括文化事业、文化产业、宗教、群众文化、图书馆事业、博物馆事业、档案事业、语言文字、文学、历史地理、新闻传播、广播电视、出版事业、艺术、电影、娱乐等多个子库。

世界经济与国际关系数据库

以皮书系列中涉及世界经济与国际关系的研究成果为基础，全面整合国内外有关世界经济与国际关系的统计数据、深度分析报告、专家解读和热点资讯构建而成的专业学术数据库。包括世界经济、国际政治、世界文化与科技、全球性问题、国际组织与国际法、区域研究等多个子库。

法律声明

"皮书系列"（含蓝皮书、绿皮书、黄皮书）之品牌由社会科学文献出版社最早使用并持续至今，现已被中国图书市场所熟知。"皮书系列"的LOGO（ ）与"经济蓝皮书""社会蓝皮书"均已在中华人民共和国国家工商行政管理总局商标局登记注册。"皮书系列"图书的注册商标专用权及封面设计、版式设计的著作权均为社会科学文献出版社所有。未经社会科学文献出版社书面授权许可，任何使用与"皮书系列"图书注册商标、封面设计、版式设计相同或者近似的文字、图形或其组合的行为均系侵权行为。

经作者授权，本书的专有出版权及信息网络传播权为社会科学文献出版社享有。未经社会科学文献出版社书面授权许可，任何就本书内容的复制、发行或以数字形式进行网络传播的行为均系侵权行为。

社会科学文献出版社将通过法律途径追究上述侵权行为的法律责任，维护自身合法权益。

欢迎社会各界人士对侵犯社会科学文献出版社上述权利的侵权行为进行举报。电话：010-59367121，电子邮箱：fawubu@ssap.cn。

社会科学文献出版社

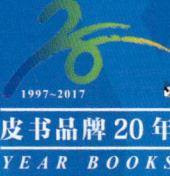

皮书品牌20年
YEAR BOOKS

皮书系列

2017年

智库成果出版与传播平台

社会科学文献出版社
SOCIAL SCIENCES ACADEMIC PRESS (CHINA)

社长致辞

伴随着今冬的第一场雪,2017年很快就要到了。世界每天都在发生着让人眼花缭乱的变化,而唯一不变的,是面向未来无数的可能性。作为个体,如何获取专业信息以备不时之需?作为行政主体或企事业主体,如何提高决策的科学性让这个世界变得更好而不是更糟?原创、实证、专业、前沿、及时、持续,这是1997年"皮书系列"品牌创立的初衷。

1997~2017,从最初一个出版社的学术产品名称到媒体和公众使用频率极高的热点词语,从专业术语到大众话语,从官方文件到独特的出版型态,作为重要的智库成果,"皮书"始终致力于成为海量信息时代的信息过滤器,成为经济社会发展的记录仪,成为政策制定、评估、调整的智力源,社会科学研究的资料集成库。"皮书"的概念不断延展,"皮书"的种类更加丰富,"皮书"的功能日渐完善。

1997~2017,皮书及皮书数据库已成为中国新型智库建设不可或缺的抓手与平台,成为政府、企业和各类社会组织决策的利器,成为人文社科研究最基本的资料库,成为世界系统完整及时认知当代中国的窗口和通道!"皮书"所具有的凝聚力正在形成一种无形的力量,吸引着社会各界关注中国的发展,参与中国的发展。

二十年的"皮书"正值青春,愿每一位皮书人付出的年华与智慧不辜负这个时代!

社会科学文献出版社社长
中国社会学会秘书长

2016年11月

社会科学文献出版社简介

社会科学文献出版社成立于1985年，是直属于中国社会科学院的人文社会科学专业学术出版机构。

成立以来，社科文献依托于中国社会科学院丰厚的学术出版和专家学者资源，坚持"创社科经典，出传世文献"的出版理念和"权威、前沿、原创"的产品定位，逐步走上了智库产品与专业学术成果系列化、规模化、数字化、国际化、市场化发展的经营道路，取得了令人瞩目的成绩。

学术出版 社科文献先后策划出版了"皮书"系列、"列国志"、"社科文献精品译库"、"全球化译丛"、"全面深化改革研究书系"、"近世中国"、"甲骨文"、"中国史话"等一大批既有学术影响又有市场价值的图书品牌和学术品牌，形成了较强的学术出版能力和资源整合能力。2016年社科文献发稿5.5亿字，出版图书2000余种，承印发行中国社会科学院院属期刊72种。

数字出版 凭借着雄厚的出版资源整合能力，社科文献长期以来一直致力于从内容资源和数字平台两个方面实现传统出版的再造，并先后推出了皮书数据库、列国志数据库、中国田野调查数据库等一系列数字产品。2016年数字化加工图书近4000种，文字处理量达10亿字。数字出版已经初步形成了产品设计、内容开发、编辑标引、产品运营、技术支持、营销推广等全流程体系。

国际出版 社科文献通过学术交流和国际书展等方式积极参与国际学术和国际出版的交流合作，努力将中国优秀的人文社会科学研究成果推向世界，从构建国际话语体系的角度推动学术出版国际化。目前已与英、荷、法、德、美、日、韩等国及港澳台地区近40家出版和学术文化机构建立了长期稳定的合作关系。

融合发展 紧紧围绕融合发展战略，社科文献全面布局融合发展和数字化转型升级，成效显著。以核心资源和重点项目为主的社科文献数据库产品群和数字出版体系日臻成熟，"一带一路"系列研究成果与专题数据库、阿拉伯问题研究国别基础库及中阿文化交流数据库平台等项目开启了社科文献向专业知识服务商转型的新篇章，成为行业领先。

此外，社科文献充分利用网络媒体平台，积极与各类媒体合作，并联合大型书店、学术书店、机场书店、网络书店、图书馆，构建起强大的学术图书内容传播平台，学术图书的媒体曝光率居全国之首，图书馆藏率居于全国出版机构前十位。

有温度，有情怀，有视野，更有梦想。未来社科文献将继续坚持专业化学术出版之路不动摇，着力搭建最具影响力的智库产品整合及传播平台、学术资源共享平台，为实现"社科文献梦"奠定坚实基础。

经济类

经 济 类

经济类皮书涵盖宏观经济、城市经济、大区域经济，提供权威、前沿的分析与预测

经济蓝皮书
2017年中国经济形势分析与预测

李扬 / 主编　2016年12月出版　定价：89.00元

◆ 本书为总理基金项目，由著名经济学家李扬领衔，联合中国社会科学院等数十家科研机构、国家部委和高等院校的专家共同撰写，系统分析了2016年的中国经济形势并预测2017年我国经济运行情况。

中国省域竞争力蓝皮书
中国省域经济综合竞争力发展报告（2015~2016）

李建平　李闽榕　高燕京 / 主编　2017年2月出版　估价：198.00元

◆ 本书融多学科的理论为一体，深入追踪研究了省域经济发展与中国国家竞争力的内在关系，为提升中国省域经济综合竞争力提供有价值的决策依据。

城市蓝皮书
中国城市发展报告No.10

潘家华　单菁菁 / 主编　2017年9月出版　估价：89.00元

◆ 本书是由中国社会科学院城市发展与环境研究中心编著的，多角度、全方位地立体展示了中国城市的发展状况，并对中国城市的未来发展提出了许多建议。该书有强烈的时代感，对中国城市发展实践有重要的参考价值。

经济类

人口与劳动绿皮书
中国人口与劳动问题报告 No.18
蔡昉 张车伟/主编 2017年10月出版 估价：89.00元

◆ 本书为中国社科院人口与劳动经济研究所主编的年度报告，对当前中国人口与劳动形势做了比较全面和系统的深入讨论，为研究我国人口与劳动问题提供了一个专业性的视角。

世界经济黄皮书
2017年世界经济形势分析与预测
张宇燕/主编 2016年12月出版 定价：89.00元

◆ 本书由中国社会科学院世界经济与政治研究所的研究团队撰写，2016年世界经济增速进一步放缓，就业增长放慢。世界经济面临许多重大挑战同时，地缘政治风险、难民危机、大国政治周期、恐怖主义等问题也仍然在影响世界经济的稳定与发展。预计2017年按PPP计算的世界GDP增长率约为3.0%。

国际城市蓝皮书
国际城市发展报告（2017）
屠启宇/主编 2017年2月出版 估价：89.00元

◆ 本书作者以上海社会科学院从事国际城市研究的学者团队为核心，汇集同济大学、华东师范大学、复旦大学、上海交通大学、南京大学、浙江大学相关城市研究专业学者。立足动态跟踪介绍国际城市发展时间中，最新出现的重大战略、重大理念、重大项目、重大报告和最佳案例。

金融蓝皮书
中国金融发展报告（2017）
李扬 王国刚/主编 2017年1月出版 估价：89.00元

◆ 本书由中国社会科学院金融研究所组织编写，概括和分析了2016年中国金融发展和运行中的各方面情况，研讨和评论了2016年发生的主要金融事件，有利于读者了解掌握2016年中国的金融状况，把握2017年中国金融的走势。

经济类

皮书系列重点推荐

农村绿皮书
中国农村经济形势分析与预测（2016~2017）
魏后凯　杜志雄　黄秉信／著　2017年4月出版　估价：89.00元

◆ 本书描述了2016年中国农业农村经济发展的一些主要指标和变化，并对2017年中国农业农村经济形势的一些展望和预测，提出相应的政策建议。

西部蓝皮书
中国西部发展报告（2017）
姚慧琴　徐璋勇／主编　2017年9月出版　估价：89.00元

◆ 本书由西北大学中国西部经济发展研究中心主编，汇集了源自西部本土以及国内研究西部问题的权威专家的第一手资料，对国家实施西部大开发战略进行年度动态跟踪，并对2017年西部经济、社会发展态势进行预测和展望。

经济蓝皮书·夏季号
中国经济增长报告（2016~2017）
李扬／主编　2017年9月出版　估价：98.00元

◆ 中国经济增长报告主要探讨2016~2017年中国经济增长问题，以专业视角解读中国经济增长，力求将其打造成一个研究中国经济增长、服务宏微观各级决策的周期性、权威性读物。

就业蓝皮书
2017年中国本科生就业报告
麦可思研究院／编著　2017年6月出版　估价：98.00元

◆ 本书基于大量的数据和调研，内容翔实，调查独到，分析到位，用数据说话，对我国大学生教育与发展起到了很好的建言献策作用。

社会政法类

社会政法类皮书聚焦社会发展领域的热点、难点问题，提供权威、原创的资讯与视点

社会蓝皮书
2017年中国社会形势分析与预测

李培林　陈光金　张翼 / 主编　2016年12月出版　定价：89.00元

◆ 本书由中国社会科学院社会学研究所组织研究机构专家、高校学者和政府研究人员撰写，聚焦当下社会热点，对2016年中国社会发展的各个方面内容进行了权威解读，同时对2017年社会形势发展趋势进行了预测。

法治蓝皮书
中国法治发展报告 No.15（2017）

李林　田禾 / 主编　2017年3月出版　估价：118.00元

◆ 本年度法治蓝皮书回顾总结了2016年度中国法治发展取得的成就和存在的不足，并对2017年中国法治发展形势进行了预测和展望。

社会体制蓝皮书
中国社会体制改革报告 No.5（2017）

龚维斌 / 主编　2017年4月出版　估价：89.00元

◆ 本书由国家行政学院社会治理研究中心和北京师范大学中国社会管理研究院共同组织编写，主要对2016年社会体制改革情况进行回顾和总结，对2017年的改革走向进行分析，提出相关政策建议。

社会政法类 — 皮书系列重点推荐

社会心态蓝皮书
中国社会心态研究报告（2017）

王俊秀 杨宜音 / 主编　2017年12月出版　估价：89.00元

◆ 本书是中国社会科学院社会学研究所社会心理研究中心"社会心态蓝皮书课题组"的年度研究成果，运用社会心理学、社会学、经济学、传播学等多种学科的方法进行了调查和研究，对于目前我国社会心态状况有较广泛和深入的揭示。

生态城市绿皮书
中国生态城市建设发展报告（2017）

刘举科　孙伟平　胡文臻 / 主编　2017年7月出版　估价：118.00元

◆ 报告以绿色发展、循环经济、低碳生活、民生宜居为理念，以更新民众观念、提供决策咨询、指导工程实践、引领绿色发展为宗旨，试图探索一条具有中国特色的城市生态文明建设新路。

城市生活质量蓝皮书
中国城市生活质量报告（2017）

中国经济实验研究院 / 主编　2017年7月出版　估价：89.00元

◆ 本书对全国35个城市居民的生活质量主观满意度进行了电话调查，同时对35个城市居民的客观生活质量指数进行了计算，为我国城市居民生活质量的提升，提出了针对性的政策建议。

公共服务蓝皮书
中国城市基本公共服务力评价（2017）

钟君　吴正杲 / 主编　2017年12月出版　估价：89.00元

◆ 中国社会科学院经济与社会建设研究室与华图政信调查组成联合课题组，从2010年开始对基本公共服务力进行研究，研创了基本公共服务力评价指标体系，为政府考核公共服务与社会管理工作提供了理论工具。

行业报告类

行业报告类皮书立足重点行业、新兴行业领域，提供及时、前瞻的数据与信息

企业社会责任蓝皮书
中国企业社会责任研究报告（2017）

黄群慧　钟宏武　张蒽　翟利峰 / 著　2017年10月出版　估价：89.00元

◆ 本书剖析了中国企业社会责任在2016～2017年度的最新发展特征，详细解读了省域国有企业在社会责任方面的阶段性特征，生动呈现了国内外优秀企业的社会责任实践。对了解中国企业社会责任履行现状、未来发展，以及推动社会责任建设有重要的参考价值。

新能源汽车蓝皮书
中国新能源汽车产业发展报告（2017）

中国汽车技术研究中心　日产（中国）投资有限公司　东风汽车有限公司 / 编著　2017年7月出版　估价：98.00元

◆ 本书对我国2016年新能源汽车产业发展进行了全面系统的分析，并介绍了国外的发展经验。有助于相关机构、行业和社会公众等了解中国新能源汽车产业发展的最新动态，为政府部门出台新能源汽车产业相关政策法规、企业制定相关战略规划，提供必要的借鉴和参考。

杜仲产业绿皮书
中国杜仲橡胶资源与产业发展报告（2016～2017）

杜红岩　胡文臻　俞锐 / 主编　2017年1月出版　估价：85.00元

◆ 本书对2016年来的杜仲产业的发展情况、研究团队在杜仲研究方面取得的重要成果、部分地区杜仲产业发展的具体情况、杜仲新标准的制定情况等进行了较为详细的分析与介绍，使广大关心杜仲产业发展的读者能够及时跟踪产业最新进展。

行业报告类 | 皮书系列 重点推荐

企业蓝皮书
中国企业绿色发展报告No.2（2017）

李红玉 朱光辉/主编　　2017年8月出版　　估价：89.00元

◆ 本书深入分析中国企业能源消费、资源利用、绿色金融、绿色产品、绿色管理、信息化、绿色发展政策及绿色文化方面的现状，并对目前存在的问题进行研究，剖析因果，谋划对策。为企业绿色发展提供借鉴，为我国生态文明建设提供支撑。

中国上市公司蓝皮书
中国上市公司发展报告（2017）

张平 王宏淼/主编　　2017年10月出版　　估价：98.00元

◆ 本书由中国社会科学院上市公司研究中心组织编写的，着力于全面、真实、客观反映当前中国上市公司财务状况和价值评估的综合性年度报告。本书详尽分析了2016年中国上市公司情况，特别是现实中暴露出的制度性、基础性问题，并对资本市场改革进行了探讨。

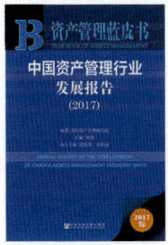

资产管理蓝皮书
中国资产管理行业发展报告（2017）

智信资产管理研究院/编著　　2017年6月出版　　估价：89.00元

◆ 中国资产管理行业刚刚兴起，未来将中国金融市场最有看点的行业。本书主要分析了2016年度资产管理行业的发展情况，同时对资产管理行业的未来发展做出科学的预测。

体育蓝皮书
中国体育产业发展报告（2017）

阮伟 钟秉枢/主编　　2017年12月出版　　估价：89.00元

◆ 本书运用多种研究方法，在对于体育竞赛业、体育用品业、体育场馆业、体育传媒业等传统产业研究的基础上，紧紧围绕2016年体育领域内的各种热点事件进行研究和梳理，进一步拓宽了研究的广度、提升了研究的高度、挖掘了研究的深度。

国别与地区类

国别与地区类皮书关注全球重点国家与地区，提供全面、独特的解读与研究

美国蓝皮书
美国研究报告（2017）

郑秉文 黄平 / 主编　2017年6月出版　估价：89.00元

◆ 本书是由中国社会科学院美国所主持完成的研究成果，它回顾了美国2016年的经济、政治形势与外交战略，对2017年以来美国内政外交发生的重大事件及重要政策进行了较为全面的回顾和梳理。

日本蓝皮书
日本研究报告（2017）

杨伯江 / 主编　2017年5月出版　估价：89.00元

◆ 本书对2016年拉丁美洲和加勒比地区诸国的政治、经济、社会、外交等方面的发展情况做了系统介绍，对该地区相关国家的热点及焦点问题进行了总结和分析，并在此基础上对该地区各国2017年的发展前景做出预测。

亚太蓝皮书
亚太地区发展报告（2017）

李向阳 / 主编　2017年3月出版　估价：89.00元

◆ 本书是中国社会科学院亚太与全球战略研究院的集体研究成果。2016年的"亚太蓝皮书"继续关注中国周边环境的变化。该书盘点了2016年亚太地区的焦点和热点问题，为深入了解2016年及未来中国与周边环境的复杂形势提供了重要参考。

德国蓝皮书

德国发展报告（2017）

郑春荣 / 主编　2017年6月出版　估价：89.00元

◆ 本报告由同济大学德国研究所组织编撰，由该领域的专家学者对德国的政治、经济、社会文化、外交等方面的形势发展情况，进行全面的阐述与分析。

日本经济蓝皮书

日本经济与中日经贸关系研究报告（2017）

王洛林　张季风 / 编著　2017年5月出版　估价：89.00元

◆ 本书系统、详细地介绍了2016年日本经济以及中日经贸关系发展情况，在进行了大量数据分析的基础上，对2017年日本经济以及中日经贸关系的大致发展趋势进行了分析与预测。

俄罗斯黄皮书

俄罗斯发展报告（2017）

李永全 / 编著　2017年7月出版　估价：89.00元

◆ 本书系统介绍了2016年俄罗斯经济政治情况，并对2016年该地区发生的焦点、热点问题进行了分析与回顾；在此基础上，对该地区2017年的发展前景进行了预测。

非洲黄皮书

非洲发展报告No.19（2016～2017）

张宏明 / 主编　2017年8月出版　估价：89.00元

◆ 本书是由中国社会科学院西亚非洲研究所组织编撰的非洲形势年度报告，比较全面、系统地分析了2016年非洲政治形势和热点问题，探讨了非洲经济形势和市场走向，剖析了大国对非洲关系的新动向；此外，还介绍了国内非洲研究的新成果。

皮书系列 重点推荐　　地方发展类

地方发展类

地方发展类皮书关注中国各省份、经济区域，提供科学、多元的预判与资政信息

北京蓝皮书
北京公共服务发展报告（2016~2017）

施昌奎 / 主编　2017年2月出版　估价：89.00元

◆ 本书是由北京市政府职能部门的领导、首都著名高校的教授、知名研究机构的专家共同完成的关于北京市公共服务发展与创新的研究成果。

河南蓝皮书
河南经济发展报告（2017）

张占仓 / 编著　2017年3月出版　估价：89.00元

◆ 本书以国内外经济发展环境和走向为背景，主要分析当前河南经济形势，预测未来发展趋势，全面反映河南经济发展的最新动态、热点和问题，为地方经济发展和领导决策提供参考。

广州蓝皮书
2017年中国广州经济形势分析与预测

庾建设　陈浩钿　谢博能 / 主编　2017年7月出版　估价：85.00元

◆ 本书由广州大学与广州市委政策研究室、广州市统计局联合主编，汇集了广州科研团体、高等院校和政府部门诸多经济问题研究专家、学者和实际部门工作者的最新研究成果，是关于广州经济运行情况和相关专题分析、预测的重要参考资料。

 文化传媒类 皮书系列 重点推荐

文化传媒类

文化传媒类皮书透视文化领域、文化产业，探索文化大繁荣、大发展的路径

新媒体蓝皮书

中国新媒体发展报告 No.8（2017）

唐绪军 / 主编　2017 年 6 月出版　估价：89.00 元

◆ 本书是由中国社会科学院新闻与传播研究所组织编写的关于新媒体发展的最新年度报告，旨在全面分析中国新媒体的发展现状，解读新媒体的发展趋势，探析新媒体的深刻影响。

移动互联网蓝皮书

中国移动互联网发展报告（2017）

官建文 / 编著　2017 年 6 月出版　估价：89.00 元

◆ 本书着眼于对中国移动互联网 2016 年度的发展情况做深入解析，对未来发展趋势进行预测，力求从不同视角、不同层面全面剖析中国移动互联网发展的现状、年度突破及热点趋势等。

传媒蓝皮书

中国传媒产业发展报告（2017）

崔保国 / 主编　2017 年 5 月出版　估价：98.00 元

◆ "传媒蓝皮书"连续十多年跟踪观察和系统研究中国传媒产业发展。本报告在对传媒产业总体以及各细分行业发展状况与趋势进行深入分析基础上，对年度发展热点进行跟踪，剖析新技术引领下的商业模式，对传媒各领域发展趋势、内体经营、传媒投资进行解析，为中国传媒产业正在发生的变革提供前瞻性参考。

经济类

"三农"互联网金融蓝皮书
中国"三农"互联网金融发展报告（2017）
著(编)者：李勇坚 王弢　2017年8月出版 / 估价：98.00元
PSN B-2016-561-1/1

G20国家创新竞争力黄皮书
二十国集团（G20）国家创新竞争发展报告（2016~2017）
著(编)者：李建平 李闽榕 赵新力　周天勇
2017年8月出版 / 估价：158.00元
PSN Y-2011-229-1/1

产业蓝皮书
中国产业竞争力报告（2017）No.7
著(编)者：张其仔　2017年12月出版 / 估价：98.00元
PSN B-2010-175-1/1

城市创新蓝皮书
中国城市创新报告（2017）
著(编)者：周天勇 旷建伟　2017年11月出版 / 估价：89.00元
PSN B-2013-340-1/1

城市蓝皮书
中国城市发展报告 No.10
著(编)者：潘家华 单菁菁　2017年9月出版 / 估价：89.00元
PSN B-2007-091-1/1

城乡一体化蓝皮书
中国城乡一体化发展报告（2016～2017）
著(编)者：汝信 付崇兰　2017年7月出版 / 估价：85.00元
PSN B-2011-226-1/2

城镇化蓝皮书
中国新型城镇化健康发展报告（2017）
著(编)者：张占斌　2017年8月出版 / 估价：89.00元
PSN B-2014-396-1/1

创新蓝皮书
创新型国家建设报告（2016～2017）
著(编)者：詹正茂　2017年12月出版 / 估价：89.00元
PSN B-2009-140-1/1

创业蓝皮书
中国创业发展报告（2016～2017）
著(编)者：黄群慧 赵卫星 钟宏武等
2017年11月出版 / 估价：89.00元
PSN B-2016-578-1/1

低碳发展蓝皮书
中国低碳发展报告（2016~2017）
著(编)者：齐晔 张希良　2017年3月出版 / 估价：98.00元
PSN B-2011-223-1/1

低碳经济蓝皮书
中国低碳经济发展报告（2017）
著(编)者：薛进军 赵忠秀　2017年6月出版 / 估价：85.00元
PSN B-2011-194-1/1

东北蓝皮书
中国东北地区发展报告（2017）
著(编)者：朱宇 张新颖　2017年12月出版 / 估价：89.00元
PSN B-2006-067-1/1

发展与改革蓝皮书
中国经济发展和体制改革报告No.8
著(编)者：邹东涛 王再文　2017年1月出版 / 估价：98.00元
PSN B-2008-122-1/1

工业化蓝皮书
中国工业化进程报告（2017）
著(编)者：黄群慧　2017年12月出版 / 估价：158.00元
PSN B-2007-095-1/1

管理蓝皮书
中国管理发展报告（2017）
著(编)者：张晓东　2017年10月出版 / 估价：98.00元
PSN B-2014-416-1/1

国际城市蓝皮书
国际城市发展报告（2017）
著(编)者：屠启宇　2017年2月出版 / 估价：89.00元
PSN B-2012-260-1/1

国家创新蓝皮书
中国创新发展报告（2017）
著(编)者：陈劲　2017年12月出版 / 估价：89.00元
PSN B-2014-370-1/1

金融蓝皮书
中国金融发展报告（2017）
著(编)者：李扬 王国刚　2017年12月出版 / 估价：89.00元
PSN B-2004-031-1/6

京津冀金融蓝皮书
京津冀金融发展报告（2017）
著(编)者：王爱俭 李向ून
2017年3月出版 / 估价：89.00元
PSN B-2016-528-1/1

京津冀蓝皮书
京津冀发展报告（2017）
著(编)者：文魁 祝尔娟　2017年4月出版 / 估价：89.00元
PSN B-2012-262-1/1

经济蓝皮书
2017年中国经济形势分析与预测
著(编)者：李扬　2016年12月出版 / 定价：89.00元
PSN B-1996-001-1/1

经济蓝皮书·春季号
2017年中国经济前景分析
著(编)者：李扬　2017年6月出版 / 估价：89.00元
PSN B-1999-008-1/1

经济蓝皮书·夏季号
中国经济增长报告（2016～2017）
著(编)者：李扬　2017年9月出版 / 估价：98.00元
PSN B-2010-176-1/1

经济信息绿皮书
中国与世界经济发展报告（2017）
著(编)者：杜平　2017年12月出版 / 估价：89.00元
PSN G-2003-023-1/1

就业蓝皮书
2017年中国本科生就业报告
著(编)者：麦可思研究院　2017年6月出版 / 估价：98.00元
PSN B-2009-146-1/2

皮书系列 2017全品种

经济类

就业蓝皮书
2017年中国高职高专生就业报告
著(编)者：麦可思研究院　2017年6月出版 / 估价：98.00元
PSN B-2015-472-2/2

科普能力蓝皮书
中国科普能力评价报告（2017）
著(编)者：李富 强李群　2017年8月出版 / 估价：89.00元
PSN B-2016-556-1/1

临空经济蓝皮书
中国临空经济发展报告（2017）
著(编)者：连玉明　2017年9月出版 / 估价：89.00元
PSN B-2014-421-1/1

农村绿皮书
中国农村经济形势分析与预测（2016～2017）
著(编)者：魏后凯 杜志雄 黄秉信
2017年4月出版 / 估价：89.00元
PSN G-1998-003-1/1

农业应对气候变化蓝皮书
气候变化对中国农业影响评估报告 No.3
著(编)者：矫梅燕　2017年8月出版 / 估价：98.00元
PSN B-2014-413-1/1

气候变化绿皮书
应对气候变化报告（2017）
著(编)者：王伟光 郑国光　2017年6月出版 / 估价：89.00元
PSN G-2009-144-1/1

区域蓝皮书
中国区域经济发展报告（2016～2017）
著(编)者：赵弘　2017年6月出版 / 估价：89.00元
PSN B-2004-034-1/1

全球环境竞争力绿皮书
全球环境竞争力报告（2017）
著(编)者：李建平 李闽榕 王金南
2017年12月出版 / 估价：198.00元
PSN G-2013-363-1/1

人口与劳动绿皮书
中国人口与劳动问题报告 No.18
著(编)者：蔡昉 张车伟　2017年11月出版 / 估价：89.00元
PSN G-2000-012-1/1

商务中心区蓝皮书
中国商务中心区发展报告 No.3（2016）
著(编)者：李国红 单菁菁　2017年1月出版 / 估价：89.00元
PSN B-2015-444-1/1

世界经济黄皮书
2017年世界经济形势分析与预测
著(编)者：张宇燕　2016年12月出版 / 定价：89.00元
PSN Y-1999-006-1/1

世界旅游城市绿皮书
世界旅游城市发展报告（2017）
著(编)者：宋宇　2017年1月出版 / 估价：128.00元
PSN G-2014-400-1/1

土地市场蓝皮书
中国农村土地市场发展报告（2016～2017）
著(编)者：李光荣　2017年3月出版 / 估价：89.00元
PSN B-2016-527-1/1

西北蓝皮书
中国西北发展报告（2017）
著(编)者：高建龙　2017年3月出版 / 估价：89.00元
PSN B-2012-261-1/1

西部蓝皮书
中国西部发展报告（2017）
著(编)者：姚慧琴 徐璋勇　2017年9月出版 / 估价：89.00元
PSN B-2005-039-1/1

新型城镇化蓝皮书
新型城镇化发展报告（2017）
著(编)者：李伟 宋敏 沈体雁　2017年3月出版 / 估价：98.00元
PSN B-2014-431-1/1

新兴经济体蓝皮书
金砖国家发展报告（2017）
著(编)者：林跃勤 周文　2017年12月出版 / 估价：89.00元
PSN B-2011-195-1/1

长三角蓝皮书
2017年新常态下深化一体化的长三角
著(编)者：王庆五　2017年12月出版 / 估价：88.00元
PSN B-2005-038-1/1

中部竞争力蓝皮书
中国中部经济社会竞争力报告（2017）
著(编)者：教育部人文社会科学重点研究基地
南昌大学中国中部经济社会发展研究中心
2017年12月出版 / 估价：89.00元
PSN B-2012-276-1/1

中部蓝皮书
中国中部地区发展报告（2017）
著(编)者：宋亚平　2017年12月出版 / 估价：88.00元
PSN B-2007-089-1/1

中国省域竞争力蓝皮书
中国省域经济综合竞争力发展报告（2017）
著(编)者：李建平 李闽榕 高燕京
2017年2月出版 / 估价：198.00元
PSN B-2007-088-1/1

中三角蓝皮书
长江中游城市群发展报告（2017）
著(编)者：秦尊文　2017年9月出版 / 估价：89.00元
PSN B-2014-417-1/1

中小城市绿皮书
中国中小城市发展报告（2017）
著(编)者：中国城市经济学会中小城市经济发展委员会
中国城镇化促进会中小城市发展委员会
《中国中小城市发展报告》编纂委员会
中小城市发展战略研究院
2017年11月出版 / 估价：128.00元
PSN G-2010-161-1/1

中原蓝皮书
中原经济区发展报告（2017）
著(编)者：李英杰　2017年6月出版 / 估价：88.00元
PSN B-2011-192-1/1

自贸区蓝皮书
中国自贸区发展报告（2017）
著(编)者：王力　2017年7月出版 / 估价：89.00元
PSN B-2016-559-1/1

社会政法类

北京蓝皮书
中国社区发展报告（2017）
著(编)者：于燕燕　2017年2月出版 / 估价：89.00元
PSN B-2007-083-5/8

殡葬绿皮书
中国殡葬事业发展报告（2017）
著(编)者：李伯森　2017年4月出版 / 估价：158.00元
PSN G-2010-180-1/1

城市管理蓝皮书
中国城市管理报告（2016~2017）
著(编)者：刘林　刘承水　2017年5月出版 / 估价：158.00元
PSN B-2013-336-1/1

城市生活质量蓝皮书
中国城市生活质量报告（2017）
著(编)者：中国经济实验研究院
2017年7月出版 / 估价：89.00元
PSN B-2013-326-1/1

城市政府能力蓝皮书
中国城市政府公共服务能力评估报告（2017）
著(编)者：何艳玲　2017年4月出版 / 估价：89.00元
PSN B-2013-338-1/1

慈善蓝皮书
中国慈善发展报告（2017）
著(编)者：杨团　2017年6月出版 / 估价：89.00元
PSN B-2009-142-1/1

党建蓝皮书
党的建设研究报告 No.2（2017）
著(编)者：崔建民　陈东平　2017年2月出版 / 估价：89.00元
PSN B-2016-524-1/1

地方法治蓝皮书
中国地方法治发展报告 No.3（2017）
著(编)者：李林　田禾　2017年3月出版 / 估价：108.00元
PSN B-2015-442-1/1

法治蓝皮书
中国法治发展报告 No.15（2017）
著(编)者：李林　田禾　2017年3月出版 / 估价：118.00元
PSN B-2004-027-1/1

法治政府蓝皮书
中国法治政府发展报告（2017）
著(编)者：中国政法大学法治政府研究院
2017年2月出版 / 估价：98.00元
PSN B-2015-502-1/2

法治政府蓝皮书
中国法治政府评估报告（2017）
著(编)者：中国政法大学法治政府研究院
2016年11月出版 / 估价：98.00元
PSN B-2016-577-2/2

反腐倡廉蓝皮书
中国反腐倡廉建设报告 No.7
著(编)者：张英伟　2017年12月出版 / 估价：89.00元
PSN B-2012-259-1/1

非传统安全蓝皮书
中国非传统安全研究报告（2016~2017）
著(编)者：余潇枫　魏志江　2017年6月出版 / 估价：89.00元
PSN B-2012-273-1/1

妇女发展蓝皮书
中国妇女发展报告 No.7
著(编)者：王金玲　2017年9月出版 / 估价：148.00元
PSN B-2006-069-1/1

妇女教育蓝皮书
中国妇女教育发展报告 No.4
著(编)者：张李玺　2017年10月出版 / 估价：78.00元
PSN B-2008-121-1/1

妇女绿皮书
中国性别平等与妇女发展报告（2017）
著(编)者：谭琳　2017年12月出版 / 估价：99.00元
PSN G-2006-073-1/1

公共服务蓝皮书
中国城市基本公共服务力评价（2017）
著(编)者：钟君　吴正杲　2017年12月出版 / 估价：89.00元
PSN B-2011-214-1/1

公民科学素质蓝皮书
中国公民科学素质报告（2016~2017）
著(编)者：李群　陈雄　马宗文
2017年1月出版 / 估价：89.00元
PSN B-2014-379-1/1

公共关系蓝皮书
中国公共关系发展报告（2017）
著(编)者：柳斌杰　2017年11月出版 / 估价：89.00元
PSN B-2016-580-1/1

公益蓝皮书
中国公益慈善发展报告（2017）
著(编)者：朱健刚　2017年4月出版 / 估价：118.00元
PSN B-2012-283-1/1

国际人才蓝皮书
海外华侨华人专业人士报告（2017）
著(编)者：王辉耀　苗绿　2017年8月出版 / 估价：89.00元
PSN B-2014-409-4/4

国际人才蓝皮书
中国国际移民报告（2017）
著(编)者：王辉耀　2017年2月出版 / 估价：89.00元
PSN B-2012-304-3/4

国际人才蓝皮书
中国留学发展报告（2017）No.5
著(编)者：王辉耀　苗绿　2017年10月出版 / 估价：89.00元
PSN B-2012-244-2/4

海洋社会蓝皮书
中国海洋社会发展报告（2017）
著(编)者：崔凤　宋宁而　2017年7月出版 / 估价：89.00元
PSN B-2015-478-1/1

社会政法类 — 皮书系列 2017全品种

行政改革蓝皮书
中国行政体制改革报告（2017）No.6
著(编)者：魏礼群　2017年5月出版 / 估价：98.00元
PSN B-2011-231-1/1

华侨华人蓝皮书
华侨华人研究报告（2017）
著(编)者：贾益民　2017年12月出版 / 估价：128.00元
PSN B-2011-204-1/1

环境竞争力绿皮书
中国省域环境竞争力发展报告（2017）
著(编)者：李建平　李闽榕　王金南
2017年11月出版 / 估价：198.00元
PSN G-2010-165-1/1

环境绿皮书
中国环境发展报告（2017）
著(编)者：刘鉴强　2017年11月出版 / 估价：89.00元
PSN G-2006-048-1/1

基金会蓝皮书
中国基金会发展报告（2016~2017）
著(编)者：中国基金会发展报告课题组
2017年4月出版 / 估价：85.00元
PSN B-2013-368-1/1

基金会绿皮书
中国基金会发展独立研究报告（2017）
著(编)者：基金会中心网　中央民族大学基金会研究中心
2017年6月出版 / 估价：88.00元
PSN G-2011-213-1/1

基金会透明度蓝皮书
中国基金会透明度发展研究报告（2017）
著(编)者：基金会中心网　清华大学廉政与治理研究中心
2017年12月出版 / 估价：89.00元
PSN B-2015-509-1/1

家庭蓝皮书
中国"创建幸福家庭活动"评估报告（2017）
国务院发展研究中心"创建幸福家庭活动评估"课题组著
2017年8月出版 / 估价：89.00元
PSN B-2012-261-1/1

健康城市蓝皮书
中国健康城市建设研究报告（2017）
著(编)者：王鸿春　解树江　盛继洪
2017年9月出版 / 估价：89.00元
PSN B-2016-565-2/2

教师蓝皮书
中国中小学教师发展报告（2017）
著(编)者：曾晓东　鱼霞　2017年6月出版 / 估价：89.00元
PSN B-2012-289-1/1

教育蓝皮书
中国教育发展报告（2017）
著(编)者：杨东平　2017年4月出版 / 估价：89.00元
PSN B-2006-047-1/1

科普蓝皮书
中国基层科普发展报告（2016~2017）
著(编)者：赵立　新陈玲　2017年9月出版 / 估价：89.00元
PSN B-2016-569-3/3

科普蓝皮书
中国科普基础设施发展报告（2017）
著(编)者：任福君　2017年6月出版 / 估价：89.00元
PSN B-2010-174-1/3

科普蓝皮书
中国科普人才发展报告（2017）
著(编)者：郑念　任嵘嵘　2017年4月出版 / 估价：98.00元
PSN B-2015-513-2/3

科学教育蓝皮书
中国科学教育发展报告（2017）
著(编)者：罗晖　王康友　2017年10月出版 / 估价：89.00元
PSN B-2015-487-1/1

劳动保障蓝皮书
中国劳动保障发展报告（2017）
著(编)者：刘燕斌　2017年9月出版 / 估价：188.00元
PSN B-2014-415-1/1

老龄蓝皮书
中国老年宜居环境发展报告（2017）
著(编)者：党俊武　周燕珉　2017年1月出版 / 估价：89.00元
PSN B-2013-320-1/1

连片特困区蓝皮书
中国连片特困区发展报告（2017）
著(编)者：游俊　冷志明　丁建军
2017年3月出版 / 估价：98.00元
PSN B-2013-321-1/1

民间组织蓝皮书
中国民间组织报告（2017）
著(编)者：黄晓勇　2017年12月出版 / 估价：89.00元
PSN B-2008-118-1/1

民调蓝皮书
中国民生调查报告（2017）
著(编)者：谢耘耕　2017年12月出版 / 估价：98.00元
PSN B-2014-398-1/1

民族发展蓝皮书
中国民族发展报告（2017）
著(编)者：郝时远　王延中　王希恩
2017年4月出版 / 估价：98.00元
PSN B-2006-070-1/1

女性生活蓝皮书
中国女性生活状况报告 No.11（2017）
著(编)者：韩湘景　2017年10月出版 / 估价：98.00元
PSN B-2006-071-1/1

汽车社会蓝皮书
中国汽车社会发展报告（2017）
著(编)者：王俊秀　2017年1月出版 / 估价：89.00元
PSN B-2011-224-1/1

皮书系列 2017全品种 — 社会政法类

青年蓝皮书
中国青年发展报告（2017）No.3
著(编)者：廉思 等　2017年4月出版 / 估价：89.00元
PSN B-2013-333-1/1

青少年蓝皮书
中国未成年人互联网运用报告（2017）
著(编)者：李文革 沈杰 季为民
2017年11月出版 / 估价：89.00元
PSN B-2010-156-1/1

青少年体育蓝皮书
中国青少年体育发展报告（2017）
著(编)者：郭建军 杨桦　2017年9月出版 / 估价：89.00元
PSN B-2015-482-1/1

群众体育蓝皮书
中国群众体育发展报告（2017）
著(编)者：刘国永 杨桦　2017年12月出版 / 估价：89.00元
PSN B-2016-519-2/3

人权蓝皮书
中国人权事业发展报告 No.7（2017）
著(编)者：李君如　2017年9月出版 / 估价：98.00元
PSN B-2011-215-1/1

社会保障绿皮书
中国社会保障发展报告（2017）No.9
著(编)者：王延中　2017年4月出版 / 估价：89.00元
PSN G-2001-014-1/1

社会风险评估蓝皮书
风险评估与危机预警评估报告（2017）
著(编)者：唐钧　2017年8月出版 / 估价：85.00元
PSN B-2016-521-1/1

社会工作蓝皮书
中国社会工作发展报告（2017）
著(编)者：民政部社会工作研究中心
2017年8月出版 / 估价：89.00元
PSN B-2009-141-1/1

社会管理蓝皮书
中国社会管理创新报告 No.5
著(编)者：连玉明　2017年11月出版 / 估价：89.00元
PSN B-2012-300-1/1

社会蓝皮书
2017年中国社会形势分析与预测
著(编)者：李培林 陈光金 张翼
2016年12月出版 / 定价：89.00元
PSN B-1998-002-1/1

社会体制蓝皮书
中国社会体制改革报告 No.5（2017）
著(编)者：龚维斌　2017年4月出版 / 估价：89.00元
PSN B-2013-330-1/1

社会心态蓝皮书
中国社会心态研究报告（2017）
著(编)者：王俊秀 杨宜音　2017年12月出版 / 估价：89.00元
PSN B-2011-199-1/1

社会组织蓝皮书
中国社会组织评估发展报告（2017）
著(编)者：徐家良 廖鸿　2017年12月出版 / 估价：89.00元
PSN B-2013-366-1/1

生态城市绿皮书
中国生态城市建设发展报告（2017）
著(编)者：刘举科 孙伟平 胡文臻
2017年9月出版 / 估价：118.00元
PSN G-2012-269-1/1

生态文明绿皮书
中国省域生态文明建设评价报告（ECI 2017）
著(编)者：严耕　2017年12月出版 / 估价：98.00元
PSN G-2010-170-1/1

体育蓝皮书
中国公共体育服务发展报告（2017）
著(编)者：戴健　2017年12月出版 / 估价：89.00元
PSN B-2013-367-2/4

土地整治蓝皮书
中国土地整治发展研究报告 No.4
著(编)者：国土资源部土地整治中心
2017年7月出版 / 估价：89.00元
PSN B-2014-401-1/1

土地政策蓝皮书
中国土地政策研究报告（2017）
著(编)者：高延利 李宪文
2017年12月出版 / 估价：89.00元
PSN B-2015-506-1/1

医改蓝皮书
中国医药卫生体制改革报告（2017）
著(编)者：文学国 房志武　2017年11月出版 / 估价：98.00元
PSN B-2014-432-1/1

医疗卫生绿皮书
中国医疗卫生发展报告 No.7（2017）
著(编)者：申宝忠 韩玉珍　2017年4月出版 / 估价：85.00元
PSN G-2004-033-1/1

应急管理蓝皮书
中国应急管理报告（2017）
著(编)者：宋英华　2017年9月出版 / 估价：98.00元
PSN B-2016-563-1/1

政治参与蓝皮书
中国政治参与报告（2017）
著(编)者：房宁　2017年9月出版 / 估价：118.00元
PSN B-2011-200-1/1

中国农村妇女发展蓝皮书
农村流动女性城市生活发展报告（2017）
著(编)者：谢丽华　2017年12月出版 / 估价：89.00元
PSN B-2014-434-1/1

宗教蓝皮书
中国宗教报告（2017）
著(编)者：邱永辉　2017年4月出版 / 估价：89.00元
PSN B-2008-117-1/1

行业报告类

SUV蓝皮书
中国SUV市场发展报告 (2016~2017)
著(编)者：靳军　　2017年9月出版／估价：89.00元
PSN B-2016-572-1/1

保健蓝皮书
中国保健服务产业发展报告 No.2
著(编)者：中国保健协会　中共中央党校
2017年7月出版／估价：198.00元
PSN B-2012-272-3/3

保健蓝皮书
中国保健食品产业发展报告 No.3
著(编)者：中国保健协会
　　　　　中国社会科学院食品药品产业发展与监管研究中心
2017年7月出版／估价：198.00元
PSN B-2012-271-2/3

保健蓝皮书
中国保健用品产业发展报告 No.3
著(编)者：中国保健协会
　　　　　国务院国有资产监督管理委员会研究中心
2017年3月出版／估价：198.00元
PSN B-2012-270-1/3

保险蓝皮书
中国保险业竞争力报告 (2017)
著(编)者：项俊波　　2017年12月出版／估价：99.00元
PSN B-2013-311-1/1

冰雪蓝皮书
中国滑雪产业发展报告 (2017)
著(编)者：孙承华　伍斌　魏庆华　张鸿俊
2017年8月出版／估价：89.00元
PSN B-2016-560-1/1

彩票蓝皮书
中国彩票发展报告 (2017)
著(编)者：益彩基金　　2017年4月出版／估价：98.00元
PSN B-2015-462-1/1

餐饮产业蓝皮书
中国餐饮产业发展报告 (2017)
著(编)者：邢颖　　2017年6月出版／估价：98.00元
PSN B-2009-151-1/1

测绘地理信息蓝皮书
新常态下的测绘地理信息研究报告 (2017)
著(编)者：库热西·买合苏提
2017年12月出版／估价：118.00元
PSN B-2009-145-1/1

茶业蓝皮书
中国茶产业发展报告 (2017)
著(编)者：杨江帆　李闽榕　　2017年10月出版／估价：88.00元
PSN B-2010-164-1/1

产权市场蓝皮书
中国产权市场发展报告 (2016~2017)
著(编)者：曹和平　　2017年5月出版／估价：89.00元
PSN B-2009-147-1/1

产业安全蓝皮书
中国出版传媒产业安全报告 (2016~2017)
著(编)者：北京印刷学院文化产业安全研究院
2017年3月出版／估价：89.00元
PSN B-2014-384-13/14

产业安全蓝皮书
中国文化产业安全报告 (2017)
著(编)者：北京印刷学院文化产业安全研究院
2017年12月出版／估价：89.00元
PSN B-2014-378-12/14

产业安全蓝皮书
中国新媒体产业安全报告 (2017)
著(编)者：北京印刷学院文化产业安全研究院
2017年12月出版／估价：89.00元
PSN B-2015-500-14/14

城投蓝皮书
中国城投行业发展报告 (2017)
著(编)者：王晨艳　丁伯康　　2017年11月出版／估价：300.00元
PSN B-2016-514-1/1

电子政务蓝皮书
中国电子政务发展报告 (2016~2017)
著(编)者：李季　杜平　　2017年7月出版／估价：89.00元
PSN B-2003-022-1/1

杜仲产业绿皮书
中国杜仲橡胶资源与产业发展报告 (2016~2017)
著(编)者：杜红岩　胡文臻　俞锐
2017年1月出版／估价：85.00元
PSN G-2013-350-1/1

房地产蓝皮书
中国房地产发展报告 No.14 (2017)
著(编)者：李春华　王业强　　2017年5月出版／估价：89.00元
PSN B-2004-028-1/1

服务外包蓝皮书
中国服务外包产业发展报告 (2017)
著(编)者：王晓红　刘德军
2017年6月出版／估价：89.00元
PSN B-2013-331-2/2

服务外包蓝皮书
中国服务外包竞争力报告 (2017)
著(编)者：王力　刘春生　黄育华
2017年11月出版／估价：85.00元
PSN B-2011-216-1/2

工业和信息化蓝皮书
世界网络安全发展报告 (2016~2017)
著(编)者：洪京一　　2017年4月出版／估价：89.00元
PSN B-2015-452-5/5

工业和信息化蓝皮书
世界信息化发展报告 (2016~2017)
著(编)者：洪京一　　2017年4月出版／估价：89.00元
PSN B-2015-451-4/5

行业报告类

工业和信息化蓝皮书
世界信息技术产业发展报告（2016~2017）
著(编)者：洪京一　2017年4月出版 / 估价：89.00元
PSN B-2015-449-2/5

工业和信息化蓝皮书
移动互联网产业发展报告（2016~2017）
著(编)者：洪京一　2017年4月出版 / 估价：89.00元
PSN B-2015-448-1/5

工业和信息化蓝皮书
战略性新兴产业发展报告（2016~2017）
著(编)者：洪京一　2017年4月出版 / 估价：89.00元
PSN B-2015-450-3/5

工业设计蓝皮书
中国工业设计发展报告（2017）
著(编)者：王晓红　于炜　张立群
2017年9月出版 / 估价：138.00元
PSN B-2014-420-1/1

黄金市场蓝皮书
中国商业银行黄金业务发展报告（2016~2017）
著(编)者：平安银行　2017年3月出版 / 估价：98.00元
PSN B-2016-525-1/1

互联网金融蓝皮书
中国互联网金融发展报告（2017）
著(编)者：李东荣　2017年9月出版 / 估价：128.00元
PSN B-2014-374-1/1

互联网医疗蓝皮书
中国互联网医疗发展报告（2017）
著(编)者：宫晓东　2017年9月出版 / 估价：89.00元
PSN B-2016-568-1/1

会展蓝皮书
中外会展业动态评估年度报告（2017）
著(编)者：张敏　2017年1月出版 / 估价：88.00元
PSN B-2013-327-1/1

金融监管蓝皮书
中国金融监管报告（2017）
著(编)者：胡滨　2017年6月出版 / 估价：89.00元
PSN B-2012-281-1/1

金融蓝皮书
中国金融中心发展报告（2017）
著(编)者：王力　黄育华　2017年11月出版 / 估价：85.00元
PSN B-2011-186-6/6

建筑装饰蓝皮书
中国建筑装饰行业发展报告（2017）
著(编)者：刘晓一　葛顺道　2017年7月出版 / 估价：198.00元
PSN B-2016-554-1/1

客车蓝皮书
中国客车产业发展报告（2016~2017）
著(编)者：姚蔚　2017年10月出版 / 估价：85.00元
PSN B-2013-361-1/1

旅游安全蓝皮书
中国旅游安全报告（2017）
著(编)者：郑向敏　谢朝武　2017年5月出版 / 估价：128.00元
PSN B-2012-280-1/1

旅游绿皮书
2016~2017年中国旅游发展分析与预测
著(编)者：张广瑞　刘德谦　2017年4月出版 / 估价：89.00元
PSN G-2002-018-1/1

煤炭蓝皮书
中国煤炭工业发展报告（2017）
著(编)者：岳福斌　2017年12月出版 / 估价：85.00元
PSN B-2008-123-1/1

民营企业社会责任蓝皮书
中国民营企业社会责任报告（2017）
著(编)者：中华全国工商业联合会
2017年12月出版 / 估价：89.00元
PSN B-2015-511-1/1

民营医院蓝皮书
中国民营医院发展报告（2017）
著(编)者：庄一强　2017年10月出版 / 估价：85.00元
PSN B-2012-299-1/1

闽商蓝皮书
闽商发展报告（2017）
著(编)者：李闽榕　王日根　林琛
2017年12月出版 / 估价：89.00元
PSN B-2012-298-1/1

能源蓝皮书
中国能源发展报告（2017）
著(编)者：崔民选　王军生　陈义和
2017年10月出版 / 估价：98.00元
PSN B-2006-049-1/1

农产品流通蓝皮书
中国农产品流通产业发展报告（2017）
著(编)者：贾敬敦　张东科　张玉玺　张鹏毅　周伟
2017年1月出版 / 估价：89.00元
PSN B-2012-288-1/1

企业公益蓝皮书
中国企业公益研究报告（2017）
著(编)者：钟宏武　汪杰　顾一　黄晓娟　等
2017年12月出版 / 估价：89.00元
PSN B-2015-501-1/1

企业国际化蓝皮书
中国企业国际化报告（2017）
著(编)者：王辉耀　2017年11月出版 / 估价：98.00元
PSN B-2014-427-1/1

企业蓝皮书
中国企业绿色发展报告No.2（2017）
著(编)者：李红玉　朱光辉　2017年8月出版 / 估价：89.00元
PSN B-2015-481-2/2

企业社会责任蓝皮书
中国企业社会责任研究报告（2017）
著(编)者：黄群慧　钟宏武　张蒽　翟利峰
2017年11月出版 / 估价：89.00元
PSN B-2009-149-1/1

汽车安全蓝皮书
中国汽车安全发展报告（2017）
著(编)者：中国汽车技术研究中心
2017年7月出版 / 估价：89.00元
PSN B-2014-385-1/1

行业报告类

皮书系列 2017全品种

汽车电子商务蓝皮书
中国汽车电子商务发展报告（2017）
著(编)者：中华全国工商业联合会汽车经销商商会 北京易观智库网络科技有限公司
2017年10月出版 / 估价：128.00元
PSN B-2015-485-1/1

汽车工业蓝皮书
中国汽车工业发展年度报告（2017）
著(编)者：中国汽车工业协会 中国汽车技术研究中心 丰田汽车（中国）投资有限公司
2017年4月出版 / 估价：128.00元
PSN B-2015-463-1/2

汽车工业蓝皮书
中国汽车零部件产业发展报告（2017）
著(编)者：中国汽车工业协会 中国汽车工程研究院
2017年10月出版 / 估价：98.00元
PSN B-2016-515-2/2

汽车蓝皮书
中国汽车产业发展报告（2017）
著(编)者：国务院发展研究中心产业经济研究部 中国汽车工程学会 大众汽车集团（中国）
2017年8月出版 / 估价：98.00元
PSN B-2008-124-1/1

人力资源蓝皮书
中国人力资源发展报告（2017）
著(编)者：余兴安 2017年11月出版 / 估价：89.00元
PSN B-2012-287-1/1

融资租赁蓝皮书
中国融资租赁业发展报告（2016~2017）
著(编)者：李光荣 王力 2017年8月出版 / 估价：89.00元
PSN B-2015-443-1/1

商会蓝皮书
中国商会发展报告No.5（2017）
著(编)者：王钦敏 2017年7月出版 / 估价：89.00元
PSN B-2008-125-1/1

输血服务蓝皮书
中国输血行业发展报告（2017）
著(编)者：朱永明 耿鸿武 2016年8月出版 / 估价：89.00元
PSN B-2016-583-1/1

上市公司蓝皮书
中国上市公司社会责任信息披露报告（2017）
著(编)者：张旺 张杨 2017年11月出版 / 估价：89.00元
PSN B-2011-234-1/1

社会责任管理蓝皮书
中国上市公司社会责任能力成熟度报告（2017）No.2
著(编)者：肖红军 王晓光 李伟阳
2017年12月出版 / 估价：98.00元
PSN B-2015-507-2/2

社会责任管理蓝皮书
中国企业公众透明度报告(2017)No.3
著(编)者：黄速建 熊梦 王晓光 肖红军
2017年1月出版 / 估价：98.00元
PSN B-2015-440-1/2

食品药品蓝皮书
食品药品安全与监管政策研究报告（2016~2017）
著(编)者：唐民皓 2017年6月出版 / 估价：89.00元
PSN B-2009-129-1/1

世界能源蓝皮书
世界能源发展报告（2017）
著(编)者：黄晓勇 2017年6月出版 / 估价：99.00元
PSN B-2013-349-1/1

水利风景区蓝皮书
中国水利风景区发展报告（2017）
著(编)者：谢婵才 兰思仁 2017年5月出版 / 估价：89.00元
PSN B-2015-480-1/1

私募市场蓝皮书
中国私募股权市场发展报告（2017）
著(编)者：曹和平 2017年12月出版 / 估价：89.00元
PSN B-2010-162-1/1

碳市场蓝皮书
中国碳市场报告（2017）
著(编)者：定金彪 2017年11月出版 / 估价：89.00元
PSN B-2014-430-1/1

体育蓝皮书
中国体育产业发展报告（2017）
著(编)者：阮伟 钟秉枢 2017年12月出版 / 估价：89.00元
PSN B-2010-179-1/4

网络空间安全蓝皮书
中国网络空间安全发展报告（2017）
著(编)者：惠志斌 唐涛 2017年4月出版 / 估价：89.00元
PSN B-2015-466-1/1

西部金融蓝皮书
中国西部金融发展报告（2017）
著(编)者：李忠民 2017年0月出版 / 估价：85.00元
PSN B-2010-160-1/1

协会商会蓝皮书
中国行业协会商会发展报告（2017）
著(编)者：景朝阳 李勇 2017年4月出版 / 估价：99.00元
PSN B-2015-461-1/1

新能源汽车蓝皮书
中国新能源汽车产业发展报告（2017）
著(编)者：中国汽车技术研究中心 日产（中国）投资有限公司 东风汽车有限公司
2017年7月出版 / 估价：98.00元
PSN B-2013-347-1/1

新三板蓝皮书
中国新三板市场发展报告（2017）
著(编)者：王力 2017年6月出版 / 估价：89.00元
PSN B-2016-534-1/1

信托市场蓝皮书
中国信托业市场报告（2016~2017）
著(编)者：用益信托工作室
2017年1月出版 / 估价：198.00元
PSN B-2014-371-1/1

皮书系列 2017全品种 — 行业报告类

信息化蓝皮书
中国信息化形势分析与预测（2016~2017）
著（编）者：周宏仁　　2017年8月出版 / 估价：98.00元
PSN B-2010-168-1/1

信用蓝皮书
中国信用发展报告（2017）
著（编）者：章政　田侃　　2017年4月出版 / 估价：99.00元
PSN B-2013-328-1/1

休闲绿皮书
2017年中国休闲发展报告
著（编）者：宋瑞　　2017年10月出版 / 估价：89.00元
PSN G-2010-158-1/1

休闲体育蓝皮书
中国休闲体育发展报告（2016~2017）
著（编）者：李相如　钟炳枢　　2017年10月出版 / 估价：89.00元
PSN G-2016-516-1/1

养老金融蓝皮书
中国养老金融发展报告（2017）
著（编）者：董克用　姚余栋
2017年6月出版 / 估价：89.00元
PSN B-2016-584-1/1

药品流通蓝皮书
中国药品流通行业发展报告（2017）
著（编）者：佘鲁林　温再兴　　2017年8月出版 / 估价：158.00元
PSN B-2014-429-1/1

医院蓝皮书
中国医院竞争力报告（2017）
著（编）者：庄一强　曾益新　　2017年3月出版 / 估价：128.00元
PSN B-2016-529-1/1

医药蓝皮书
中国中医药产业园战略发展报告（2017）
著（编）者：裴长洪　房书亭　吴滁心
2017年8月出版 / 估价：89.00元
PSN B-2012-305-1/1

邮轮绿皮书
中国邮轮产业发展报告（2017）
著（编）者：汪泓　　2017年10月出版 / 估价：89.00元
PSN G-2014-419-1/1

智能养老蓝皮书
中国智能养老产业发展报告（2017）
著（编）者：朱勇　　2017年10月出版 / 估价：89.00元
PSN B-2015-488-1/1

债券市场蓝皮书
中国债券市场发展报告（2016~2017）
著（编）者：杨农　　2017年10月出版 / 估价：89.00元
PSN B-2016-573-1/1

中国节能汽车蓝皮书
中国节能汽车发展报告（2016~2017）
著（编）者：中国汽车工程研究院股份有限公司
2017年9月出版 / 估价：98.00元
PSN B-2016-566-1/1

中国上市公司蓝皮书
中国上市公司发展报告（2017）
著（编）者：张平　王宏淼
2017年10月出版 / 估价：98.00元
PSN B-2014-414-1/1

中国陶瓷产业蓝皮书
中国陶瓷产业发展报告（2017）
著（编）者：左和平　黄速建　　2017年10月出版 / 估价：98.00元
PSN B-2016-574-1/1

中国总部经济蓝皮书
中国总部经济发展报告（2016~2017）
著（编）者：赵弘　　2017年9月出版 / 估价：89.00元
PSN B-2005-036-1/1

中医文化蓝皮书
中国中医药文化传播发展报告（2017）
著（编）者：毛嘉陵　　2017年7月出版 / 估价：89.00元
PSN B-2015-468-1/1

装备制造业蓝皮书
中国装备制造业发展报告（2017）
著（编）者：徐东华　　2017年12月出版 / 估价：148.00元
PSN B-2015-505-1/1

资本市场蓝皮书
中国场外交易市场发展报告（2016~2017）
著（编）者：高峦　　2017年3月出版 / 估价：89.00元
PSN B-2009-153-1/1

资产管理蓝皮书
中国资产管理行业发展报告（2017）
著（编）者：智信资产管理研究院
2017年6月出版 / 估价：89.00元
PSN B-2014-407-2/2

文化传媒类

传媒竞争力蓝皮书
中国传媒国际竞争力研究报告（2017）
著(编)者：李本乾 刘强
2017年11月出版 / 估价：148.00元
PSN B-2013-356-1/1

传媒蓝皮书
中国传媒产业发展报告（2017）
著(编)者：崔保国 2017年5月出版 / 估价：98.00元
PSN B-2005-035-1/1

传媒投资蓝皮书
中国传媒投资发展报告（2017）
著(编)者：张向东 谭云明
2017年6月出版 / 估价：128.00元
PSN B-2015-474-1/1

动漫蓝皮书
中国动漫产业发展报告（2017）
著(编)者：卢斌 郑玉明 牛兴侦
2017年9月出版 / 估价：89.00元
PSN B-2011-198-1/1

非物质文化遗产蓝皮书
中国非物质文化遗产发展报告（2017）
著(编)者：陈平 2017年5月出版 / 估价：98.00元
PSN B-2015-469-1/1

广电蓝皮书
中国广播电影电视发展报告（2017）
著(编)者：国家新闻出版广电总局发展研究中心
2017年7月出版 / 估价：98.00元
PSN B-2006-072-1/1

广告主蓝皮书
中国广告主营销传播趋势报告 No.9
著(编)者：黄升民 杜国清 邵华冬 等
2017年10月出版 / 估价：148.00元
PSN B-2005-041-1/1

国际传播蓝皮书
中国国际传播发展报告（2017）
著(编)者：胡正荣 李继东 姬德强
2017年11月出版 / 估价：89.00元
PSN B-2014-408-1/1

纪录片蓝皮书
中国纪录片发展报告（2017）
著(编)者：何苏六 2017年9月出版 / 估价：89.00元
PSN B-2011-222-1/1

科学传播蓝皮书
中国科学传播报告（2017）
著(编)者：詹正茂 2017年7月出版 / 估价：89.00元
PSN B-2008-120-1/1

两岸创意经济蓝皮书
两岸创意经济研究报告（2017）
著(编)者：罗昌智 林咏能
2017年10月出版 / 估价：98.00元
PSN B-2014-437-1/1

两岸文化蓝皮书
两岸文化产业合作发展报告（2017）
著(编)者：胡惠林 李保宗 2017年7月出版 / 估价：89.00元
PSN B-2012-285-1/1

媒介与女性蓝皮书
中国媒介与女性发展报告(2016~2017)
著(编)者：刘利群 2017年9月出版 / 估价：118.00元
PSN B-2013-345-1/1

媒体融合蓝皮书
中国媒体融合发展报告（2017）
著(编)者：梅宁华 宋建武 2017年7月出版 / 估价：89.00元
PSN B-2015-479-1/1

全球传媒蓝皮书
全球传媒发展报告（2017）
著(编)者：胡正荣 李继东 唐晓芬
2017年11月出版 / 估价：89.00元
PSN B-2012-237-1/1

少数民族非遗蓝皮书
中国少数民族非物质文化遗产发展报告（2017）
著(编)者：肖远平(彝) 柴立(满)
2017年8月出版 / 估价：98.00元
PSN B-2015-467-1/1

视听新媒体蓝皮书
中国视听新媒体发展报告（2017）
著(编)者：国家新闻出版广电总局发展研究中心
2017年7月出版 / 估价：98.00元
PSN B-2011-184-1/1

文化创新蓝皮书
中国文化创新报告（2017）No.7
著(编)者：于平 傅才武 2017年7月出版 / 估价：98.00元
PSN B-2009-143-1/1

文化建设蓝皮书
中国文化发展报告（2016~2017）
著(编)者：江畅 孙伟平 戴茂堂
2017年6月出版 / 估价：116.00元
PSN B-2014-392-1/1

文化科技蓝皮书
文化科技创新发展报告（2017）
著(编)者：于平 李凤亮 2017年11月出版 / 估价：89.00元
PSN B-2013-342-1/1

文化蓝皮书
中国公共文化服务发展报告（2017）
著(编)者：刘新成 张永新 张旭
2017年12月出版 / 估价：98.00元
PSN B-2007-093-2/10

文化蓝皮书
中国公共文化投入增长测评报告（2017）
著(编)者：王亚南 2017年4月出版 / 估价：89.00元
PSN B-2014-435-10/10

皮书系列 2017全品种 文化传媒类·地方发展类

文化蓝皮书
中国少数民族文化发展报告（2016~2017）
著(编)者：武翠英 张晓明 任乌晶
2017年9月出版 / 估价：89.00元
PSN B-2013-369-9/10

文化蓝皮书
中国文化产业发展报告（2016~2017）
著(编)者：张晓明 王家新 章建刚
2017年2月出版 / 估价：89.00元
PSN B-2002-019-1/10

文化蓝皮书
中国文化产业供需协调检测报告（2017）
著(编)者：王亚南 2017年2月出版 / 估价：89.00元
PSN B-2013-323-8/10

文化蓝皮书
中国文化消费需求景气评价报告（2017）
著(编)者：王亚南 2017年4月出版 / 估价：89.00元
PSN B-2011-236-4/10

文化品牌蓝皮书
中国文化品牌发展报告（2017）
著(编)者：欧阳友权 2017年5月出版 / 估价：98.00元
PSN B-2012-277-1/1

文化遗产蓝皮书
中国文化遗产事业发展报告（2017）
著(编)者：苏杨 张颖岚 王宇飞
2017年8月出版 / 估价：98.00元
PSN B-2008-119-1/1

文学蓝皮书
中国文情报告（2016~2017）
著(编)者：白烨 2017年5月出版 / 估价：49.00元
PSN B-2011-221-1/1

新媒体蓝皮书
中国新媒体发展报告No.8（2017）
著(编)者：唐绪军 2017年6月出版 / 估价：89.00元
PSN B-2010-169-1/1

新媒体社会责任蓝皮书
中国新媒体社会责任研究报告（2017）
著(编)者：钟瑛 2017年11月出版 / 估价：89.00元
PSN B-2014-423-1/1

移动互联网蓝皮书
中国移动互联网发展报告（2017）
著(编)者：官建文 2017年6月出版 / 估价：89.00元
PSN B-2012-282-1/1

舆情蓝皮书
中国社会舆情与危机管理报告（2017）
著(编)者：谢耘耕 2017年9月出版 / 估价：128.00元
PSN B-2011-235-1/1

影视风控蓝皮书
中国影视舆情与风控报告（2017）
著(编)者：司若 2017年4月出版 / 估价：138.00元
PSN B-2016-530-1/1

地方发展类

安徽经济蓝皮书
合芜蚌国家自主创新综合示范区研究报告（2016~2017）
著(编)者：王开玉 2017年11月出版 / 估价：89.00元
PSN B-2014-383-1/1

安徽蓝皮书
安徽社会发展报告（2017）
著(编)者：程桦 2017年4月出版 / 估价：89.00元
PSN B-2013-325-1/1

安徽社会建设蓝皮书
安徽社会建设分析报告（2016~2017）
著(编)者：黄家海 王开玉 蔡宪
2016年4月出版 / 估价：89.00元
PSN B-2013-322-1/1

澳门蓝皮书
澳门经济社会发展报告（2016~2017）
著(编)者：吴志良 郝雨凡 2017年6月出版 / 估价：98.00元
PSN B-2009-138-1/1

北京蓝皮书
北京公共服务发展报告（2016~2017）
著(编)者：施昌奎 2017年2月出版 / 估价：89.00元
PSN B-2008-103-7/8

北京蓝皮书
北京经济发展报告（2016~2017）
著(编)者：杨松 2017年6月出版 / 估价：89.00元
PSN B-2006-054-2/8

北京蓝皮书
北京社会发展报告（2016~2017）
著(编)者：李伟东 2017年6月出版 / 估价：89.00元
PSN B-2006-055-3/8

北京蓝皮书
北京社会治理发展报告（2016~2017）
著(编)者：殷星辰 2017年5月出版 / 估价：89.00元
PSN B-2014-391-8/8

北京蓝皮书
北京文化发展报告（2016~2017）
著(编)者：李建盛 2017年4月出版 / 估价：89.00元
PSN B-2007-082-4/8

北京律师绿皮书
北京律师发展报告No.3（2017）
著(编)者：王隽 2017年7月出版 / 估价：88.00元
PSN G-2012-301-1/1

皮书系列 2017全品种
地方发展类

北京旅游蓝皮书
北京旅游发展报告（2017）
著（编）者：北京旅游学会　2017年1月出版 / 估价：88.00元
PSN B-2011-217-1/1

北京人才蓝皮书
北京人才发展报告（2017）
著（编）者：于淼　2017年12月出版 / 估价：128.00元
PSN B-2011-201-1/1

北京社会心态蓝皮书
北京社会心态分析报告（2016～2017）
著（编）者：北京社会心理研究所
2017年8月出版 / 估价：89.00元
PSN B-2014-422-1/1

北京社会组织管理蓝皮书
北京社会组织发展与管理（2016～2017）
著（编）者：黄江松　2017年4月出版 / 估价：88.00元
PSN B-2014-446-1/1

北京体育蓝皮书
北京体育产业发展报告（2016～2017）
著（编）者：钟秉枢　陈杰　杨铁黎
2017年9月出版 / 估价：89.00元
PSN B-2015-475-1/1

北京养老产业蓝皮书
北京养老产业发展报告（2017）
著（编）者：周明明　冯喜良　2017年8月出版 / 估价：89.00元
PSN B-2015-465-1/1

滨海金融蓝皮书
滨海新区金融发展报告（2017）
著（编）者：王爱俭　张锐钢　2017年12月出版 / 估价：89.00元
PSN B-2014-424-1/1

城乡一体化蓝皮书
中国城乡一体化发展报告·北京卷（2016～2017）
著（编）者：张宝秀　黄序　2017年5月出版 / 估价：89.00元
PSN B-2012-258-2/2

创意城市蓝皮书
北京文化创意产业发展报告（2017）
著（编）者：张京成　王国华　2017年10月出版 / 估价：89.00元
PSN B-2012-263-1/7

创意城市蓝皮书
青岛文化创意产业发展报告（2017）
著（编）者：马达　张丹妮　2017年8月出版 / 估价：89.00元
PSN B-2011-235-1/1

创意城市蓝皮书
天津文化创意产业发展报告（2016～2017）
著（编）者：谢思全　2017年6月出版 / 估价：89.00元
PSN B-2016-537-7/7

创意城市蓝皮书
无锡文化创意产业发展报告（2017）
著（编）者：谭军　张鸣年　2017年10月出版 / 估价：89.00元
PSN B-2013-346-3/7

创意城市蓝皮书
武汉文化创意产业发展报告（2017）
著（编）者：黄永林　陈汉桥　2017年9月出版 / 估价：99.00元
PSN B-2013-354-4/7

创意上海蓝皮书
上海文化创意产业发展报告（2016～2017）
著（编）者：王慧敏　王兴全　2017年8月出版 / 估价：89.00元
PSN B-2016-562-1/1

福建妇女发展蓝皮书
福建省妇女发展报告（2017）
著（编）者：刘群英　2017年11月出版 / 估价：88.00元
PSN B-2011-220-1/1

福建自贸区蓝皮书
中国（福建）自由贸易实验区发展报告（2016～2017）
著（编）者：黄茂兴　2017年4月出版 / 估价：108.00元
PSN B-2017-532-1/1

甘肃蓝皮书
甘肃经济发展分析与预测（2017）
著（编）者：朱智文　罗哲　2017年1月出版 / 估价：89.00元
PSN B-2013-312-1/6

甘肃蓝皮书
甘肃社会发展分析与预测（2017）
著（编）者：安文华　包晓霞　谢增虎
2017年1月出版 / 估价：89.00元
PSN B-2013-313-2/6

甘肃蓝皮书
甘肃文化发展分析与预测（2017）
著（编）者：安文华　周小华　2017年1月出版 / 估价：89.00元
PSN B-2013-314-3/6

甘肃蓝皮书
甘肃县域和农村发展报告（2017）
著（编）者：刘进军　柳民　王建兵
2017年1月出版 / 估价：89.00元
PSN B-2013-316-5/6

甘肃蓝皮书
甘肃舆情分析与预测（2017）
著（编）者：陈双梅　郝树声　2017年1月出版 / 估价：89.00元
PSN B-2013-315-4/6

甘肃蓝皮书
甘肃商贸流通发展报告（2017）
著（编）者：杨志武　王福生　王晓芳
2017年1月出版 / 估价：89.00元
PSN B-2016-523-6/6

广东蓝皮书
广东全面深化改革发展报告（2017）
著（编）者：周林生　涂成林　2017年12月出版 / 估价：89.00元
PSN B-2015-504-3/3

广东蓝皮书
广东社会工作发展报告（2017）
著（编）者：罗观翠　2017年6月出版 / 估价：89.00元
PSN B-2014-402-2/3

广东蓝皮书
广东省电子商务发展报告（2017）
著（编）者：程晓　邓顺国　2017年7月出版 / 估价：89.00元
PSN B-2013-360-1/3

皮书系列 2017全品种 — 地方发展类

广东社会建设蓝皮书
广东省社会建设发展报告（2017）
著（编）者：广东省社会工作委员会
2017年12月出版 / 估价：99.00元
PSN B-2014-436-1/1

广东外经贸蓝皮书
广东对外经济贸易发展研究报告（2016~2017）
著（编）者：陈万灵　2017年8月出版 / 估价：98.00元
PSN B-2012-286-1/1

广西北部湾经济区蓝皮书
广西北部湾经济区开放开发报告（2017）
著（编）者：广西北部湾经济区规划建设管理委员会办公室
　　　　　　广西社会科学院广西北部湾发展研究院
2017年2月出版 / 估价：89.00元
PSN B-2010-181-1/1

巩义蓝皮书
巩义经济社会发展报告（2017）
著（编）者：丁同民　朱军　2017年4月出版 / 估价：58.00元
PSN B-2016-533-1/1

广州蓝皮书
2017年中国广州经济形势分析与预测
著（编）者：庾建设　陈浩钿　谢博能
2017年7月出版 / 估价：85.00元
PSN B-2011-185-9/14

广州蓝皮书
2017年中国广州社会形势分析与预测
著（编）者：张强　陈怡霓　杨秦　2017年6月出版 / 估价：85.00元
PSN B-2008-110-5/14

广州蓝皮书
广州城市国际化发展报告（2017）
著（编）者：朱名宏　2017年8月出版 / 估价：79.00元
PSN B-2012-246-11/14

广州蓝皮书
广州创新型城市发展报告（2017）
著（编）者：尹涛　2017年7月出版 / 估价：79.00元
PSN B-2012-247-12/14

广州蓝皮书
广州经济发展报告（2017）
著（编）者：朱名宏　2017年7月出版 / 估价：79.00元
PSN B-2005-040-1/14

广州蓝皮书
广州农村发展报告（2017）
著（编）者：朱名宏　2017年8月出版 / 估价：79.00元
PSN B-2010-167-8/14

广州蓝皮书
广州汽车产业发展报告（2017）
著（编）者：杨再高　冯兴亚　2017年7月出版 / 估价：79.00元
PSN B-2006-066-3/14

广州蓝皮书
广州青年发展报告（2016～2017）
著（编）者：徐柳　张强　2017年9月出版 / 估价：79.00元
PSN B-2013-352-13/14

广州蓝皮书
广州商贸业发展报告（2017）
著（编）者：李江涛　肖振宇　荀振英
2017年7月出版 / 估价：79.00元
PSN B-2012-245-10/14

广州蓝皮书
广州社会保障发展报告（2017）
著（编）者：蔡国萱　2017年8月出版 / 估价：79.00元
PSN B-2014-425-14/14

广州蓝皮书
广州文化创意产业发展报告（2017）
著（编）者：徐咏虹　2017年7月出版 / 估价：79.00元
PSN B-2008-111-6/14

广州蓝皮书
中国广州城市建设与管理发展报告（2017）
著（编）者：董皞　陈小钢　李江涛
2017年7月出版 / 估价：85.00元
PSN B-2007-087-4/14

广州蓝皮书
中国广州科技创新发展报告（2017）
著（编）者：邹采荣　马正勇　陈爽
2017年7月出版 / 估价：79.00元
PSN B-2006-065-2/14

广州蓝皮书
中国广州文化发展报告（2017）
著（编）者：徐俊忠　陆志强　顾涧清
2017年7月出版 / 估价：79.00元
PSN B-2009-134-7/14

贵阳蓝皮书
贵阳城市创新发展报告No.2（白云篇）
著（编）者：连玉明　2017年10月出版 / 估价：89.00元
PSN B-2015-491-3/10

贵阳蓝皮书
贵阳城市创新发展报告No.2（观山湖篇）
著（编）者：连玉明　2017年10月出版 / 估价：89.00元
PSN B-2011-235-1/1

贵阳蓝皮书
贵阳城市创新发展报告No.2（花溪篇）
著（编）者：连玉明　2017年10月出版 / 估价：89.00元
PSN B-2015-490-2/10

贵阳蓝皮书
贵阳城市创新发展报告No.2（开阳篇）
著（编）者：连玉明　2017年10月出版 / 估价：89.00元
PSN B-2015-492-4/10

贵阳蓝皮书
贵阳城市创新发展报告No.2（南明篇）
著（编）者：连玉明　2017年10月出版 / 估价：89.00元
PSN B-2015-496-8/10

贵阳蓝皮书
贵阳城市创新发展报告No.2（清镇篇）
著（编）者：连玉明　2017年10月出版 / 估价：89.00元
PSN B-2015-489-1/10

皮书系列 2017全品种

地方发展类

贵阳蓝皮书
贵阳城市创新发展报告No.2（乌当篇）
著(编)者：连玉明　2017年10月出版／估价：89.00元
PSN B-2015-495-7/10

贵阳蓝皮书
贵阳城市创新发展报告No.2（息烽篇）
著(编)者：连玉明　2017年10月出版／估价：89.00元
PSN B-2015-493-5/10

贵阳蓝皮书
贵阳城市创新发展报告No.2（修文篇）
著(编)者：连玉明　2017年10月出版／估价：89.00元
PSN B-2015-494-6/10

贵阳蓝皮书
贵阳城市创新发展报告No.2（云岩篇）
著(编)者：连玉明　2017年10月出版／估价：89.00元
PSN B-2015-498-10/10

贵州房地产蓝皮书
贵州房地产发展报告No.4（2017）
著(编)者：武廷方　2017年7月出版／估价：89.00元
PSN B-2014-426-1/1

贵州蓝皮书
贵州册亨经济社会发展报告(2017)
著(编)者：黄德林　2017年3月出版／估价：89.00元
PSN B-2016-526-8/9

贵州蓝皮书
贵安新区发展报告（2016~2017）
著(编)者：马长青 吴大华　2017年6月出版／估价：89.00元
PSN B-2015-459-4/9

贵州蓝皮书
贵州法治发展报告（2017）
著(编)者：吴大华　2017年5月出版／估价：89.00元
PSN B-2012-254-2/9

贵州蓝皮书
贵州国有企业社会责任发展报告（2016～2017）
著(编)者：郭丽 周航 万强　2017年12月出版／估价：89.00元
PSN B-2015-512-6/9

贵州蓝皮书
贵州民航业发展报告（2017）
著(编)者：申振东 吴大华　2017年10月出版／估价：89.00元
PSN B-2015-471-5/9

贵州蓝皮书
贵州民营经济发展报告（2017）
著(编)者：杨静 吴大华　2017年3月出版／估价：89.00元
PSN B-2016-531-9/9

贵州蓝皮书
贵州人才发展报告（2017）
著(编)者：于杰 吴大华　2017年9月出版／估价：89.00元
PSN B-2014-382-3/9

贵州蓝皮书
贵州社会发展报告（2017）
著(编)者：王兴骥　2017年6月出版／估价：89.00元
PSN B-2010-166-1/9

贵州蓝皮书
贵州国家级开放创新平台发展报告（2017）
著(编)者：申晓庆 吴大华 李泓　2017年6月出版／估价：89.00元
PSN B-2016-518-1/9

海淀蓝皮书
海淀区文化和科技融合发展报告（2017）
著(编)者：陈名杰 孟景伟　2017年5月出版／估价：85.00元
PSN B-2013-329-1/1

杭州都市圈蓝皮书
杭州都市圈发展报告（2017）
著(编)者：沈翔 威建国　2017年5月出版／估价：128.00元
PSN B-2012-302-1/1

杭州蓝皮书
杭州妇女发展报告（2017）
著(编)者：魏颖　2017年6月出版／估价：89.00元
PSN B-2014-403-1/1

河北经济蓝皮书
河北省经济发展报告（2017）
著(编)者：马树强 金浩 张贵　2017年4月出版／估价：89.00元
PSN B-2014-380-1/1

河北蓝皮书
河北经济社会发展报告（2017）
著(编)者：郭金平　2017年1月出版／估价：89.00元
PSN B-2014-372-1/1

河北食品药品安全蓝皮书
河北食品药品安全研究报告（2017）
著(编)者：丁锦霞　2017年6月出版／估价：89.00元
PSN B-2015-473-1/1

河南经济蓝皮书
2017年河南经济形势分析与预测
著(编)者：胡五岳　2017年2月出版／估价：89.00元
PSN B-2007-086-1/1

河南蓝皮书
2017年河南社会形势分析与预测
著(编)者：刘道兴 牛苏林　2017年4月出版／估价89.00元
PSN B-2005-043-1/8

河南蓝皮书
河南城市发展报告（2017）
著(编)者：张占仓 王建国　2017年5月出版／估价：89.00元
PSN B-2009-131-3/8

河南蓝皮书
河南法治发展报告（2017）
著(编)者：丁同民 张林海　2017年5月出版／估价：89.00元
PSN B-2014-376-6/8

河南蓝皮书
河南工业发展报告（2017）
著(编)者：张占仓 丁同民　2017年5月出版／估价：89.00元
PSN B-2013-317-5/8

河南蓝皮书
河南金融发展报告（2017）
著(编)者：河南省社会科学院　2017年6月出版／估价：89.00元
PSN B-2014-390-7/8

皮书系列 重点推荐 — 地方发展类

河南蓝皮书
河南经济发展报告（2017）
著(编)者：张占仓　2017年3月出版 / 估价：89.00元
PSN B-2010-157-4/8

河南蓝皮书
河南农业农村发展报告（2017）
著(编)者：吴海峰　2017年4月出版 / 估价：89.00元
PSN B-2015-445-8/8

河南蓝皮书
河南文化发展报告（2017）
著(编)者：卫绍生　2017年3月出版 / 估价：88.00元
PSN B-2008-106-2/8

河南商务蓝皮书
河南商务发展报告（2017）
著(编)者：焦锦淼　穆荣国　2017年6月出版 / 估价：88.00元
PSN B-2014-399-1/1

黑龙江蓝皮书
黑龙江经济发展报告（2017）
著(编)者：朱宇　2017年1月出版 / 估价：89.00元
PSN B-2011-190-2/2

黑龙江蓝皮书
黑龙江社会发展报告（2017）
著(编)者：谢宝禄　2017年1月出版 / 估价：89.00元
PSN B-2011-189-1/2

湖北文化蓝皮书
湖北文化发展报告（2017）
著(编)者：吴成国　2017年10月出版 / 估价：95.00元
PSN B-2016-567-1/1

湖南城市蓝皮书
区域城市群整合
著(编)者：童中贤　韩未名
2017年12月出版 / 估价：89.00元
PSN B-2006-064-1/1

湖南蓝皮书
2017年湖南产业发展报告
著(编)者：梁志峰　2017年5月出版 / 估价：128.00元
PSN B-2011-207-2/8

湖南蓝皮书
2017年湖南电子政务发展报告
著(编)者：梁志峰　2017年5月出版 / 估价：128.00元
PSN B-2014-394-6/8

湖南蓝皮书
2017年湖南经济展望
著(编)者：梁志峰　2017年5月出版 / 估价：128.00元
PSN B-2011-206-1/8

湖南蓝皮书
2017年湖南两型社会与生态文明发展报告
著(编)者：梁志峰　2017年5月出版 / 估价：128.00元
PSN B-2011-208-3/8

湖南蓝皮书
2017年湖南社会发展报告
著(编)者：梁志峰　2017年5月出版 / 估价：128.00元
PSN B-2014-393-5/8

湖南蓝皮书
2017年湖南县域经济社会发展报告
著(编)者：梁志峰　2017年5月出版 / 估价：128.00元
PSN B-2014-395-7/8

湖南蓝皮书
湖南城乡一体化发展报告（2017）
著(编)者：陈文胜　王文强　陆福兴　邝奕轩
2017年6月出版 / 估价：89.00元
PSN B-2015-477-8/8

湖南县域绿皮书
湖南县域发展报告 No.3
著(编)者：袁准　周小毛　2017年9月出版 / 估价：89.00元
PSN G-2012-274-1/1

沪港蓝皮书
沪港发展报告（2017）
著(编)者：尤安山　2017年9月出版 / 估价：89.00元
PSN B-2013-362-1/1

吉林蓝皮书
2017年吉林经济社会形势分析与预测
著(编)者：马克　2015年12月出版 / 估价：89.00元
PSN B-2013-319-1/1

吉林省城市竞争力蓝皮书
吉林省城市竞争力报告（2017）
著(编)者：崔岳春　张磊　2017年3月出版 / 估价：89.00元
PSN B-2015-508-1/1

济源蓝皮书
济源经济社会发展报告（2017）
著(编)者：喻新安　2017年4月出版 / 估价：89.00元
PSN B-2014-387-1/1

健康城市蓝皮书
北京健康城市建设研究报告（2017）
著(编)者：王鸿春　2017年8月出版 / 估价：89.00元
PSN B-2015-460-1/2

江苏法治蓝皮书
江苏法治发展报告 No.6（2017）
著(编)者：蔡道通　龚廷泰　2017年8月出版 / 估价：98.00元
PSN B-2012-290-1/1

江西蓝皮书
江西经济社会发展报告（2017）
著(编)者：张勇　姜玮　梁勇　2017年10月出版 / 估价：89.00元
PSN B-2015-484-1/2

江西蓝皮书
江西设区市发展报告（2017）
著(编)者：姜玮　梁勇　2017年10月出版 / 估价：79.00元
PSN B-2016-517-2/2

江西文化蓝皮书
江西文化产业发展报告（2017）
著(编)者：张圣才　汪春翔
2017年10月出版 / 估价：128.00元
PSN B-2015-499-1/1

地方发展类 | **皮书系列 重点推荐**

街道蓝皮书
北京街道发展报告No.2（白纸坊篇）
著(编)者：连玉明　2017年8月出版／估价：98.00元
PSN B-2016-544-7/15

街道蓝皮书
北京街道发展报告No.2（椿树篇）
著(编)者：连玉明　2017年8月出版／估价：98.00元
PSN B-2016-548-11/15

街道蓝皮书
北京街道发展报告No.2（大栅栏篇）
著(编)者：连玉明　2017年8月出版／估价：98.00元
PSN B-2016-552-15/15

街道蓝皮书
北京街道发展报告No.2（德胜篇）
著(编)者：连玉明　2017年8月出版／估价：98.00元
PSN B-2016-551-14/15

街道蓝皮书
北京街道发展报告No.2（广安门内篇）
著(编)者：连玉明　2017年8月出版／估价：98.00元
PSN B-2016-540-3/15

街道蓝皮书
北京街道发展报告No.2（广安门外篇）
著(编)者：连玉明　2017年8月出版／估价：98.00元
PSN B-2016-547-10/15

街道蓝皮书
北京街道发展报告No.2（金融街篇）
著(编)者：连玉明　2017年8月出版／估价：98.00元
PSN B-2016-538-1/15

街道蓝皮书
北京街道发展报告No.2（牛街篇）
著(编)者：连玉明　2017年8月出版／估价：98.00元
PSN B-2016-545-8/15

街道蓝皮书
北京街道发展报告No.2（什刹海篇）
著(编)者：连玉明　2017年8月出版／估价：98.00元
PSN B-2016-546-9/15

街道蓝皮书
北京街道发展报告No.2（陶然亭篇）
著(编)者：连玉明　2017年8月出版／估价：98.00元
PSN B-2016-542-5/15

街道蓝皮书
北京街道发展报告No.2（天桥篇）
著(编)者：连玉明　2017年8月出版／估价：98.00元
PSN B-2016-549-12/15

街道蓝皮书
北京街道发展报告No.2（西长安街篇）
著(编)者：连玉明　2017年8月出版／估价：98.00元
PSN B-2016-543-6/15

街道蓝皮书
北京街道发展报告No.2（新街口篇）
著(编)者：连玉明　2017年8月出版／估价：98.00元
PSN B-2016-541-4/15

街道蓝皮书
北京街道发展报告No.2（月坛篇）
著(编)者：连玉明　2017年8月出版／估价：98.00元
PSN B-2016-539-2/15

街道蓝皮书
北京街道发展报告No.2（展览路篇）
著(编)者：连玉明　2017年8月出版／估价：98.00元
PSN B-2016-550-13/15

经济特区蓝皮书
中国经济特区发展报告（2017）
著(编)者：陶一桃　2017年12月出版／估价：98.00元
PSN B-2009-139-1/1

辽宁蓝皮书
2017年辽宁经济社会形势分析与预测
著(编)者：曹晓峰　梁启东
2017年1月出版／估价：79.00元
PSN B-2006-053-1/1

洛阳蓝皮书
洛阳文化发展报告（2017）
著(编)者：刘福兴　陈启明　2017年7月出版／估价：89.00元
PSN B-2015-476-1/1

南京蓝皮书
南京文化发展报告（2017）
著(编)者：徐宁　2017年10月出版／估价：89.00元
PSN B-2014-439-1/1

南宁蓝皮书
南宁经济发展报告（2017）
著(编)者：胡建华　2017年9月出版／估价：79.00元
PSN B-2016-570-2/3

南宁蓝皮书
南宁社会发展报告（2017）
著(编)者：胡建华　2017年9月出版／估价：79.00元
PSN B-2016-571-3/3

内蒙古蓝皮书
内蒙古反腐倡廉建设报告 No.2
著(编)者：张志华　无极　2017年12月出版／估价：79.00元
PSN B-2013-365-1/1

浦东新区蓝皮书
上海浦东经济发展报告（2017）
著(编)者：沈开艳　周奇　2017年1月出版／估价：89.00元
PSN B-2011-225-1/1

青海蓝皮书
2017年青海经济社会形势分析与预测
著(编)者：陈玮　2015年12月出版／估价：79.00元
PSN B-2012-275-1/1

人口与健康蓝皮书
深圳人口与健康发展报告（2017）
著(编)者：陆杰华　罗乐宣　苏杨
2017年11月出版／估价：89.00元
PSN B-2011-228-1/1

皮书系列 重点推荐 — 地方发展类

山东蓝皮书
山东经济形势分析与预测（2017）
著(编)者：李广杰　2017年7月出版／估价：89.00元
PSN B-2014-404-1/4

山东蓝皮书
山东社会形势分析与预测（2017）
著(编)者：张华　唐洲雁　2017年6月出版／估价：89.00元
PSN B-2014-405-2/4

山东蓝皮书
山东文化发展报告（2017）
著(编)者：涂可国　2017年11月出版／估价：98.00元
PSN B-2014-406-3/4

山西蓝皮书
山西资源型经济转型发展报告（2017）
著(编)者：李志强　2017年7月出版／估价：89.00元
PSN B-2011-197-1/1

陕西蓝皮书
陕西经济发展报告（2017）
著(编)者：任宗哲　白宽犁　裴成荣
2015年12月出版／估价：89.00元
PSN B-2009-135-1/5

陕西蓝皮书
陕西社会发展报告（2017）
著(编)者：任宗哲　白宽犁　牛昉
2015年12月出版／估价：89.00元
PSN B-2009-136-2/5

陕西蓝皮书
陕西文化发展报告（2017）
著(编)者：任宗哲　白宽犁　王长寿
2015年12月出版／估价：89.00元
PSN B-2009-137-3/5

上海蓝皮书
上海传媒发展报告（2017）
著(编)者：强荧　焦雨虹　2017年1月出版／估价：89.00元
PSN B-2012-295-5/7

上海蓝皮书
上海法治发展报告（2017）
著(编)者：叶青　2017年6月出版／估价：89.00元
PSN B-2012-296-6/7

上海蓝皮书
上海经济发展报告（2017）
著(编)者：沈开艳　2017年1月出版／估价：89.00元
PSN B-2006-057-1/7

上海蓝皮书
上海社会发展报告（2017）
著(编)者：杨雄　周海旺　2017年1月出版／估价：89.00元
PSN B-2006-058-2/7

上海蓝皮书
上海文化发展报告（2017）
著(编)者：荣跃明　2017年1月出版／估价：89.00元
PSN B-2006-059-3/7

上海蓝皮书
上海文学发展报告（2017）
著(编)者：陈圣来　2017年6月出版／估价：89.00元
PSN B-2012-297-7/7

上海蓝皮书
上海资源环境发展报告（2017）
著(编)者：周冯琦　汤庆合　任文伟
2017年1月出版／估价：89.00元
PSN B-2006-060-4/7

社会建设蓝皮书
2017年北京社会建设分析报告
著(编)者：宋贵伦　冯虹　2017年10月出版／估价：89.00元
PSN B-2010-173-1/1

深圳蓝皮书
深圳法治发展报告（2017）
著(编)者：张骁儒　2017年6月出版／估价：89.00元
PSN B-2015-470-6/7

深圳蓝皮书
深圳经济发展报告（2017）
著(编)者：张骁儒　2017年7月出版／估价：89.00元
PSN B-2008-112-3/7

深圳蓝皮书
深圳劳动关系发展报告（2017）
著(编)者：汤庭芬　2017年6月出版／估价：89.00元
PSN B-2007-097-2/7

深圳蓝皮书
深圳社会建设与发展报告（2017）
著(编)者：张骁儒　陈东平　2017年7月出版／估价：89.00元
PSN B-2008-113-4/7

深圳蓝皮书
深圳文化发展报告(2017)
著(编)者：张骁儒　2017年7月出版／估价：89.00元
PSN B-2016-555-7/7

四川法治蓝皮书
丝绸之路经济带发展报告（2016～2017）
著(编)者：任宗哲　白宽犁　谷孟宾
2017年12月出版／估价：85.00元
PSN B-2014-410-1/1

四川法治蓝皮书
四川依法治省年度报告 No.3（2017）
著(编)者：李林　杨天宗　田禾
2017年3月出版／估价：108.00元
PSN B-2015-447-1/1

四川蓝皮书
2017年四川经济形势分析与预测
著(编)者：杨钢　2017年1月出版／估价：98.00元
PSN B-2007-098-2/7

四川蓝皮书
四川城镇化发展报告（2017）
著(编)者：侯水平　陈炜　2017年4月出版／估价：85.00元
PSN B-2015-456-7/7

皮书系列重点推荐

地方发展类·国际问题类

四川蓝皮书
四川法治发展报告（2017）
著(编)者：郑泰安　2017年1月出版 / 估价：89.00元
PSN B-2015-441-5/7

四川蓝皮书
四川企业社会责任研究报告（2016～2017）
著(编)者：侯水平 盛毅 翟刚
2017年4月出版 / 估价：89.00元
PSN B-2014-386-4/7

四川蓝皮书
四川社会发展报告（2017）
著(编)者：李羚　2017年5月出版 / 估价：89.00元
PSN B-2008-127-3/7

四川蓝皮书
四川生态建设报告（2017）
著(编)者：李晟之　2017年4月出版 / 估价：85.00元
PSN B-2015-455-6/7

四川蓝皮书
四川文化产业发展报告（2017）
著(编)者：向宝云 张立伟
2017年4月出版 / 估价：89.00元
PSN B-2006-074-1/7

体育蓝皮书
上海体育产业发展报告（2016～2017）
著(编)者：张林 黄海燕
2017年10月出版 / 估价：89.00元
PSN B-2015-454-4/4

体育蓝皮书
长三角地区体育产业发展报告（2016～2017）
著(编)者：张林　2017年4月出版 / 估价：89.00元
PSN B-2015-453-3/4

天津金融蓝皮书
天津金融发展报告（2017）
著(编)者：王爱俭 孔德昌
2017年12月出版 / 估价：98.00元
PSN B-2014-418-1/1

图们江区域合作蓝皮书
图们江区域合作发展报告（2017）
著(编)者：李铁　2017年6月出版 / 估价：98.00元
PSN B-2015-464-1/1

温州蓝皮书
2017年温州经济社会形势分析与预测
著(编)者：潘忠强 王春光 金浩
2017年4月出版 / 估价：89.00元
PSN B-2008-105-1/1

西咸新区蓝皮书
西咸新区发展报告（2016~2017）
著(编)者：李扬 王军　2017年6月出版 / 估价：89.00元
PSN B-2016-535-1/1

扬州蓝皮书
扬州经济社会发展报告（2017）
著(编)者：丁纯　2017年12月出版 / 估价：98.00元
PSN B-2011-191-1/1

长株潭城市群蓝皮书
长株潭城市群发展报告（2017）
著(编)者：张萍　2017年12月出版 / 估价：89.00元
PSN B-2008-109-1/1

中医文化蓝皮书
北京中医文化传播发展报告（2017）
著(编)者：毛嘉陵　2017年5月出版 / 估价：79.00元
PSN B-2015-468-1/2

珠三角流通蓝皮书
珠三角商圈发展研究报告（2017）
著(编)者：王先庆 林至颖
2017年7月出版 / 估价：98.00元
PSN B-2012-292-1/1

遵义蓝皮书
遵义发展报告（2017）
著(编)者：曾征 龚永育 雍思强
2017年12月出版 / 估价：89.00元
PSN B-2014-433-1/1

国际问题类

"一带一路"跨境通道蓝皮书
"一带一路"跨境通道建设研究报告（2017）
著(编)者：郭业洲　2017年8月出版 / 估价：89.00元
PSN B-2016-558-1/1

"一带一路"蓝皮书
"一带一路"建设发展报告（2017）
著(编)者：孔丹 李永全　2017年7月出版 / 估价：89.00元
PSN B-2016-553-1/1

阿拉伯黄皮书
阿拉伯发展报告（2016～2017）
著(编)者：罗林　2017年11月出版 / 估价：89.00元
PSN Y-2014-381-1/1

北部湾蓝皮书
泛北部湾合作发展报告（2017）
著(编)者：吕余生　2017年12月出版 / 估价：85.00元
PSN B-2008-114-1/1

大湄公河次区域蓝皮书
大湄公河次区域合作发展报告（2017）
著(编)者：刘稚　2017年8月出版 / 估价：89.00元
PSN B-2011-196-1/1

大洋洲蓝皮书
大洋洲发展报告（2017）
著(编)者：喻常森　2017年10月出版 / 估价：89.00元
PSN B-2013-341-1/1

皮书系列重点推荐 国际问题类

德国蓝皮书
德国发展报告（2017）
著(编)者：郑春荣　2017年6月出版 / 估价：89.00元
PSN B-2012-278-1/1

东盟黄皮书
东盟发展报告（2017）
著(编)者：杨晓强 庄国土
2017年3月出版 / 估价：89.00元
PSN Y-2012-303-1/1

东南亚蓝皮书
东南亚地区发展报告（2016～2017）
著(编)者：厦门大学东南亚研究中心　王勤
2017年12月出版 / 估价：89.00元
PSN B-2012-240-1/1

俄罗斯黄皮书
俄罗斯发展报告（2017）
著(编)者：李永全　2017年7月出版 / 估价：89.00元
PSN Y-2006-061-1/1

非洲黄皮书
非洲发展报告 No.19（2016～2017）
著(编)者：张宏明　2017年8月出版 / 估价：89.00元
PSN Y-2012-239-1/1

公共外交蓝皮书
中国公共外交发展报告（2017）
著(编)者：赵启正 雷蔚真
2017年4月出版 / 估价：89.00元
PSN B-2015-457-1/1

国际安全蓝皮书
中国国际安全研究报告（2017）
著(编)者：刘慧　2017年7月出版 / 估价：98.00元
PSN B-2016-522-1/1

国际形势黄皮书
全球政治与安全报告（2017）
著(编)者：李慎明 张宇燕
2016年12月出版 / 估价：89.00元
PSN Y-2001-016-1/1

韩国蓝皮书
韩国发展报告（2017）
著(编)者：牛林杰 刘宝全
2017年11月出版 / 估价：89.00元
PSN B-2010-155-1/1

加拿大蓝皮书
加拿大发展报告（2017）
著(编)者：仲伟合　2017年9月出版 / 估价：89.00元
PSN B-2014-389-1/1

拉美黄皮书
拉丁美洲和加勒比发展报告（2016～2017）
著(编)者：吴白乙　2017年6月出版 / 估价：89.00元
PSN Y-1999-007-1/1

美国蓝皮书
美国研究报告（2017）
著(编)者：郑秉文 黄平　2017年6月出版 / 估价：89.00元
PSN B-2011-210-1/1

缅甸蓝皮书
缅甸国情报告（2017）
著(编)者：李晨阳　2017年12月出版 / 估价：86.00元
PSN B-2013-343-1/1

欧洲蓝皮书
欧洲发展报告（2016～2017）
著(编)者：黄平 周弘 江时学
2017年6月出版 / 估价：89.00元
PSN B-1999-009-1/1

葡语国家蓝皮书
葡语国家发展报告（2017）
著(编)者：王成安 张敏　2017年12月出版 / 估价：89.00元
PSN B-2015-503-1/2

葡语国家蓝皮书
中国与葡语国家关系发展报告·巴西（2017）
著(编)者：张曙光　2017年8月出版 / 估价：89.00元
PSN B-2016-564-2/2

日本经济蓝皮书
日本经济与中日经贸关系研究报告（2017）
著(编)者：张季风　2017年5月出版 / 估价：89.00元
PSN B-2008-102-1/1

日本蓝皮书
日本研究报告（2017）
著(编)者：杨柏江　2017年5月出版 / 估价：89.00元
PSN B-2002-020-1/1

上海合作组织黄皮书
上海合作组织发展报告（2017）
著(编)者：李进峰 吴宏伟 李少捷
2017年6月出版 / 估价：89.00元
PSN Y-2009-130-1/1

世界创新竞争力黄皮书
世界创新竞争力发展报告（2017）
著(编)者：李闽榕 李建平 赵新力
2017年1月出版 / 估价：148.00元
PSN Y-2013-318-1/1

泰国蓝皮书
泰国研究报告（2017）
著(编)者：庄国土 张禹东
2017年8月出版 / 估价：118.00元
PSN B-2016-557-1/1

土耳其蓝皮书
土耳其发展报告（2017）
著(编)者：郭长刚 刘义　2017年9月出版 / 估价：89.00元
PSN B-2014-412-1/1

亚太蓝皮书
亚太地区发展报告（2017）
著(编)者：李向阳　2017年3月出版 / 估价：89.00元
PSN B-2001-015-1/1

印度蓝皮书
印度国情报告（2017）
著(编)者：吕昭义　2017年12月出版 / 估价：89.00元
PSN B-2012-241-1/1

国际问题类 皮书系列重点推荐

印度洋地区蓝皮书
印度洋地区发展报告（2017）
著(编)者：汪戎　　2017年6月出版 / 估价：89.00元
PSN B-2013-334-1/1

英国蓝皮书
英国发展报告（2016～2017）
著(编)者：王展鹏　　2017年11月出版 / 估价：89.00元
PSN B-2015-486-1/1

越南蓝皮书
越南国情报告（2017）
著(编)者：广西社会科学院　罗梅　李碧华
2017年12月出版 / 估价：89.00元
PSN B-2006-056-1/1

以色列蓝皮书
以色列发展报告（2017）
著(编)者：张倩红　　2017年8月出版 / 估价：89.00元
PSN B-2015-483-1/1

伊朗蓝皮书
伊朗发展报告（2017）
著(编)者：冀开远　　2017年10月出版 / 估价：89.00元
PSN B-2016-575-1/1

中东黄皮书
中东发展报告 No.19（2016～2017）
著(编)者：杨光　　2017年10月出版 / 估价：89.00元
PSN Y-1998-004-1/1

中亚黄皮书
中亚国家发展报告（2017）
著(编)者：孙力　吴宏伟　　2017年7月出版 / 估价：98.00元
PSN Y-2012-238-1/1

皮书序列号是社会科学文献出版社专门为识别皮书、管理皮书而设计的编号。皮书序列号是出版皮书的许可证号，是区别皮书与其他图书的重要标志。

它由一个前缀和四部分构成。这四部分之间用连字符"-"连接。前缀和这四部分之间空半个汉字（见示例）。

《国际人才蓝皮书：中国留学发展报告》序列号示例

从示例中可以看出，《国际人才蓝皮书：中国留学发展报告》的首次出版年份是2012年，是社科文献出版社出版的第244个皮书品种，是"国际人才蓝皮书"系列的第2个品种（共4个品种）。

社会科学文献出版社　　皮书系列

❖ 皮书起源 ❖

"皮书"起源于十七、十八世纪的英国，主要指官方或社会组织正式发表的重要文件或报告，多以"白皮书"命名。在中国，"皮书"这一概念被社会广泛接受，并被成功运作、发展成为一种全新的出版形态，则源于中国社会科学院社会科学文献出版社。

❖ 皮书定义 ❖

皮书是对中国与世界发展状况和热点问题进行年度监测，以专业的角度、专家的视野和实证研究方法，针对某一领域或区域现状与发展态势展开分析和预测，具备原创性、实证性、专业性、连续性、前沿性、时效性等特点的公开出版物，由一系列权威研究报告组成。

❖ 皮书作者 ❖

皮书系列的作者以中国社会科学院、著名高校、地方社会科学院的研究人员为主，多为国内一流研究机构的权威专家学者，他们的看法和观点代表了学界对中国与世界的现实和未来最高水平的解读与分析。

❖ 皮书荣誉 ❖

皮书系列已成为社会科学文献出版社的著名图书品牌和中国社会科学院的知名学术品牌。2016年，皮书系列正式列入"十三五"国家重点出版规划项目；2012~2016年，重点皮书列入中国社会科学院承担的国家哲学社会科学创新工程项目；2017年，55种院外皮书使用"中国社会科学院创新工程学术出版项目"标识。

中国皮书网
www.pishu.cn

发布皮书研创资讯,传播皮书精彩内容
引领皮书出版潮流,打造皮书服务平台

栏目设置

关于皮书:何谓皮书、皮书分类、皮书大事记、皮书荣誉、
皮书出版第一人、皮书编辑部

最新资讯:通知公告、新闻动态、媒体聚焦、网站专题、视频直播、下载专区

皮书研创:皮书规范、皮书选题、皮书出版、皮书研究、研创团队

皮书评奖评价:指标体系、皮书评价、皮书评奖

互动专区:皮书说、皮书智库、皮书微博、数据库微博

所获荣誉

2008年、2011年,中国皮书网均在全国新闻出版业网站荣誉评选中获得"最具商业价值网站"称号;

2012年,获得"出版业网站百强"称号。

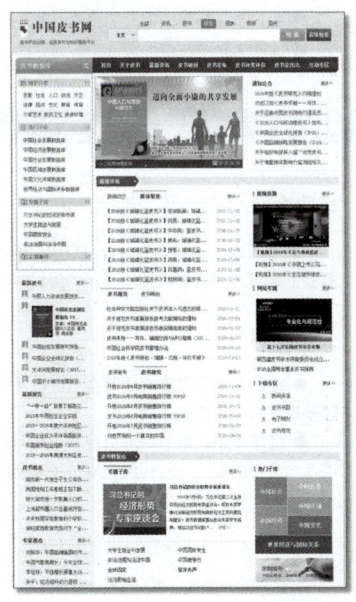

网库合一

2014年,中国皮书网与皮书数据库端口合一,实现资源共享。更多详情请登录www.pishu.cn。

权威报告·热点资讯·特色资源

皮书数据库
ANNUAL REPORT(YEARBOOK) DATABASE

当代中国与世界发展高端智库平台

所获荣誉

- 2016年,入选"国家'十三五'电子出版物出版规划骨干工程"
- 2015年,荣获"搜索中国正能量 点赞2015""创新中国科技创新奖"
- 2013年,荣获"中国出版政府奖·网络出版物奖"提名奖
- 连续多年荣获中国数字出版博览会"数字出版·优秀品牌"奖

成为会员

通过网址www.pishu.com.cn或使用手机扫描二维码进入皮书数据库网站,进行手机号码验证或邮箱验证即可成为皮书数据库会员(建议通过手机号码快速验证注册)。

会员福利

- 使用手机号码首次注册会员可直接获得100元体验金,不需充值即可购买和查看数据库内容(仅限使用手机号码快速注册)。
- 已注册用户购书后可免费获赠100元皮书数据库充值卡。刮开充值卡涂层获取充值密码,登录并进入"会员中心"—"在线充值"—"充值卡充值",充值成功后即可购买和查看数据库内容。

数据库服务热线:400-008-6695　　图书销售热线:010-59367070/7028
数据库服务QQ:2475522410　　　　图书服务QQ:1265056568
数据库服务邮箱:database@ssap.cn　　图书服务邮箱:duzhe@ssap.cn

皮书品牌20年
YEAR BOOKS

更多信息请登录

皮书数据库
http://www.pishu.com.cn

中国皮书网
http://www.pishu.cn

皮书微博
http://weibo.com/pishu

皮书博客
http://blog.sina.com.cn/pishu

皮书微信"皮书说"

请到当当、亚马逊、京东或各地书店购买，也可办理邮购

咨询／邮购电话：010-59367028　59367070
邮　　箱：duzhe@ssap.cn
邮购地址：北京市西城区北三环中路甲29号院3号
　　　　　楼华龙大厦13层读者服务中心
邮　　编：100029
银行户名：社会科学文献出版社
开户银行：中国工商银行北京北太平庄支行
账　　号：0200010019200365434